"十四五"职业教育国家规划教材

民航空中乘务专业系列教材

FLIGHT SERVICE SERIES

第6版

民航地勤服务

主　编　黄建伟
副主编　郑　巍
参　编　李永平　郭　蓓

北京·旅游教育出版社

全国空中乘务专业规划教材
编　委　会

修订说明

民航空中乘务专业系列教材依据中国民航局关于空乘人员的素质、知识结构、能力要求开发和编写。作为全国首套针对空中乘务专业较为完善的系列教材，从2006年规划之初就一直坚持“探索教材体系、服务专业发展，创新教材内容、引领专业趋势”的指导思想。经过十几年的使用，本套教材得到了相关院校一线教师的充分肯定，获得了很好的口碑，对我国空中乘务专业的建设与人才培养发挥了重要作用。

我们欣喜地看到，在过去的十几年中，我国空中乘务专业办学层次不断提升，人才培养的内涵不断丰富，培养体系更加科学，在专业建设与教学改革方面取得了长足的进步。可以说，我国的空中乘务专业已经步入成熟发展时期。

此间，我们一直密切关注民航服务的实践，动态跟踪空中乘务专业的国内外发展趋势，不断深化对民航服务专业教育的认识。为适应未来民航服务国际化对人才培养的新要求，继续发挥本套教材在我国空乘服务专业教育的引领作用，完善教学体系和教学手段、丰富教学内容，提高教学的效率与质量，我们就教材在专业建设与人才培养中的实际效果以及毕业生在实际工作岗位上的职业发展进行了调研，在此基础上我们多次组织了工作在专业建设一线的空乘服务专业专家、教师对教材进行了修订，力图在教材的科学性、前瞻性和实用性方面有所创新，使这套空中乘务专业系列教材在未来的专业建设与人才培养方面发挥更大的作用。

本次教材修订我们主要遵循了以下原则：

1. 体现现代民航服务发展的趋势。《“十四五”民用航空发展规划》的发布全面开启了我国多领域民航强国建设的新征程。随着智慧民航建设新局面的拓展，民航服务学科的核心概念与外延正发生着变化。作为教材，必须反映这一发展趋势，摒弃传统的概念与思想，将智慧民航、绿色民航、民航安全等要素融入教材中，以发挥教材的导向作用，使教材的整体脉络更加科学、更具有前瞻性。

2. 提升教材的学科内涵。现今的空乘服务教育已从普通的专科教育为主，逐步走向本专科教育并存的格局，侧重点也开始从服务技能教育逐步向专注人才核心能力转变，学科的内涵逐渐凸显。为此，在本系列教材修订中我们适当融入了本科教学的理念，让教学内容更加体系化和饱满。。

3. 教材编排模式向项目–任务式转变。项目–任务式教学模式是基于工作过程和岗位任职能力生成需要，把学习内容转化为以项目为载体、以任务为牵引的教学方式。通过强化学习者的主体地位，使学习者在完成任务的过程中，以体验、互动、合作的学习方式，感悟知识应用，形成技能技巧。这种方式更适用于职业教育教学的开展和教学目标的实现。

4. 理论与案例结合，着力于培育整体服务思想体系。空乘服务专业实践性很强，服务涉及的情境复杂，服务的艺术性凸显，教与学问题突出，理论的引领更需要案例的配合。为此，在本套教材修订过程中，除了进一步完善教材理论内容体系，还特别增加了案例的数量，并及时将最新的案例编入教材中，以为读者提供一个更为广阔的民航服务的“崭新空间”。

5. 从传统纸质教材向多媒体融合教材方向发展。我们在纸质教材的基础上，协同作者开发了配套的音频、实训视频、教学微课、延伸阅读、互动自测等多种形式的数字融媒体资源，并借助云存储及二维码链接技术进行线上呈现，极大丰富了课堂教学的形式，也更便于学习者自学。

6. 将课程思政有机融入，强调“立德”与“树人”并举。通过设定“素质目标”，或引入相关思政案例材料，来丰富教材的思政元素。

本套教材目前共有20个品种，涵盖了民航空中乘务专业的专业基础课、专业核心课及某些实训课，并在此基础上向航空运输大类方向有所拓展。另外，我们还策划出版了“现代航空物流管理系列教材”，可供学校根据专业方向进行选用。

高质量空乘服务人才的培养需要建立在科学的培养模式、学科建设、规范的课程体系以及合理的课程内容与有效的教学方法基础上。希望本套教材的修订再版能在优化民航空中乘务及相关专业培养方案、完善课程体系、丰富课程内容、传播交流有效教学方法方面尽一份绵薄之力。

对于教材使用中的问题，我们衷心希望能够得到广大师生的积极反馈及专家学者的批评指正，我们会全力以赴地不断提升教材的品质，以回报给予我们大力支持的广大师生。如有建议或疑问，欢迎发邮件至 wytep@126.com。

旅游教育出版社

第6版前言

随着我国航空运输业的高速发展，企业间竞争亦日趋激烈，这就要求民航企业将高质量的服务从空中延伸到地面，地勤服务正越来越受到民航企业的重视。

“地勤”一词原本是民航系统内一个比较宽泛的概念，它是相对于“空勤”而言的所有地面服务工作的总称。广义地说，地勤服务应该包括机场、航空公司及代理企业为旅客、货主提供的各种服务，以及空管、航油公司、飞机维修企业等向航空公司提供的服务。本书从航空旅客运输的狭义角度，将地勤服务的范围限定在航空公司、机场等相关企业为旅客提供的各种服务，如售票服务、候机楼公共服务、值机服务、行李服务、安检服务、联检服务、引导服务、特殊旅客服务、不正常运输服务等。教材的基本框架也是这样展开的，其用意是尽量按照旅客所能接触到的地勤服务流程来编排本书内容。

2022年恰逢中共二十大顺利召开，为贯彻落实二十大精神进教材、进课堂，本次修订在前5版的基础上，从编排体例和内容两个方面做了调整。

在编排体例上，教材以典型工作任务为载体，采用“项目-任务式”组织教学单元，同时尝试了可听、可视、可练、可互动的教材数字化改造，新增扫描二维码参与课程思政、教学微视频、延伸阅读和学习效果检测等教学辅助环节，以期进一步提升教学效果。

在内容上，本次修订着重调整了上一版中的部分老旧内容，增加了反映行业新变化的内容，进一步完善了教材内容体系。主要包括：项目二修订了有关电子客票的内容，新增了退票和变更服务，删去了订座和出票的其他规定；项目三新增了候机楼卫生防疫服务，调整了候机楼商业零售服务的内容；项目五修订了行李的分类及相关规定内容；项目六修订了物品检查的部分内容；项目九修订了孕妇与婴儿服务、病残旅客服务的内容；项目十修订了航班超售的内容；项目十一增加了配载与平衡的内容。

全书共分十一个项目，第1版中第一、二、三、四、六、八、十章由上海工程技术大学航空运输学院黄建伟完成，第五、七、九章由江西旅游商贸学院郑巍完成，项目十一由上海工程技术大学航空运输学院李永平、黄建伟完成。全书统稿及历次修订工作由黄建伟完成。本书编写过程中得到了上海工程技术大学航空运输学院领导和同仁的大力支持，使用过程中承蒙兄弟院校专家学者提出诸多宝贵意见，让本教材不断得以完善，在此一并表示感谢。

本书可供空中乘务、民航运输、机场运行等相关专业教学使用。

限于作者水平，书中若有不足之处，恳请专家及读者给予批评指正。

编　者

目　录

二维码教学辅助资源列表

续表

项目	资源类型	名称	页码
项目二	课程思政	02 为自己的错误买单	34
	视频微课	02 利用最短衔接时间建立中转航班	75
	延伸阅读	03 申根国家间的转机	75
	学习检测	02	79
项目三	课程思政	03 浦东机场候机楼打造“文化机场”	80
	视频微课	03 候机楼商业零售服务	120
	延伸阅读	03 新版《民用机场公共信息标识系统设置规范（MH/T5059-2021）》图形符号的调整	107
	学习检测	03	127
项目四	课程思政	04 团队合作，用新技术为智慧绿色便捷出行保驾护航	128
	视频微课	04 值机服务的方式	132
	延伸阅读	04 我国首例因擅自开启飞机应急舱门被追究刑事责任的案件	136
	学习检测	04	147
项目五	课程思政	05“行李大使”	148
	视频微课	05 逾重行李	158
	延伸阅读	05 东上航部分特殊行李逾重收费规则	169
	学习检测	05	187
项目六	课程思政	06 守卫飞机安全的“安检卫士”：安全门上行使使命	188
	视频微课	06 民航旅客限制随身携带或托运的物品	201
	延伸阅读	06《民用航空安全检查规则》	190
	学习检测	06	210
项目七	课程思政	07 警钟长鸣：空乘人员利用职务之便走私货物入境	220
	视频微课	07 TIM 中有关签证的规定	241
	延伸阅读	07 新冠疫情发生后中国民航采取的主要防疫措施	245
	学习检测	07	252
项目八	课程思政	08 打造世界级航空枢纽，服务国家战略	257
	视频微课	08 不同类型航班流程的比较	267
	延伸阅读	08 直飞、经停和中转航班	266
	学习检测	08	272
项目九	课程思政	09 用真心服务特殊旅客	273
	视频微课	09 孕妇与婴儿服务	279
	延伸阅读	09 东方航空的无人陪伴儿童服务办理	279
	学习检测	09	291
项目十	课程思政	10 东航企业社会责任：保障航班正点，倾听旅客心声	292
	视频微课	10 航班延误	301
	延伸阅读	10 航班延误的“实际财产损失”	303
	学习检测	10	313
项目十一	课程思政	11 机务维修：弘扬精益求精追求完美的工匠精神	314
	视频微课	11 机场应急救援服务	345
	延伸阅读	11 配载与平衡有多重要	322
	学习检测	11	356

01

课程思政

项目一
认识民航地勤服务

项目导读

近三十年来，我国民航运输业总体处于高速发展阶段。机队规模的扩大和客货运输周转量的不断增加，要求民航企业的地勤服务能力相应增强，同时其他运输方式和外资民航企业的竞争又要求国内民航企业不断改进地勤服务质量。本项目通过介绍地勤服务与民航运输业的发展现状、民航地勤服务企业和服务人员等相关知识，帮助读者初步认识民航地勤服务。

学习目标

知识目标：了解改革开放以来我国民航业的发展和面临的挑战以及对地勤服务提出的要求；了解我国民航业的行业构架；理解地勤服务的概念；理解地勤服务企业之间的相互关系。

技能目标：熟悉地勤服务企业的内部结构；提供服务时能熟练遵循地勤服务人员的基本服务礼仪规范。

素质目标：了解新时代民航强国建设的内涵，坚定对国家科学发展政策的认同，激发时代赋予的使命感、责任感，将个人理想自觉融入国家发展的高尚情怀。

任务一　了解民航地勤服务与航空运输业发展

一、了解我国民航运输业的发展现状

01

视频微课

（一）改革开放以来民航业的发展

作为国民经济基础性和先导性的产业，我国航空运输业从改革开放以来取得了超常规的发展，特别是近 20 年来，其发展速度远远高于世界平均水平。2004 年，在国际民航组织第 35 届大会上，中国以 150 票的高票数首次当选为国际民航组织一类理事国，实现了从二类理事国向一类理事国的跨越。

截至 2021 年年底，我国共有运输航空公司 65 家，民航全行业运输飞机期末在册架数 4054 架，定期航班航线 4864 条。全国颁证运输机场总数从 2016 年年底的 218 个增加到 2021 年年底的 248 个。2019 年全年全行业完成运输总周转量、旅客运输量和货邮运输量为 1293.3 亿吨公里、6.6 亿人次和 753.1 万吨。从表 1-1，我们可以看出 1994 年以来我国民航客货运输周转量的增长情况，27 年里旅客运输周转量与货物运输周转量均增长了十余倍。由于旅客运输周转量单位是亿人公里，而货邮运输周转量单位是亿吨公里，两者因此不具有可比性，也不便将客货运输周转量合并统计，为方便更直观地做比较和统计，表 1-1 提供了将旅客运输周转量单位亿人公里折算为亿吨公里的数据。

经过多年的高速发展，我国民航业在国际民航组织缔约国中的排位已由 1978 年的第 37 位上升至 2005 年的第 2 位，仅次于美国且持续保持至今。2020 年，受疫情影响世界各国航空运输规模都有回落，但是由于中国采取了科学合理的疫情防控措施，中国在航空旅客运输量（亿人次）这一指标上首次超越美国成为全球第一，我国已经成为名副其实的民航大国。2021 年全行业运输规模有所反弹。机队规模的扩大和客货运输周转量的不断增加，带动了地面服务工作量的增加，因此建设一支强大的地面服务力量是民航企业乃至整个行业发展的有力保障。

表 1–1　1994—2021 年我国航空运输周转量

年份	旅客运输周转量（亿人公里）	旅客运输周转量（亿吨公里）	货邮运输周转量（亿吨公里）	运输总周转量（亿吨公里）
1994	533.0	38.9	19.5	58.4
1995	652.0	47.4	24.0	71.4
1996	752.0	55.6	25.0	80.6
1997	774.0	57.7	29.0	86.7
1998	800.0	59.5	33.5	93.0
1999	857.0	63.8	42.3	106.1
2000	996.0	74.0	48.5	122.5
2001	1091.0	97.2	44.0	141.2
2002	1269.0	113.4	51.5	164.9
2003	1263.0	113.0	58.0	171.0
2004	1782.0	159.0	72.0	231.0
2005	2044.9	182.4	78.9	261.3
2006	2369.9	211.5	94.3	305.8
2007	2791.7	248.9	116.4	365.3
2008	2882.8	257.2	119.6	376.8
2009	3374.9	300.8	126.3	427.1
2010	4031.6	359.6	178.9	538.5
2011	4516.7	403.5	173.9	577.4
2012	5010.7	446.4	163.9	610.3
2013	5658.5	501.4	170.3	671.7
2014	6333.3	560.3	187.8	748.1
2015	7282.6	643.6	208.1	851.7
2016	8378.1	740.0	222.5	962.5
2017	9513.0	839.5	243.6	1083.1

续表

年份	旅客运输周转量（亿人公里）	旅客运输周转量（亿吨公里）	货邮运输周转量（亿吨公里）	运输总周转量（亿吨公里）
2018	10712.3	944.0	262.5	1206.5
2019	11705.3	1030.1	263.2	1293.3
2020	6311.3	558.3	240.2	798.5
2021	6529.7	578.6	278.2	856.8

数据来源：根据国家统计局统计公报、民航行业发展统计公报、《从统计看民航》等资料整理。

图 1-1 显示，中国民航运输规模在过去 20 多年中总体保持了持续较快的增长。2020 年以来的新冠疫情对民航运输的冲击是前所未有的，主要运输量指标明显回落，其中旅客运输受到的影响显著大于货邮运输。随着疫情趋于平稳可控，中国民航发展势头有望进入恢复反弹。根据《"十四五"民用航空发展规划》，预计到 2025 年，民用运输机场数量达到 270 个以上，保障起降架次 1700 万架次，运输总周转量达到 1750 亿吨公里，旅客运输量 9.3 亿人次，货邮运输量 950 万吨。展望 2035 年，我国民航业将实现从单一航空运输强国向多领域民航强国跨越的战略目标。

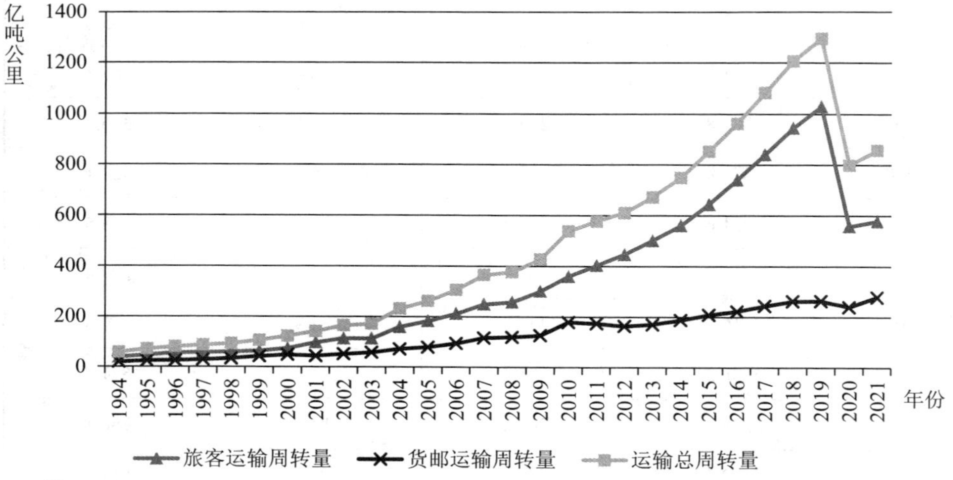

图 1-1　1994-2021 年我国航空运输周转量

01

延伸阅读

（二）我国民航业面临的挑战

在取得巨大成绩的同时，我国的民航运输业也面临着不小的挑战。

从航空替代品来看，国内航空运输企业正经受着来自地面运输方式的强烈冲击。各种运输方式的发展，使旅客有了更多的选择。铁路提速和服务质量的改善分流了航空公司一部分干线航班的旅客。与此同时，高速公路网络的完善和高速客车的出现，在一定程度上分流了航空公司支线航班的旅客，甚至使其被迫退出市场。例如，沪宁高速公路的开通，致使上海到南京的航班被迫取消。2010 年郑西高铁的开通使得郑州—西安航线航班飞行全线退出，未来高铁的持续发展将与民航在中长距离航线上（一般认为 1000 公里以下）展开更为激烈的竞争。

表 1–2 和表 1–3 将 1981 年和 2021 年我国五大运输方式，即铁路运输、公路运输、水路、民航运输，在整个交通运输周转量中的比重及其变化进行了对比（旅客运输没有管道运输方式）。数据显示，在货物运输总周转量中公路上升最明显（24.48%），铁路下跌最明显（–32.19%），空运略有增长，但绝对比重较低，至 2021 年仍只占 0.12%；在旅客运输总周转量中公路下跌最明显（–15.20%），民航占比增幅上升最明显（31.05%），至 2021 年绝对比重已达到 33.05%。这些数据说明，尽管替代运输方式在中短运输距离上确实对民航造成较大挑战，但是从整体上看，随着经济水平发展和收入水平提高，在各种运输方式中旅客仍更偏向于民航运输。

表 1–2　1981 年和 2021 年各种运输方式货物运输周转量比重及其变化

指标（亿吨公里）	1981 年	比重 1	2021 年	比重 2	比重变化（比重 2 – 比重 1）
货物运输总周转量	11643.7	—	223574.4	—	—
铁路周转量	5712.0	47.04%	33190.7	14.85%	–32.19%
公路周转量	780.0	6.42%	69087.7	30.90%	24.48%
水运周转量	5150.0	42.41%	115577.5	51.70%	9.29%
民航周转量	1.7	0.01%	278.2	0.12%	0.11%
管道周转量	499	4.11%	5440.3	2.43%	–1.68%

资料来源：国家统计局统计公报（1981，2021）。

表 1–3　1981 年和 2021 年各种运输方式旅客运输周转量比重及其变化

指标（亿人公里）	1981 年	比重 1	2021 年	比重 2	比重变化（比重 2 – 比重 1）
旅客运输总周转量	2500.0	—	19758.2	—	—
铁路周转量	1473.0	58.92%	9567.8	48.42%	−10.50%
公路周转量	839.0	33.56%	3627.5	18.36%	−15.20%
水运周转量	138.0	5.52%	33.1	0.17%	−5.35%
民航周转量	50.0	2.00%	6529.7	33.05%	31.05%

资料来源：国家统计局统计公报（1981，2021）。

但上述数据比较反映了一个长达 40 年的周期中各种运输方式占比的总变化，不能有效反映近年来的变化趋势。实际上，由于高铁的不断发展，各种运输方式在旅客运输占比方面力量对比已经有所变化，铁路和民航旅客运输占比近年来不断提升，而公路旅客运输占比在不断下降。总体上，民航客运周转量占比提升最为迅速，而铁路运输也表现出了反弹趋势，公路旅客运输占比则被民航和铁路不断蚕食。

另外，随着中国航空运输市场的不断开放和市场规模的不断扩大，国际上实力较强的航空公司纷纷要求在我国增加通航点和航班航线密度，或者千方百计与中方合作角逐国内市场。在这样一个充满竞争的市场中，除了价格竞争以外，提高服务质量无疑是国内民航企业吸引旅客的重要法宝。

全球经济金融危机和公共卫生事件等外部不确定因素是民航业面临的另一重要挑战。在近 20 余年中国民航面临的几次重大冲击中，两次与经济金融危机有关，两次与公共卫生事件有关。1998 年亚洲金融危机期间，中国航空公司总计亏损约 30 亿人民币（在当时算巨额亏损）；在 2008 年由美国次贷危机引起的国际金融危机期间，全民航运输总周转量同比增长仅 3%，远低于往年平均水平，国内三大航合计亏损约 300 亿人民币；2003 年非典导致民航客运量增长陷入停滞，客运周转量同比 2002 年负增长；2019 年年底新冠病毒来袭并在随后形成长时间全球大流行，2020 年中国民航总周转量同比上年下降近 40%，全行业总亏损达 974 亿元，2021 年总周转量有所反弹同比增长 7.3%，但全行业仍亏损 842.5 亿元。

鉴于外部不确定因素是不可控因素，因此从企业的角度更主要的是增强自身能力，提高服务质量。我国建设民航强国的目标要求民航企业具备应对其他运输方式和国际上其他民航企业竞争的能力，通过提升服务质量等非价格手段吸引更多消费者，地勤服务能力和质量是其中的一个重要方面。

二、了解我国民航业的行业构架

2002 年，国务院批准《民航体制改革方案》，决定中国民航局直属企业组建六大集团，实施政企分开。目前，中国民航的主要组成情况如图 1–2 所示。

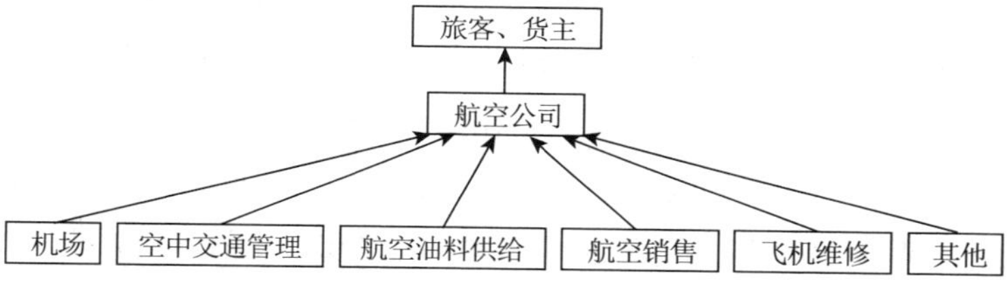

图 1–2 我国民航业的行业构架

（一）航空公司

作为直接为旅客、货主提供航空运输服务的企业，航空公司是中国民航的龙头，在整个民航业中居于主体地位。航空公司向旅客、货主提供旅客、货物和邮件运输服务，同时按照国家有关规定收取费用。

经过 2002 年的航空公司体制改革，我国民航业形成了以国航、东航、南航、海航四大集团为主体的格局。截至 2021 年年底，我国共有运输航空公司 65 家，比上年底净增 1 家。按不同所有制类别划分：国有控股公司 39 家，民营和民营控股公司 26 家。在全部运输航空公司中，全货运航空公司 12 家，中外合资航空公司 9 家，上市公司 8 家。

近年来，我国民航的技术装备得到了较大的改善。特别是航空公司加快飞机更新换代步伐，大量添置新型飞机，使机队规模不断扩大，运输能力大为提高。截至 2020 年年底，民航全行业运输飞机期末在册架数 3903 架。目前我国民航的主力飞机均为世界上最先进的机型，主要机型的利用率已接近或达到世界先进水平。

（二）机场

机场主要为航空公司和旅客提供起降、候机楼等服务，同时按照国家统一制定的标准向航空公司、旅客收取有关费用。1978 年以来，机场建设取得了重要进展，新建、扩建了一大批机场。如新建了南京、深圳、武汉、福州、郑州、贵阳、银川、珠海、济南、石家庄、三亚、丽江等 20 多个机场，改扩建了昆明、拉萨、哈尔滨、太原、烟台、连云港、大连、延吉、乌鲁木齐、兰州、喀什等 40 多个机场。北京首都机场和上海浦东机场经过多轮改扩建，目前已经分别成为拥有 3 条跑道 3 座航站楼和 4 条跑道 2 座航站楼的大型国际枢纽机场。同 1978 年中国民航使用的 81 个机场中多数为中小型的情况相比，至 2021 年年底，在我国境内的 248 个民用航空（颁证）机场（不含香港、澳门和台湾地区），全年旅客吞吐量超过 9.07 亿人次，完成货邮吞吐量 1782.80 万吨，完成飞机起降 977.74 万架次；各机场中，2021 年旅客吞吐量 100 万人次以上的运输机场 96 个，其中 100 万 ~1000 万人次的机场有 67 个，1000 万人次以上的机场有 29 个，北京、上海和广州三大城市机场旅客吞吐量占全部境内机场旅客吞吐量的 18.0%；2021 年货邮吞吐量 1 万吨以上的运输机场 61 个，其中北京、上海和广州三大城市机场货邮吞吐量占全部境内机场货邮吞吐量的 44.9%。

（三）空中交通管理

空中交通管理是民航的重要组成部分，主要提供空中交通服务、民用航空通信、导航、监视、航空气象、航行情报等服务，并按照国家统一制定的项目和标准向航空公司收取费用。中国民航空管系统现行行业管理体制为民航局空管局、地区空管局、空管分局（站）三级管理；运行组织形式基本是区域管制、进近管制、机场管制为主线的三级空中交通服务体系。主要职责是：贯彻执行国家空管方针政策、法律法规和民航局的规章、制度、决定、指令；拟定民航空管运行管理制度、标准、程序；实施民航局制定的空域使用和空管发展建设规划；组织协调全国民航空管系统建设；提供全国民航空中交通管制和通信导航监视、航行情报、航空气象服务，监控全国民航空管系统运行状况，研究开发民航空管新技术，并组织推广应用；领导管理各民航地区空管局，按照规定负责直属单位人事、工资、财务、建设项目、资产管理和信息统计等工作。近年来中国民航空中交通管理基础设施投入持续增加，新技术运用不断得到强化，但仍面临着行业高速发展对服务保障能力要求不断提升的压力。鉴于空管体系对我国航线结构调整和横向体系扩大的制约及其公共产品特征，随着今后空军进一步将空中航线管理权移交给民用航空，空中交通管制将成为国家投资民航的最主要领域，并加速发展。

（四）航空油料供给

航空油料供给目前主要由中国航空油料集团有限公司经营，另有少数合资企业参与经营。中国航空油料总公司在各地的分支机构为航空公司提供加油服务，同时按照经批准的价格收取有关费用。总体上航油市场是一个高度垄断的市场，中航油占据了绝大部分市场份额，因而也可能导致了较高的航空油料价格。根据中国民航相关文件，未来将加快推进航空油料销售价格改革，政府将不再制定航空油料进销差价的具体标准，改为按照“成本加合理收益”的原则制定定价规则。到 2020 年，依据航空油料供应市场的竞争状况，定价规则主要限定在自然垄断环节。

（五）航空销售

航空销售服务部门是与旅客、货主等消费者直接接触的窗口单位，是民航产业的重要组成部分，可分为航空公司直销和代理销售两个部分，但都需要信息服务系统的支持。

1981 年以前，我国民航主要采取手工订座的售票方式。1984 年民航建立了电子计算机订座系统（CRS），在 39 个国内城市和 32 个国外城市实现了联网，并逐渐向全球分销系统（GDS）过渡。2002 年，GDS 工程完成主体验收。

民航销售代理人通过为航空公司销售机票、货物运输服务获得自己的利益。中国民航销售代理业出现在 20 世纪 80 年代中期，以民航局制定的两个指导性文件的出台为标志。1988 年 4 月，中国第一家航空运输代销企业在北京成立。1992 年 12 月，中国民航协会航空运输客货销售代理委员会的成立，标志着中国航空运输销售代理业已逐步形成规模。1993 年 1 月，国务院正式颁布《民用航空运输销售代理业管理规定》，使销售代理业走上了规范化的道路。

随着电子客票的全面使用和技术成熟，除了传统销售代理企业，以在线旅行社（Online Travel Agent，OTA）为代表的网上销售渠道发展也十分迅速。过去，全部代理渠道的销售业务占据民航销售业务的 80% 左右。但是由于航空公司需要向销售代理支付约 1%~3% 的国内机票代理销售费（国际机票更高），在目前民航运输量不断攀升的情况下，这笔不菲的销售费用越来越成为航空公司的一个财务负担，影响到航空公司的盈利能力。因此，从 2015 年开始，部分航空公司开始推行“降代提直”并持续深入，机票代理商从前赖以生存的佣金在不断下降甚至下调至零，只能根据业绩获得相应的奖励，机票代理行业可能面临新的洗牌。

（六）飞机维修服务

飞机维修服务由专业的飞机维修公司有偿提供。目前中国民航在北京和广州已分别建立了飞机维修合资公司；波音公司在北京首都国际机场建立了有三万多个备件的供应中心；空中客车也已建成中外合作的支援中心。根据具体项目性质的不同，飞机维修服务收费分别采取了市场调节价、政府指导价和政府定价三种形式。

（七）其他

除了前面介绍的有关服务项目外，为航空公司或旅客、货主提供服务的企业或机构还包括航空材料、航空食品、教育培训和各种专业设备制造等。

三、理解民航地勤服务的概念

“地勤”一词原本是民航系统内一个比较宽泛的概念，它是相对于“空勤”而言的所有地面服务工作的总称。广义地说，地勤服务应该包括机场、航空公司及其代理企业为旅客、货主提供的各种服务，以及空管、航油公司、飞机维修企业等向航空公司提供的服务。从航空旅客运输的狭义角度来说，地勤服务主要是指航空公司、机场等相关机构为旅客提供的各种服务，如候机楼问询、电话问询、广播、航班信息发布、接听旅客投诉电话、值机服务、安检服务、联检服务、引导服务、行李服务、候机楼商业服务等。由于地勤服务涉及如此多的环节，协调组织并有效地向旅客提供高质量的服务对相关民航企业来说并非易事。

任务二　理解民航地勤服务企业及其相互关系

从旅客运输的角度，地勤服务企业主要有机场、航空公司以及地勤服务代理企业，目前由专业化的地勤服务企业提供的地勤服务比重还较小。

一、认识机场

（一）机场的分类

1. 按机场用途划分

按用途划分，机场分为军用机场和民用机场两大类，民用机场按其功能又可分为定期航班机场（又称航空港）和通用航空机场。定期航班机场是指用于商业性航空运输，亦即具有定期客货运输航班服务的机场；通用航空机场则是指主要用于农业、林业、地质、搜救、医疗等特定航空运输服务的机场，也包括用于飞行学习、企业或私人自用的机场。具体分类如下：

- 机场
  - 军用机场
    - 军用机场
    - 军民合用机场
  - 民用机场
    - 航空港
      - 重要机场
      - 一般机场
    - 通用机场
    - 单位或私人机场

军用机场主要用于军事目的，有时也部分用于民用航空或军民合用。但从长远来看，军用机场将会和民用机场完全分离。

航空港是指从事民航运输的各类机场。在中国通常把大型的民用机场称为空港，小型的民用机场则称为航站。为了统一称呼，按国际通例，把商业性航空机场统称为机场。

重要机场是指一个国家在航空运输中占据核心地位的机场，如美国把运输量占全国 0.05% 以上的机场划为重要或枢纽机场，中国则把由民航局直接管理的机场划为一类机场，这些机场应属于重要机场。目前中国还没有关于划分这类机场的标准，但可以把每年客流量 50 万人次或 100 万人次作为重要机场的标准，这类机场在整个国家的运输中起着核心作用。

一般机场是重要机场之外的其他小型机场。在中国，大多数机场都属于航站，虽然它们的运输量不大，但对于沟通全国航路或促进地区经济发展起着重要作用。

通用航空机场主要用于通用航空，为专业航空的小型飞机或直升机服务。

单位或私人机场是指除民航和军用机场外，属单位和部门所有的机场，如飞机制造厂的试飞机场、体育运动的专用机场和飞行学校的训练机场等。国外还有大量的私人机场，服务于私人飞机或企业的公务飞机，这种机场一般只有简易的跑道和起降设备，规模很小，但数量很大。

2. 按航线性质划分

按航线性质可将机场划分为国际航线机场和国内航线机场。

3. 按服务航线和规模划分

按服务航线和规模可将机场划分为枢纽机场、干线机场、支线机场。枢纽机场往往是连接国际国内航线密集的大型机场，如北京首都、上海浦东、上海虹桥、广州白云等国际机场；干线机场是以国内航线为主、空运量较为集中的大中型机场，主要是各省省会或自治区首府、重要工业及旅游开放城市的机场；支线机场一般是规模较小的地方机场，以地方航线或短途支线为主，如比较偏远地区的城市机场。

4. 按旅客乘机目的地划分

按旅客乘机目的地可将机场划分为始发 / 终点机场、经停机场、中转机场。始发 / 终点机场是指运行航线的始发机场和目的地机场，如北京至哈尔滨航线上的北京首都机场（始发机场）和哈尔滨太平机场（终点机场）；经停机场是指某航线航班中间经停的机场，如北京经停武汉至广州的航线，武汉天河机场为经停机场，在这里航班降落，供在武汉的旅客登机前往广州；中转机场是指旅客乘坐飞机抵达此处时需要下机换乘另外的航班前往目的地的机场，如从南京乘机飞往拉萨，必须在成都双流机场中转，转乘国航西南分公司成都至拉萨航班。此时，成都双流机场为中转机场。

5. 备降机场

备降机场是指为保证飞行安全、在飞行计划中事先规定的降落机场。当预定着陆机场由于某种原因而无法着陆时，将前往着陆的机场称为备降机场。起飞机场也可作为备降机场。在我国，哪个机场作为备降机场是由中国民用航空总局确定的。

（二）民用机场的类别

为了合理地配置机场的工作人员和相应的设施设备，以确保飞机安全、有序、正点起降，必须给机场划分相应的类别（见表 1–4）。

表 1–4　民用机场的类别

机场类别	流量标准
Ⅰ类	旅客客流量 1000 万人次及以上
Ⅱ类	旅客客流量 500 万 ~1000 万人次，包括不足 500 万人次旅客客流量的区域枢纽机场
Ⅲ类	旅客客流量 100 万 ~500 万人次，包括不足 100 万人次旅客客流量的直辖市 / 省会机场
Ⅳ类	旅客客流量 50 万 ~100 万人次
Ⅴ类	旅客客流量 10 万 ~50 万人次
Ⅵ类	旅客客流量 10 万人次以下

（三）机场的功能区域

机场作为商业运输的基地可以划分为飞行区、候机楼和地面运输区三大部分，各部分组成情况如图 1–3 所示。

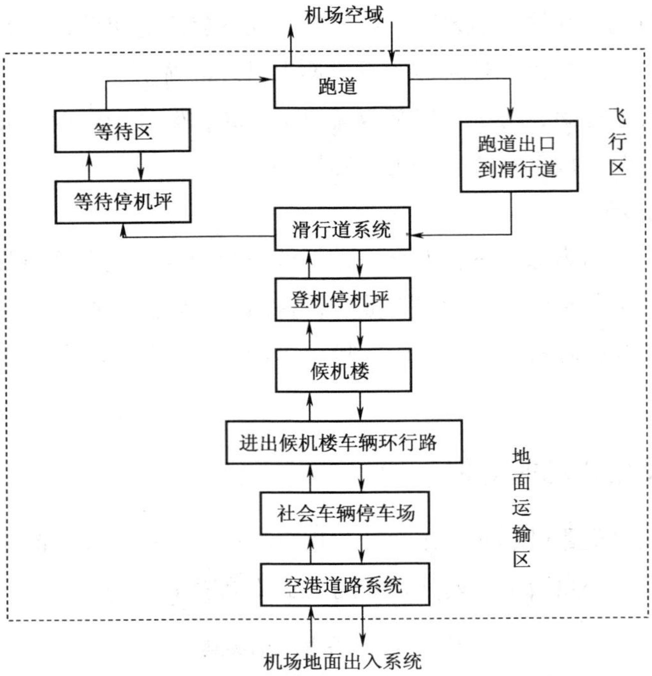

图 1–3　机场功能区域

1. 飞行区的构成与功能

机场飞行区是飞机运行的区域，主要用于飞机的起飞、着陆和滑行，它分为空中部分和地面部分。空中部分指机场空域，包括飞机进场和离场的航路；地面部分包括跑道、滑行道、机坪和登机门以及为飞机维修和空中交通管制服务的设施和场地，如机库、塔台、救援中心等。

（1）跑道

跑道是机场的主体工程，是指机场内供飞机着陆和起飞用的一块划定的长方形区域。跑道的数目取决于机场航空运输量的大小；跑道的方位方向主要与当地的风向有关；跑道必须具有足够的长度、宽度、强度、粗糙度、平整度以及规定的坡度。

跑道按照其作用可以分为主跑道、次要跑道。主跑道是在正常条件下，供主要机型优先使用的跑道；次要跑道是在特定条件下，供特定机型使用的跑道。

跑道根据其配置的无线电导航设施情况可以分为非仪表跑道和仪表跑道。非仪表跑道是供飞机用目视进近程序飞行的跑道；而仪表跑道是供飞机用仪表进近程序飞行的跑道，这种跑道又可细分为非精密进近跑道、Ⅰ类精密进近跑道、Ⅱ类精密进近跑道、Ⅲ类精密进近跑道四类。

跑道的性能及相应的设施决定了什么等级的飞机可以使用这个机场，机场按这种能力的分类，称为飞行区等级。飞行区等级用两个部分组成的编码来表示。第一部分是数字，表示飞机性能所相对应的跑道性能和障碍物的限制；第二部分是字母，表示飞机的尺寸所要求的跑道和滑行道的宽度。对于跑道来说，飞行区等级的第一位的数字表示所需要的飞行场地长度，第二位的字母表示相应飞机的最大翼展和最大轮距宽度，它们相应的数据如表 1-5 所示。

表 1-5　飞行区等级划分

飞行区指标Ⅰ		飞行区指标Ⅱ		
数字	飞机基准飞行场地长度（m）	字母	翼展（m）	主起落架外轮外侧边间距（m）
1	＜ 800	A	＜ 15	＜ 4.5
2	800~ ＜ 1200	B	15~ ＜ 24	4.5~ ＜ 6
3	1200~ ＜ 1800	C	24~ ＜ 36	6~ ＜ 9
4	≥ 1800	D	36~ ＜ 52	9~ ＜ 14
		E	52~ ＜ 65	9~ ＜ 14
		F	65~ ＜ 80	14~ ＜ 16

注：飞机基准飞行场地长度是指该飞机以规定的最大起飞质量，在海平面、标准大气条件、无风和跑道纵坡为零的条件下起飞所需的最小飞行场地长度。飞行区指标Ⅱ按使用该机场飞行区的各类飞机中的最大翼展或最大主起落架外轮外侧边间距，两者中取其较高等级。

截至 2021 年，我国拥有 4F 级机场 15 个，4E 级机场 37 个，4D 级机场 37 个，4C 级机场 154 个，3C 级机场 4 个，3C 级以下机场 1 个。北京首都国际机场、北京大兴国际机场、上海浦东国际机场、广州白云国际机场、成都双流国际机场、成都天府国际机场、深圳宝安国际机场等拥有 4F 级跑道，可以满足 A-380 和 B-747 等大型飞机的起降要求。乌鲁木齐地窝堡、三亚凤凰、珠海金湾、喀什机场、南宁吴圩、桂林两江、济南遥墙、呼和浩特白塔、贵阳龙洞堡等诸多机场达到 4E 级。其他大部分开放机场飞行区等级均在 4C 级以上。

（2）滑行道

滑行道的作用是连接飞行区各个部分的飞机运行通路，它从机坪开始连接跑道两端。在交通繁忙的跑道中段设有一个或几个跑道出口与滑行道相连，以便降落的飞机迅速离开跑道。

滑行道的宽度由使用机场的最大的飞机的轮距宽度决定，要保证飞机在滑行道中心线上滑行时，它的主起落轮的外侧距滑行道边线不少于 1.5~4.5 米。在滑行道转弯处，它的宽度要根据飞机的性能适当加宽。

滑行道的强度要和配套使用的跑道强度相等或更高，因为在滑行道上飞机运行密度通常要高于跑道，而且飞机的总重量在低速运动时的压强也会比在跑道略高。

滑行道在和跑道端的接口附近有等待区，地面上有标志线标出，这个区域用于飞机在进入跑道前等待许可指令。等待区与跑道端线保持一定的距离，以防止等待飞机的任何部分进入跑道而成为起飞飞机运行的障碍物或产生无线电干扰。

（3）机坪

机坪是飞机停放和旅客登机下机的地方，也可以分为登机机坪和停机坪。飞机在登机机坪进行装卸货物、邮件、加油、上下旅客等；在停机坪过夜、维修和长时间停放。停机坪上设有供飞机停放而划定的位置，简称机位。停机坪的面积要足够大，以保证进行上述活动的车辆和人员的行动不受干扰。按照规定，停机坪上用油漆标出运行线，使飞机按照标出的线路进出滑行道，保证不影响机场交通。

（4）机场导航设施

机场导航设施也称为终端导航设施，其作用是引导到达机场附近的每架飞机安全、准确地进近和着陆。实践证明，进近和着陆阶段是飞行事故发生最多的阶段，机场导航设施、机场地面灯光系统、机场跑道标志等组成一个完整系统，保证飞机的安全着陆。

机场导航设备分为非精密进近设备和精密进近设备。非精密进近设备通常是指装置在机场的 VOR-DME 台、NDB 台及机场监视雷达，作为导航系统的一部分，它们把飞机引导至跑道平面，但不能提供在高度方向上的引导。精密进近设备则能给出准确的水平引导和垂直引导，使飞机穿过云层，在较低的能见度和云底高下，准确地降落在跑道上。目前使用最广泛的精密进近系统是仪表着陆系统，还有部分使用的是精密进近雷达系统以及正在发展并将最终取代仪表着陆系统的卫星导航着陆系统。

（5）地面灯光系统

地面灯光系统主要用于飞机在夜间飞行时的助航。

（6）机场的进近区或净空（飞行）区

机场为保证飞机在起飞和降落的低高度飞行时没有地面障碍物妨碍导航和飞行，要划定一个区域，这个区域的地面和空域要按照一定标准来控制，并把有关的地形情况标注在航图上，这个区域称为进近区或净空区。

它的地面区域称为基本区面，空中区域则是在跑道周围60米的地面上空由障碍物限制面构成，障碍物限制面有：水平面，是在机场标高45米以上的一个平面空域；进近面，由跑道端基本面沿跑道延长线向外向上延长的平面；锥形面，在水平面边缘按1∶20斜度向上延伸的平面；过渡面，在基本面和进近面外侧以1∶7的斜度向上向外延伸。

由这些平面构成的空间，是飞机起降时使用的空间，由机场当局负责控制管理，保证地面的建筑（楼房、天线等）不能伸入这个区域。另外，空中的其他飞行物（飞鸟、风筝等）也不能妨碍飞机的正常运行。

2. 候机楼区构成及功能

候机楼区包括候机楼建筑本身以及候机楼外的登机机坪和旅客出入车道，它是地面交通和空中交通的结合部，是机场对旅客服务的中心地区。

（1）登机机坪

登机机坪是指旅客从候机楼上机时飞机停放的机坪，这个机坪要求能使旅客尽量减少步行上机的距离。按照旅客流量的不同，登机机坪的布局可以有多种形式。

单线式。这种形式最简单，即飞机停靠在候机楼墙外，沿候机楼一线排开，旅客出了登机门直接上机。它的好处是简单、方便，但只能处理少量飞机，一旦交通流量很大，有些飞机就无法停靠到位，造成延误。

指廊式。由候机楼伸出走廊，飞机停靠在走廊两旁，这样可停放多架飞机，是目前空港中使用比较多的一种方式。走廊上通常铺设活动人行道，以减少旅客的步行距离。

卫星厅式。在候机楼外一定距离设立一个或几个卫星厅，飞机沿卫星厅停入，卫星厅和候机楼之间有活动人行通道或定期来往车辆沟通，它比指廊式优越的地方是卫星厅内可以有很多航班，各航班旅客登机时的路程和用去的时间大体一致，而且旅客在卫星厅内可以得到较多的航班信息。而指廊式的登机机坪，旅客到最末端的登机门用的时间比起始端的要长。卫星厅式的缺点是建成后不易进一步扩展。

车辆运送式。也叫作远距离登机机坪。飞机停放在离候机楼较远的地方，登机旅客由特制的摆渡车送到飞机旁。这种方式的好处是大大减少了建筑费用，并有着不受限制的扩展余地。但它也存在一些问题，如机坪上的运行车辆和机场服务工作人员人数会增加，旅客登机时间也会增加，尤其遇上下雨刮风等不良天气时还会给旅客造成诸多不便。

各种登机形式并不是单一固定的，可以采用多种混合形式，例如北京首都机场是卫星厅式的，但当客流量增大时，超过的客流可采用远距离登机来解决。

以上各种形式的登机机坪，除远距离登机机坪外，在登机的停机位置都需要一定的设施帮助驾驶员把飞机停放在准确的位置，让登机桥能和机门连接。登机桥是一个活动的走廊，它可以伸缩，并且有液压机构调整高度，以适应不同的机型，当飞机停稳后，登机桥和机门相连，旅客可以通过登机桥直接由候机楼进出飞机。

（2）候机楼

候机楼的建筑是一个城市或一个国家的门户，因而候机楼的建筑在考虑功能和实用之外，必须要雄伟壮观，体现出国家的气派和现代化的意识，体现出地方文化特色和区域特征，同时还要考虑便利、安全和保卫的需要。

候机楼的组成并不复杂，一般情况下，候机楼可以分为两大功能区。

一是旅客服务区域，它的功能包括：办理机票行李手续的柜台；安检、海关、检疫的通道和入口；登机前的候机厅；行李提取处；迎送旅客活动大厅；旅客信息服务设施，包括问询处、显示牌、广播通知系统、电视系统等；旅客饮食区域，包括供水处、餐馆、厨房等；公共服务区，如邮电局、行李寄存处、失物招领处、卫生间、医疗设施；商业服务区，如各种商店、银行、免税店、旅游服务处、租车柜台等。

二是管理服务区，它的功能构成有：空港管理区，包括空港行政办公室、后勤部门的办公场所，还有消防、紧急救援部门的工作场所及设备场地等；航空公司运营区，如运营办公室、签派室和贵宾接待室等；政府机构办公区，如民航主管当局、卫生部门、海关、环保、边防检查部门的办公区域。

3. 机场地面运输区的构成及功能

机场地面运输区包括两个部分，第一部分是机场进入通道，第二部分是机场停车场和内部道路。

（1）机场进入通道

机场是城市的交通中心之一，而且有严格的时间要求，因而从城市进出机场的通道是城市规划的一个重要部分，大型城市为了保证机场交通的通畅都修建了市区到机场的专用公路、高速公路或城市铁路。为了解决旅客来往于机场和市区的问题，机场要建立足够的公共交通系统，有的机场开通了到市区的地铁或高架铁路，大部分机场都有足够的公共汽车线路来方便旅客出行。在考虑航空货运时，要把机场到火车站和港口的路线同时考虑在内。

（2）机场停车场和内部道路

机场停车场除考虑乘机的旅客外，还要考虑接送旅客者的车辆、机场工作人员的车辆及观光者的车辆和出租车的需求，因此机场的停车场必须有足够大的面积。当然，停车场面积太大也会带来不便，一般情况是繁忙的机场按车辆使用的急需程度把停车场分为不同的区域，离候机楼最近的是出租车辆和接送旅客车辆的停车区，以减少旅客步行的距离。机场职工或航空公司使用的车辆则安排到较远位置或安排专用停车场。

要很好地安排和管理候机楼外的道路区，这里各种车辆和行人混行，而且要装卸行李，特别是在高峰时期，容易出现混乱和事故。机场内道路的另一个主要部分是安排货运的通路，使货物能通畅地进出货运中心。

二、认识航空公司

从组织结构的角度，航空公司的架构可以分成三个层面，即决策层、执行层和职能层。

（一）决策层

1. 董事长办公室

董事长办公室是董事长的办事机构，负责董事会和董事长的日常事务；股东局负责处理股东咨询、查询事务，负责接待股东来访；关系室负责处理对外关系、对外联系和与政府联络；研究室负责经营战略、经营决策的研究管理，并负责政策咨询与经济、金融、科技、航空、企管、商务、航务、机务等方面的课题研究与管理。

2. 咨询委员会

咨询委员会是总裁的智囊团，由政府代表、经济金融界权威人士、教授学者、企管专家、民航局代表、航空界权威人士、在国内外有影响的航空公司总裁组成。其中外部委员应占 2/3 以上，因为外部委员大都知识渊博、见多识广、消息灵通，具有很高的政策理念水平、专业水平和发现问题的敏锐洞察力，加之又不在企业任职，观察、解决问题的立场更为公正、客观，在进行经营决策时站得更高、看得更远，从而有助于提高决策的科学性、准确性和稳定性。

（二）执行层

执行层一般由四大系统（运营系统、维修系统、市场系统、供应系统）和两大中心（基地管理中心、地区销售中心）组成，具体负责日常航班生产的指挥活动。

1. 运营系统

运营系统将日常航班生产经营体系中几乎所有涉及航班生产的各个部门全部纳入，以便切实提高运营效率和效果。运营系统下设：

（1）飞行控制中心，是飞行操作系统。负责执行国际、国内航班和专机、包机的机组任务；负责机组人员的组织、调配；负责飞行人员的安全、技术管理与改装训练管理。

（2）乘务服务中心，是空中服务系统。负责执行国际、国内航班和专机、包机的乘务组任务；负责乘务人员的组织、调配；负责乘务人员的服务质量、客舱应急设备与业务管理。

（3）运行控制中心，是签派指挥系统。负责进出港航班飞机的调度签派管理；负责进出港飞机的机坪地面指挥与航班正常率管理；负责进出港航班飞机的综合服务质量监督管理；负责事故调查与旅客投诉的处理；负责国内外航空公司航务代理管理；负责航班信息、通信业务、航行情报、飞机性能、导航数据库的管理；负责外国政府、航空公司和企业商务飞行的航务代理；负责国际国内航班航线的申请与航班时刻协调管理；负责驻场单位的协调管理。

（4）地面保障中心，是地面服务系统。负责国际国内旅客运输、货邮运输、机票销售管理；负责地面服务、货物装卸的管理；负责运输载重平衡、货物运价管理；负责航班信息的收集、整理、分析和发布；负责行李查询、服务咨询的管理；负责 VIP 客户及航班非正常服务管理；负责国际国内航班机上清洁管理；负责与航班有关的延伸服务管理；负责外国航空公司地面代理管理；负责外国航空公司民航雇员的管理；负责外国政府和企业商务飞行的地面代理。

（5）信息控制中心，是计算机系统。负责整个航空公司系统的信息管理、处理和服务；负责软件开发、应用、维护升级和运行保障的建立、规划与使用。

2. 维修系统

维修系统是飞机维护系统。负责本公司各种机型飞机的维护维修、定检和大修，并承担其他航空公司委托代理的各种飞机的维修。维修系统下设：

（1）航线维护中心，主要负责国际、国内航班飞机的航前、航后日常维护管理；负责外站机务维修管理。

（2）部件大修中心，主要负责飞机部件、发动机的定检、换发和大修管理。

（3）航材供应中心，主要负责飞机航空器材的订购、供应和仓储管理。

（4）设施设备中心，主要负责各种维修、维护设备设施的制造、改装和修理。

（5）计量质量中心，主要负责设备、器材的计量检测和管理，维护质量的控制管理。

3. 市场系统

市场系统是航班销售与服务系统，负责航空运输市场的营销管理、广告管理及货运管理。市场系统下设：

（1）航班计划中心，主要负责国际、国内航空运输市场的开发和拓展；负责销售网络的规划、实施和航班计划管理。

（2）销售控制中心，主要负责国际、国内航班机票销售控制管理；负责国内外地区销售管理。

（3）客运业务中心，主要负责国际、国内客货运输业务、机票运价管理；负责客、货运代理人的管理。

（4）货运业务中心，主要负责国际、国内货物运输和邮件运输管理业务、货邮运价管理。

（5）广告策划中心，主要负责对外媒体的广告策划、投放和监制；负责对外形象的广告宣传；负责国内外各类展览会、博览会的策划、实施以及公共关系活动，包括新闻发布会、记者招待会和公益活动。

4. 供应系统

供应系统是采购与配置系统，它将除航材以外的采购、供应、配置活动集中统一管理。供应系统下设：

（1）机供品中心，主要负责机上供应品（包括餐具、杯子、毛巾、装饰等）、礼品、免税品的采购、供应、配置与配发管理。

（2）餐饮品中心，主要负责机上餐食、饮料、酒类、小吃食品等的采购、供应、配置与配发管理。

（3）综合品中心，主要负责服装、航空油料、设施设备、生产资料等物资的采购、供应、配置与配发管理。

（4）机上娱乐中心，主要负责机上娱乐系统（音乐、影视、报刊）的管理，按照国际航空娱乐协会和国家音像管理部门的规定和要求，负责包括音像节目的采购、制作拷贝、配置及设备维护。

（5）物流控制中心，主要负责机供品、餐饮品、综合品和机上娱乐系统所有物品的保管、运输、收发和仓储等物流控制管理。

5. 基地管理中心

基地管理中心是遍及全国各地的分、子公司管理系统。它把过去原有的分、子公司和国内营业部进行重新编排，按照重点地区进行划分管理。国内营业部不再单独作业，全部并入基地管理系统。基地管理中心统一负责本地区内航空运输业务的管理；负责空勤机组、乘务组的管理；负责客运、货运、服务、机票销售管理；负责飞机维护、定检管理；负责航班签派、航线申请管理。基地管理中心一般可按区域设置，如，华东、华北、中南、西南、西北、东北和北京、上海、广州基地管理中心。

6. 地区销售中心

地区销售中心是国际及中国港、澳、台地区办事处系统。它把原有的各国家、地区办事处按照地理位置和客货运输量进行整合，统一负责所辖地区的客货运输业务。大型航空公司的地区销售中心一般可设日本、韩国、东南亚、中东及大洋洲、北美洲、欧洲、非洲、南美洲及中国港澳台地区销售中心。

（三）职能层

职能层由四大总部组成，设置十分简捷，是总部的职能管理部门，协助总裁进行公司的经营管理。

1. 行政总部

行政总部下设总裁办公室和综合管理部。总裁办公室主要负责日常事务、文秘、档案管理；专、包机任务管理；护照与签证管理；协调与政府、企业以及驻场海关、边防、机场、空管、航油、安检等有关单位的关系。综合管理部负责行政、基本建设、车辆设备、总务和房屋、物业管理。

2. 管理总部

管理总部下设企管研发部和财务结算部。企管研发部负责经营战略、经营决策研究管理；负责中长期规划、计划管理，机队规划与引进管理，经济活动分析与计划统计管理；负责运输服务质量管理；负责企业形象与标志的设计、策划、监制、督导；负责经济指标考核管理；负责整个系统的信息反馈、监督控制管理；负责业务流程规章管理与标准化、规范化、程序化管理。财务结算部负责国际、国内票务收入与结算管理；负责财务政策、法规管理与投资管理；负责财务计划、预决算、经济活动分析管理；负责融资租赁与外汇管理。

3. 技术总部

技术总部下设飞行安全部和机务工程部。飞行安全部负责飞行专业管理与安全监察管理；负责飞行技术与天气标准放飞管理；负责航务与技术引进管理；负责空防安全管理。机务工程部负责机务专业管理与安全管理；负责机务专业技术与放行标准管理；负责机务与飞机设备设施引进与技术改造管理。

4. 人事总部

人事总部下设人力资源部和教育培训部。人力资源部主要负责劳动工资、劳动保险的管理；负责定员定编、技术职称的管理；负责组织人事、组织机构管理；负责人才资源、人才开发管理；负责工资总额、奖励基金、福利基金的管理。教育培训部主要负责飞行、乘务、机务、商务专业培训管理；负责干部职工培训及经理进修培训管理；负责飞行员、乘务员模拟舱培训管理。

三、理解机场和航空公司的关系

（一）航空公司与机场的供需关系

航空公司与机场间具有紧密的协作关系。一方面，机场需要航空公司的飞临，旅客吞吐量是机场一切收入的根本。另一方面，只有设施完备的机场才能使航空公司最终实现产品的完整生产。

同时，航空公司与机场两者间又可理解为供需双方。机场的产品就是为航空公司提供的服务，航空公司则是这种产品的需求方。当机场的客货吞吐量、保障飞机起降架次等低于其设计能力时，也即机场产品的供给大于需求时，作为需求方的航空公司就拥有议价的优势；相反，当机场产品的供给小于需求时，机场则处于有利地位。在实际运输生产中，新通航或航班量很少的小型机场往往有求于航空公司，会向航空公司提供这样那样的优惠条件，如签订包销协议等；而对于那些业务繁忙，特别是高峰期保障能力近于饱和的机场，情况则相反，由于这样的机场往往位于空运需求旺盛的地区或重要的枢纽点，航空公司会不惜代价开辟通达的航线，这类大中型机场在与航空公司的关系中往往处于优势地位。

（二）机场运营收入模式对双方关系的影响

机场的收入模式不外两种。一种是传统运营收入模式，即机场的主要任务是满足航空公司、旅客、货主的需求，机场收入的取得主要依靠飞机起降费、旅客服务费等航空收入。在这种模式指导下，机场在规划建设时主要考虑的是为旅客、货物处理提供便利，而分配给其他商业活动的场地则很少。另一种是现代运营收入模式，即机场不仅为航空公司、旅客、货主等传统客户服务，而且服务对象还包括航空公司雇员、当地居民、接机者、观光游客等一切潜在顾客以及当地工商企业。在这种模式下，机场的设计在满足处理旅客、货物便利的同时，还要尽可能多地创造获得商业收入的机会，如配建娱乐和休闲设施。在现代运营收入模式下，机场收入的取得主要是租金收入与特许经营收入。在多数情况下，机场是以“地主”与管理者的身份出现，一般不直接经营地面服务，而是将场地、设施出租给机场直接用户，如航空公司、地面代理公司等，同时向餐饮、商贸、银行等各种专业服务商收取在机场经营的特许费用，并对它们进行管理。

采取现代运营收入模式的机场较之采用传统运营收入模式的机场更易明确机场与航空公司双方的业务划分。机场定位于“地主”、管理者，主要负责管理与资本运营，而航班维护、客货地面流转等由更为专业的航空公司或专业地面代理服务公司负责。当然，有条件采用现代运营收入模式的机场一般是那些枢纽或客流量较大的大中型机场。而对于旅客吞吐量有限、不能取得良好的非航空业务收入的机场，航空业务收入依然是维持机场运转的重要支柱。

（三）机场与航空公司的竞争

机场与航空公司的竞争主要出现在航空公司基地机场的航班地面服务中。航班地面服务按提供服务的主体不同可分为四种情况：第一种情况是完全由机场提供地面服务并收取相关费用；第二种情况是机场只充当“地主”角色，将候机楼、廊桥等设施出租给航空公司，完全由航空公司提供地面服务；第三种情况是以上两种情况的混合，一方面机场成立自己的地面服务部门，为飞临的航空公司提供地面服务；另一方面基地航空公司在为自己的航班提供地面服务的同时，也代理其他航空公司的地面服务；第四种情况是地面服务由专业的地面服务代理公司承担。在欧洲，约有一半的大型机场，机场当局不参与地面服务，地面服务是由航空公司或专业的地面代理公司提供。在美国，机场当局不参与地面服务的情况则更为普遍。在我国，一般机场当局和基地航空公司都分别提供地面服务。

当航空公司与机场同时提供航班地面服务时，往往形成双方在这一领域的竞争，特别是在传统运营收入模式下，由于航空业务收入是机场收入的主要来源，机场往往会利用其有利地位，取得竞争优势。在这一领域，机场与航空公司双方业务的重叠是双方矛盾的焦点。我国大中型机场在现有运营模式下，除了不搞飞行外，在客货代理、配餐、机务等方面均参与经营，由于机场的垄断性，易对基地航空公司造成不公平竞争的情况。因此，鼓励大中型机场走管理型的道路是解决这一问题的关键，机场立足于资本运作与管理将更有利于保持机场的中立性，同时应该鼓励建立专业化的地面服务代理公司为所有航空公司提供中立、公平的服务。

任务三　了解对地勤服务人员仪容仪表及服务规范的要求

一、仪容仪表要求

（一）仪容规范

航空企业对地勤服务人员仪容仪表的基本要求是：庄重、亲切、健康、自然。

1. 发型

通常要求女员工发型整洁、大方，不得遮掩面部，不得将头发焗、染成红、黄、棕等非黑颜色，发型宜在以下三种标准之内：有层次的短发、不过肩直发、盘起式长发。过肩长发应以发髻收束于脑后（黑色为宜），不宜用发夹随意夹起或盘起，不得采用螺旋式、马尾式、留鬓角等造型。发型不可过于蓬松或蓬乱。

男员工的头发不可过长或过短（不可见头皮为宜），不得留长鬓角，并保持头发清洁。前发不过额头、后发不及领口、鬓发不遮住耳朵。禁止留长发或极短的卷发，不可剃光头。严禁过于前卫或夸张的发型。不得将头发焗、染成红、黄、棕等非黑颜色。

2. 着装

上岗工作时间内，必须穿着规定制服，服装穿着要得体规范，并保持完好清洁。制服、衬衫穿着必须洗净并熨烫平整，保持清洁（无油渍、无斑点）。

领带、领结按要求与制服配套使用，保持干净、平整、无污点。领带系扎必须符合要求，长度以系好后大箭头垂到腰带扣处为宜，不得将领带褪松。

大衣只限外场、到达行李转盘巡视和行李查询人员按规定统一穿着。

应穿着配发的黑色或不带任何饰物的深色皮鞋。女员工着裙装时必须穿长筒肉色或淡灰色丝袜，袜子无勾丝破洞，不得穿着其他有花纹网眼或加厚的长筒袜。男员工袜子选用黑色、深蓝色或深灰色系列。每日上岗前，应将皮鞋擦净、擦亮。

3. 通信设备

值班人员上班期间应将手机保持在开通状态。对讲机应采用手持方式使用，夏季可挂在腰间，不得将对讲机放在衣袋中或夹在腋下。

4. 禁区通行证与工号牌

工作时间内，工作人员必须佩戴机场禁区通行证和姓名牌。姓名牌佩戴于制服或衬衣左侧上方衣袋处，不得遮盖。

（二）仪态规范

1. 站姿

（1）基本要求

头部微微抬起，面部朝向正前方，下颌微微内收；颈部挺直，双肩平正，微微放松；呼吸自然；腰部直立，上体自然挺拔；身体的重心要平均落在双腿上；双眼平视前方，面带微笑。

（2）站姿的基本形式

前腹式（适合女士）：双脚呈“V”字形，膝和脚跟靠紧，两脚尖张开的距离约为一拳；腰部挺直，小腹略收，腿呈“V”字形；双手搭握（五指并拢，右手搭左手）放于小腹部。

丁字式（适合穿裙装女士）：一脚在前将脚尖向外略展，右脚后撤半步呈“丁”字步，双手搭握形成腹前相交；身体重心在两腿上。

侧立式（适合男士）：双脚距离与肩同宽，双臂自然下垂放于身体两侧或双手搭握（五指并拢，左手搭右手）放于身前。

后背式（适合男士）：两腿稍分开，两腿平行，两脚距离与肩同宽；两手在背后轻握放在后腰处。

为缓解疲劳，在工作中可采用相应的站立姿势交换使用。但在服务时禁止有过多的小动作，如抓耳挠腮、梳理头发或手里摆弄打火机、烟盒等。在工作场所范围内，工作人员不得将手插于衣袋或裤袋内，不得双手叉腰或双手交叉叠抱在胸前。

站姿禁忌：身体歪斜、弯腰驼背、趴伏倚靠、双腿叉开；手位不当、脚位不当、浑身乱动、半坐半立。

2. 坐姿

落座后坐满椅子的 1/2 或 2/3 处。背部不要靠在椅背上，如座椅有扶手，不得搭扶手。端坐时上半身挺直、头正肩平、下颌微收、挺胸收腹。面部表情自然，目光平视前方。女士的双膝、双脚并拢，双腿微向内收（或略偏左、偏右），双手搭握、掌心向下，自然放于腿部。男士应双膝分开与肩同宽，双手半握拳放于腿部。

3. 行姿

体态优美、重心放稳、身体协调、摆动适当（以肩为支点 30~35 度）。头正平视、下颌微收、挺胸、收腹、立腰、双肩平稳。行走时，重心稍前倾，全脚掌着地，膝和脚腕要有弹性，忌拖着鞋子走路。注意步幅，一般是前脚跟与后脚脚尖之间的距离为一脚长，男士的步幅可稍大。行走时走道路的右侧，避免走中间。遇有急事可以快步行走，但不要在工作区内奔跑。多名工作人员同方向行走时并排者最多两人，前后分成几排。禁止勾肩搭背、嬉笑打闹、大声说笑喧哗。上下楼梯或在狭窄通道时，应主动侧身让旅客先过或慢步随后，如有紧急事需超越旅客时，应首先使用“对不起、请让一让、谢谢”等文明语言向旅客致歉后，方可超越。途中如遇到旅客提问，应主动停下来点头微笑或使用“您好”等称呼旅客，回答完毕后再继续行走。在穿越贵宾休息室通道，遇有贵宾出入时，要主动避让，待贵宾完全走过后方可通行。

4. 蹲姿

蹲下时右脚先退后半步、上身稍向前倾、臀部向下、上身保持垂直、神情自然。双膝一高一低（捡左面物体时双膝左低右高，捡右面物体时双膝右低左高），女士双腿并拢。轻蹲轻起、直蹲直起，忌突然下蹲、离人过近、方位失当，忌正对或背对客人。

5. 手势

手势的基本要求是稳妥、自然、到位。

（1）指引旅客

五指并拢、掌心朝上、手掌微向内倾与地面呈 45 度斜角，目光与所指方向一致。手臂自然前伸，胳膊的屈伸度代表指示的远近。左手方向用左手指示，右手方向用右手指示，身后方向要转身指示。指示人物时应五指并拢，掌心向上，并使手掌处于较低的水平位置。任何情况下，不得用手指、笔或其他物品直指旅客，避免通过用手接触旅客身体（如戳、拍等）来引起旅客注意。

（2）递送票证

将票证、单据正面朝上双手递送到旅客手中，指间并拢、掌心向上、逐一交代；或者将票证或单据正面朝上放置在柜台桌面上，然后双手推送至旅客面前，并逐一交代清楚。在必须要求旅客签字时，态度应诚恳耐心，不能诱导或催促。在任何情况下，不得以扔掷动作送还旅客的旅行票证或其他物品。

6. 表情

在提供服务时目光要和善、真诚、自然、主动迎送。3 米之内应用目光、微笑等友善的肢体语言与旅客打招呼。与旅客交谈（特别是回答旅客问题）时，要与旅客有自然的目光交流。在递接旅客物品时与旅客要有自然的目光接触。对旅客传达的信息要适时做出反应，不得面无表情、视而不见、听而不闻。

亲切自然笑肌打开，以露出八颗牙齿为宜。眼睛要有笑意，并持续一段时间，从距旅客 3 米远开始微笑并保持 10 秒。在为旅客服务的过程中微笑应时常伴随。

7. 语言

（1）聆听

积极主动地聆听，对旅客的感受和意见要表示出极大的兴趣和真诚的聆听，以示关怀、专注和接收。全神贯注聆听，不可东张西望或兼做其他事情，应绝对避免诸如抠指甲、搔头皮等既失礼又猥琐的小动作。未听明白而需插话时，应先用“对不起，请允许我打断一下”“请让我弄明白这个问题好吗？”等文明用语征得旅客同意，不随意打断旅客问话或表述，以避免旅客产生误解。注意信息反馈。聆听中可辅以轻微点头或“哦”“是”等简单词汇对旅客的言谈表述做出反应，以示对旅客的尊重；也可用简单复述的方式表示正专注于旅客说话的内容。

避免下列不受欢迎的倾听方式：抱着胳膊、心不在焉、眼睛不看着说话者等；轻易打断对方的话语转换话题；没有控制自己的情绪，对旅客的语言反应敏感；只顾低头记笔记不看对方。

（2）交谈

要诚恳、自然、大方、谦逊。语音语调温和可亲，语速快慢适当，表达得体。精力集中，姿势端正。目光应平视或低于旅客的眼睛，双方应保持适当的距离（45~100 厘米为宜）。手势幅度不可过大，不可用手指点旅客，或用不友好、不耐烦的眼光注视旅客，使旅客产生冷漠感或距离感。音量大小依谈话人数的多少和环境嘈杂与否而定，一般以使每一位旅客听清为宜，但在旅客较多的情况下，使前一至二排旅客听清即可。工作场所必须使用普通话和相应外语。交谈用语要谦逊文雅，要多用“请”“您”“您好”“谢谢”“不客气”“对不起”“再见”等文明敬语。忌用专业术语、服务禁语。与旅客交谈，切忌边走边讲，谈话时不宜看手表、手插口袋或双臂抱胸，交谈不要涉及个人隐私。

严格执行首问责任制。对于旅客的提问，回答应迅速、准确、耐心、有问必答。严禁使用“不知道”“不清楚”“没办法”“无可奉告”“这不是我的职责”“你去问别人吧”“你没看见我很忙吗”等语言。有时候当你不得不说“不”时，要用婉转的语言来回答，如，“对不起，我不太清楚，但我可以帮您问一下”等。在任何情况下，不得直接或间接地对旅客使用攻击性或侮辱性语言；不得对旅客无意造成的差错公开进行批评或指责。

（3）接打办公电话

总的要求是：用语礼貌、语调温和、语言清晰、语音适中、信息准确、服务高效。有固定人员值守的岗位，接听电话铃响不得超过三下。打、接电话须使用普通话，以避免因方言不熟而造成误解，切忌在工作场合发生电话争执。通话时切忌同身边其他人谈笑，室内其他人员应保持安静，通话中要适时应和。通话中如有急事需处理要让对方等待时，应及时向对方表示歉意，并告之原因及需等待时间，以便让对方选择保留电话或事后通话。如果电话需要传呼他人，应当事先问清接话方是谁，然后用手捂住话筒或按下保密键再传呼接话人，如接话人不在可代为询问，并记下对方的姓名、单位、电话号码等信息。通话结束时应使用“再见”“谢谢”等话语，并确认对方已先挂机后才可放下话筒。

二、行为规范要求

严格遵守各项规章制度，不迟到、不早退。要注意洞察他人需求、理解旅客心理、学会控制不良言行与情绪。工作间隙不得擅离岗位，不得对过往旅客指点、评头论足。爱护旅客行李，严禁重拿重放，严禁私拿私分旅客行李。

上岗前不得食用大蒜、大葱、韭菜等具有强烈刺激性气味的食物。在工作场所不得吸烟、嚼食口香糖及其他食品。在工作岗位范围内不得剔牙、挖耳、抠鼻等。不得在工作场合看报纸杂志，严禁将废弃物品丢弃在飞行器附近区域。

按通行证指定区域进入生产岗位，严禁擅自进入与所持通行证不符的区域。无操作任务不得擅自进入客舱，严禁私拿私分机上供应品和报纸杂志。严守空防规定，严禁擅自加装物品或在飞机下提取行李物品。对现场出现的不明人员或物品应保持警惕，注意动向并加以询问，必要时及时报告上级领导或安保部门。在上下道工序衔接过程中若出现矛盾，要避免冲突，礼让为先，若涉及影响航班正常运行事宜，则须报部门领导予以处理。

案例

国际航空业中的机场地面服务

在航空运输的运行过程中，地面服务的质量和成本对于航空公司和机场管理机构都至关重要。地面服务的质量在很大程度上决定了航空公司的运行是否顺畅，以及航空运输整体流程的安全性。以近年来困扰诸多航空公司的航班保障问题为例，导致航班延误的原因在一定程度出在地面服务环节（如行李处置不善、机坪作业的时效性较差及旅客手续办理流程存在问题等）。而地面服务的成本不仅在很大程度上影响到航空公司的成本控制，而且也会影响到机场的资金流。

目前世界上提供机场地面服务的运营商通常包括以下几种类型：①机场管理机构；②航空公司相关部门为自己的航班提供地面服务；③其他的航空公司（“第三方”地面服务业务）；④独立的专业地面服务运营商。

四种“处理者”所占市场的比例在不同机场相差非常大。美国主要机场的管理机构并不提供地面服务，而德国和意大利主要机场的管理机构不仅提供全部的地面服务，并且直到20世纪90年代末它们还拥有政府许可的提供相关服务的垄断地位。总体上看，欧洲、亚洲和非洲的许多机场管理机构都较多地介入到了地面服务的提供。

由航空公司提供（自己提供或“第三方”提供）地面服务在北美的机场中是一种习以为常的方式，事实上已经成为最主要的地面服务提供方式。而在世界其他地区的机场中这种方式或者被禁止，或者需要通过严格、费时的审批程序。一些国家还规定只有国有航空公司可以自己负责地面服务或提供“第三方”服务。

在对待独立运营商的问题上，不同国家和地区的差异更加明显。通常要求独立运营商获得相关的许可才能在机场提供服务。此外它们还要表明自身能够满足相关的要求，如技术水平、确保人员达到相关安全标准、有特种车辆运营资质，等等。一般机场管理机构还会设定一系列需要“处理者”达到的服务标准。有时还要求独立运营商签订一个许可协议，约定采用固定或浮动的费率缴纳费用。对提供“第三方”服务的航空公司通常也要求它们向机场管理机构缴纳相当的费用，同时也要遵守相似的服务标准。

问：1. 国际上地面服务的提供方主要有哪些？

2. 在机场地面服务提供商方面，国际和国内有何异同？

项目小结

1. 我国民航地勤服务的发展是民航运输业务量增加驱动的结果，其他运输方式和外资民航企业的竞争要求国内民航企业不断改进地勤服务质量。

2. 广义地说，地勤服务应该包括机场、航空公司及其代理企业为旅客、货主提供的各种服务以及空管、航油公司、飞机维修企业等向航空公司提供的服务；从狭义角度讲，地勤服务主要是指航空公司、机场等相关机构为旅客提供的各种服务。

3. 机场按流量分Ⅰ～Ⅵ共六类；按飞行区等级则有不同的组合类别，4F级是最高等级。

4. 机场的功能区域可以划分为飞行区、候机楼和地面运输区三大部分。

5. 从组织结构的角度，航空公司的架构可以分成三个层面，即决策层、执行层和职能层。

6. 航空公司与机场两者间既是供需关系又是竞争关系，应该鼓励大中型机场走管理型的道路，鼓励建立专业化的地面服务代理公司。

7. 航空企业对地勤服务人员仪容仪表的基本要求是庄重、亲切、健康、自然。

思考与练习

1. 什么是民航地勤服务？
2. 我国民航业的行业构架是如何的？
3. 机场的功能区域是如何划分的？
4. 如何认识目前我国机场和航空公司之间的关系？

学习效果检测

扫描下方二维码，检测你的学习效果。

01

学习检测

02

课程思政

项目二 客票及航班安排服务

项目导读

客票及航班安排服务是地勤服务的前置环节，包括订座、航班安排、售票以及客票变更等服务，其质量好坏直接关系到企业的经济效益和社会效益。本项目详细介绍了相关知识，并辅以例题和操作实例加强学习效果。本项目内容较多，有一定难度，部分内容可通过参阅专门介绍相关知识的书籍深入学习。

学习目标

知识目标：了解订座系统的组成和特点，理解旅客订座记录（PNR）的含义和PNR的组成；掌握电子客票原理、购票证件、购票和客票使用方面的规则；熟悉退票和各类客票变更业务；掌握航班时刻相关知识。

技能目标：熟悉订座记录构成，熟练掌握售票程序、购票证件和客票使用，能处理简单的退票和客票变更业务，会利用OAG进行航班安排。

素质目标：弘扬社会主义市场经济契约精神，培养诚实守信、客观务实、勇于担当的精神品质。

任务一　订座服务

鉴于航空运输产品的特殊性，传统的航空公司客票销售模式需要先使用订座系统进行订座，然后才能出票。

一、订座的途径和要求

订座是对旅客预订的座位、舱位等级或对行李的重量、体积的预留。旅客应该先订座后购票乘机。

旅客进行订座的途径可以有多种，一般可以由旅客到航空公司售票处或代理点办理订座，也可以通过电话、网络、电报、信函办理。办理订座应从方便旅客着想。电话订座是一种最常用的订座方式。接受订座的班期时刻如有变更，应及时通知旅客或订座部门，并要求旅客或订座部门对改留的座位予以证实。接受订座，一般应按先后顺序办理，对重要旅客和紧急公务人员应适当考虑优先安排座位，对中国民航和外国空运企业共同经营的航线，应根据通航协定平等互利、友好协作的原则，合理安排座位，但应优先考虑中国民航航班的座位。办理订座要认真负责，经常核对检查订座记录，如有错误，及时更正。

订座应遵循下列基本要求：旅客订妥座位后凭该订妥座位的客票乘机，不定期客票应向承运人订妥座位后方能使用；已经订妥的座位，旅客应在承运人规定的时限内购票，否则座位不予保留；承运人可在必要时暂停接受某一航班的订座；承运人应按旅客定妥的航班和舱位等级提供座位。

二、订座系统

订座系统包括代理人分销系统 CRS 和航空公司系统 ICS。航空公司系统有 20 多家国内航空公司在使用，代理人系统约有 5000 家代理人在使用。

计算机在中国民航订座系统中的应用是从 1981 年开始的。首先应用的是售票业务部门，由于国际航班要参与国际航空市场的激烈竞争，不使用计算机，则处于不利竞争地位，因此，中国民航租用了总部设在美国亚特兰大的GABRIEL 系统进行国际航班的售票，直至 1985 年。1985 年，中国民航经国家有关部门批准，经过全面的选型和论证，投资新建了自己的订座网，同年年底正式运行。从 1986 年开始，以北京为中心，向全国各地辐射售票网点。1989 年 10 月 27 日，将原 GABRIEL 系统中的终端成功转接到中国民航自己的系统中，从而真正建立起中国民航自己的、分布于全球的计算机订座网络。1993 年订座系统的功能得到了飞跃：自动出票系统全面投产。经过十几年的摸索、更新和升级，在 1995 年建成了民航卫星通信网、解决了困扰通信的“中枢神经”阻断问题后，1996 年 1 月，中国民航建成了中国的代理人分销系统 CRS。

自独立运行以来，到目前为止，中国代理人分销系统业务遍布中国境内 296 个通航城市，58 个境外城市，拥有代理商 5316 个，终端 2 万余台，合格上岗从业人员约 5 万人。目前，该系统可以协议分销中国民航所有 21 家航空公司、非中国民航 195 家公司的航线航班（其中 11 家直接连接，184 家间接连接）。在航空公司订座系统处理的所有旅客中，约 75% 是通过该分销系统销售实现的，另外 25% 左右则是通过航空公司订座控制系统实现的。

（一）CRS 系统

1. CRS 系统网络的主要特征

CRS（Computer Reservation System）即“代理人分销系统”，销售代理通过此系统进行航班座位及其他旅行产品的销售。CRS 作为代理人分销系统，其目的一是为航空代理商提供全球航空航班的分销功能；二是为代理商提供非航空旅游产品的分销功能；三是为代理商提供准确的销售数据与相关辅助决策分析结果。

基于这个目的，从 CRS 的组成上说，它是一个覆盖广大地域范围的计算机网络。该网络主要有以下特征：

（1）实时性：网络上的终端从提交命令到得到结果应答，这段响应时间一般不超过 3 秒。

（2）不间断性：由于 CRS 覆盖的地域十分广泛，一天 24 小时内，任何时间网络上都有终端在工作，因此，系统运行在任何时间都不能中断。

（3）高可靠性：系统中的数据在任何意外情况下都不能被破坏，为此，系统实行了多套主机、随时备份等措施。

一方面，通过 CRS，分布于世界各地的销售代理都可以使用网络终端来出售机票及旅行产品；另一方面，航空公司通过将自己的营运数据投入 CRS 中销售，可在最大限度的区域中销售自己的航班座位，同时通过有效的座位控制，可提高航班座位利用率和商业利益。

2. CRS 系统提供的服务

CRS 系统发展到今天，已经具备了非常完备的功能。其功能包括中国民航航班座位分销服务、国外民航航班座位分销服务、BSP 自动出票系统服务、运价系统服务、常旅客系统服务、机上座位预订服务、各类等级的外航航班分销服务、旅馆订房等非航空旅游产品分销服务、旅游信息查询系统服务、订座数据统计与辅助决策分析服务等。

通过未来对代理人分销系统的建设，中心的代理人分销系统将发展成为服务于整个航空及旅游业的一个通用系统。除了原有的航空运输业外，旅馆、租车、旅游公司、铁路公司、游轮公司等的产品分销功能也将容纳到代理人分销系统中来，中心的代理人分销系统将能够提供一套完整的旅游服务。经过技术与商务的不断发展，中心的代理人分销系统将能够为旅行者提供及时、准确、全面的信息服务，满足消费者旅行中包括交通、住宿、娱乐、支付及其他后续服务的全面需求。

（二）航空公司 ICS 系统与 CRS 系统

1. CRS 系统模式及与 ICS 之间的连接

一般来说，CRS 系统的模式如图 2-1 所示。图 2-1 中 ICS（Inventory Control System，编目航班控制系统）为航空公司专用，CRS 面向销售代理。在中国 CRS 系统中，ICS 系统的服务对象为航空公司的航班与座位控制人员和航空公司市场与营运部门的管理

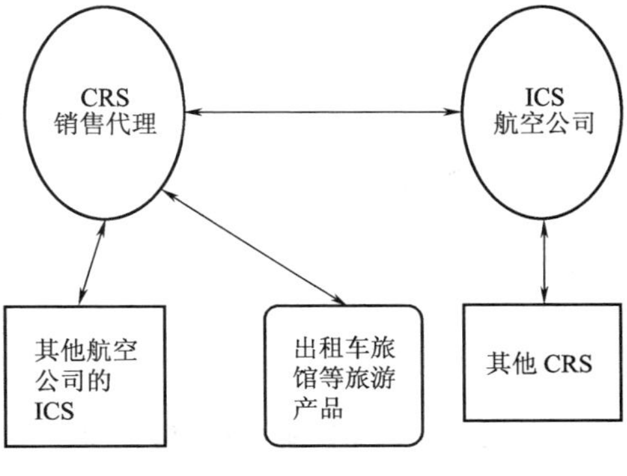

图 2-1　CRS 系统的模式

人员；而 CRS 系统的服务对象则为从事订座业务的销售代理人员和航空公司中部分从事销售的人员。

CRS 系统如何销售航空公司的座位是由 CRS 与 ICS 的技术连接方式及商务协议决定的。

ICS 加入 CRS 的协议等级主要有如下几种方式（按由低到高顺序）：

（1）无协议级；

（2）次高等级——直接存取级（Direct Access，DA）；

（3）较高等级——直接销售级（Direct Sell，DS）。

中国 CRS 与中国 ICS 的技术连接方式是无缝存取级（Seamless），它是直接销售级中的最高级别，也是世界上最先进的连接方式。

航空公司的座位管理人员，借助于 ICS 与 CRS 的实时连接，可完成如下功能：

（1）各类 PNR 的提取，座位确认、取消、修改 PNR 中的航段；

（2）随时向 CRS 拍发航班状态更改电报；

（3）可针对 CRS 中的具体订座部门进行座位销售的分配与限制。

由于 CRS 系统可以与国外航空公司的 ICS 系统连接，而 ICS 系统也可同国际上的大 CRS 系统连接，这样就可以将我国的航空市场推向世界。如图 2-2 所示。

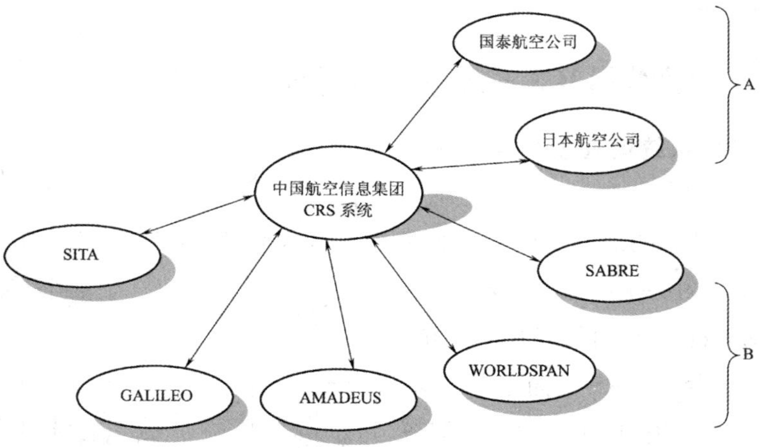

图 2-2　中国航空信息集团 CRS 系统与国外航空系统连接的系统格局图

注：A——国外航空公司系统；B——国外 CRS 系统。

2. 两系统的关系

CRS 系统与 ICS 系统之间存在着不同等级的连接方式，以及 CRS 内部不同的连接等级，由此使得它们之间传递数据的时候也有着不同的影响。

（1）CRS 系统与 CRS 系统之间的连接

直联的航空公司：连接等级高，AV、SD 数据都会准确（AV、SD 是两个订座指令）。

通过其他系统连接的航空公司：与该系统间的连接等级高的航空公司，AV、SD 数据比较准确；与该系统间的连接等级低的航空公司，AV、SD 数据准确性较差。

无连接关系的航空公司，无法取得数据，只能申请座位硬件、软件及其数据库相互独立，但紧密连接。

（2）CRS 系统与 ICS 系统之间的连接

与国外航空公司系统连接，可以实现对其直接进行销售，显示的内容也更加准确；与国外代理人系统连接，可以显示对方系统中的航班信息，与众多航空公司建立起联系。

无论它们是如何连接，它们之间都保持着以下关系：数据传递实时进行；保证数据传输准确性和匹配性；共享网络系统。

3. 世界各大 CRS 名称及标志

世界各大 CRS 名称及标志如表 2-1 所示。

表 2-1 世界各大 CRS 名称及标志

地区	CRS 名称	标志	地区	CRS 名称	标志
美国	SABRE	1W	东南亚	AMACUS	1B
美国	WORLDSPAN	1P	日本	INFINI	1F
美国	GETS	1X	日本	AXESS	1J
欧洲	AMADEUS	1A	中国	中国 CRS	1E
欧美	GALILEO	1G	韩国	TOPAS	1T

目前在我国国内的外航服务公司，使用比较普遍的是 GALILEO 和 AMADEUS 这两大计算机订座系统。

三、旅客订座记录

旅客订座记录（Passenger Name Record，PNR）包含一组有关旅客各种信息的记录，它是通过计算机信息管理中心提供的旅客订座服务系统的有关指令来完成的。它反映了旅客的航程、航班座位占用的数量及旅客信息。旅客订座记录是电脑订座人员必须掌握的内容，PNR 在订座系统中最主要的作用是订座，还可以打票、建立常客信息、订旅馆等。

（一）PNR 的构成

完整的 PNR 包括 13 项内容：

1. 姓名组——NA（Name）

姓名组由姓名及座位数组成。在姓氏前必须带有该姓氏的座位总数，在姓氏与名字之间要用斜线隔开。姓名组除姓氏外可包含名的缩写、名、称谓及特殊情况代号，特殊情况如残疾、儿童等，一个 PNR 最多可输入 511 个旅客姓名。

团体名称组。如果一个 PNR 的旅客人数等于或多于 10 人时，必须输入团体名称。当 PNR 的旅客人数少于 10 人时，如果需要，也可以按团体处理。团体名称可以在建立或修改 PNR 时输入。团体名称组的输入包括团体人数和团体名称。团体旅客人数最多是 511 人。团体名称只能使用字母和斜线。含有团体名称的 PNR 存入系统后，可以用团体名称或该团体中的任何一个旅客姓名提取这个 PNR。

2. 航段组——SD（Segment）

航段组为旅客的航程建立提供有关信息，如航班情况、飞行日期、订座情况等。航段组按其提供信息的性质分为 4 种情况，分别是：可采取行动的航段组、提供到达情况航段组、到达情况不明航段组、不定期航段组。

其中，可采取行动的航段组（代号为 Actionable，指令为 SS 或 SD），可根据航班时刻表、座位可利用状况等航班信息直接或间接建立。

提供到达情况航段组（代号为 Informationable，指令为 SA），是为有关人员提供旅客到达订座起始地点情况的，其中包括航班、舱位等级、日期、城市、订座情况等信息。

到达情况不明航段组（代号为 ARNK，指令为 SA），其功能可以用来衔接不连续航程。

不定期航段组（代号为 OPEN，指令为 SA），意为航班号与航行日期不确定，可根据情况确认航班与日期。

3. 联系地址组——CT（Contact）

联系地址组主要提供旅客或代理人的联系地址，输入格式由用户决定。

4. 出票情况组——TK（Ticket Status）

出票情况组注明旅客的出票情况，已出票的将注明机票号码等信息，而未出票的则注明具体出票时间限定及安排。出票情况有以下几种类型：

T——已出票	TL——出票时限	TT——电传出票
AT——机场出票	WC——旅客自己取票	MT——邮寄客票

每一位旅客必须也只能带有一种出票情况代号，文件内用旅客序号标志注明与出票情况相对应的旅客，若没有旅客序号标志，则出票情况适用于 PNR 中全部旅客。

5. 邮寄地址组——MA（Mail Address）

邮寄地址组记录邮寄票证的具体地址，如果出票情况为邮寄票（MT），本组是不可缺少的，该项目的地址没有特定代号。邮寄客票的旅客必须有邮寄地址，邮寄地址标明的旅客序号标志，说明该地址只适用于所标明的旅客，没带旅客序号标志的地址适用于所有旅客姓名。

6. 开账地址组——BA（Bank Account）

开账地址组将注明开账地址，其写法没有规定。开账地址标明的旅客序号标志，说明该地址只适用于所标明的旅客，没带旅客序号标志的地址适用于所有旅客姓名。

7. 票价组——FN（Fare Notes）

票价组可以提供所要求的票价情况，也可以提供旅客所需的各种类型的票价。

8. 辅助服务项目组——AUX（Auxiliary Service）

辅助服务项目组有以下 5 种类型：

出租飞机——ATX

出租车服务——CAR

旅客租房服务——HTL

地面运输服务——SUR

旅游服务——TUR

辅助服务内容的多少有所不同，在输入有关的内容经封口后，相应的信息通过系统内部自动生成的电报，输送到有关部门的 QUEUE 信箱中，以便联系或采取行动。

9. 特殊服务组——SSR（Special Service Requirement）

特殊服务组包括任何需要马上采取行动和回答的各类服务情况。特殊服务的内容及长短不予限制。每项特殊服务组的建立和修改在封口后，相应的信息通过系统内部自动生成的电报，输送到有关部门的 QUEUE 中，以便联系或采取行动。

10. 团体组——GN（Group Name）

团体旅客人数最多是 511。如果一个 PNR 的旅客人数等于或多于 10 人时，必须输入团体名称。当 PNR 的旅客人数少于 10 人时，如果需要，也可以按团体处理。团体名称可以在建立或修改 PNR 时输入。团体名称组的输入包括团体人数和团体名称。团体名称只能使用字母和斜线。含有团体名称的 PNR 存入系统后，可以用团体名称或该团体中的任何一个旅客姓名提取该 PNR。

11. 其他服务情况组——OSI（Other Service Information）

其他服务情况组是不需要马上采取行动和回答的各类服务情况，相应的电报会出现在航空公司有关部门。

12. 备注组——RMK（Remark）

备注组可以记录某些有助于了解旅客情况的信息。

13. 责任组——RP（Responsibility）

责任组指的是负责 PNR 的部门名称。当新的 PNR 建立时，系统会自动给出责任组。责任组包括终端所在的部门名称。PNR 的现行部分只能有一个责任组，其他责任项存入 PNR 的历史记录中。PNR 现行部分是指包括所有当前有效的 PNR 的各种项目，另外也可以包括在同一次显示中所有已失效的项目。PNR 的历史部分指的是 PNR 的非现行项目在做封口后，自动转移到历史记录的那部分项目。

上述13个项目中，姓名组、航段组、联系地址组、出票情况组和责任组由于记录了最必要的信息，因此是建立PNR必须包括的项目。

（二）PNR的建立

建立PNR，要按照不同旅客的不同情况处理。首先要建立PNR的各个项目，最后以封口指令@使记录生效，产生记录编号。

建立PNR的一般程序如下：

（1）查询航班座位可利用情况（AV），建立航段组（SD），输入旅客姓名（NM），输入旅客联系地址组（CT），输入票号（或输入取票时间）（TK），输入特殊服务组（SSR）或其他服务组（OSI），输入备注组（RMK），输入封口指令。

（2）如果航段组的始发地不是出票地，应在建立航段组的同时，以“SA”指令建立到达情况组。

（3）一般情况下，如果旅客无特殊服务要求和其他服务情况，或无须输入备注情况时，可以省去这三项内容。

例：有两位旅客，姓名分别为王涛、周立新，欲购买7月15日MU5525航班上海至青岛、7月20日MU3083大连至北京的机票，其中王涛的身份是军队司令，要订无盐餐食。据旅客要求建立PNR如表2-2所示。

表2-2　PNR举例

1. WANG/TAO MR VIP 2. ZHOU/LIXIN MR VC3V2 3. MU5525 C SU15JUL SHATAO RR2 0825 1000 4. ARNK WE18JUL TAODLC 5. MU3083 C FR20JUL DLCPEK RR2 1500 1620 6. TEL77256602-3652 7. T/7812393395783-84 8. SSR SPML MU NN1 SHATAO MU5525 NO SALT MEAL/P1 9. OSI MU VIP FORCE COMMANDER 10. SHA003	说明： 1和2——姓名组，VC3V2——记录编号； 3——航段组；4——到达组； 5——航段组；6——联系组； 7——出票组；8——特殊服务组； 9——其他服务组；10——责任组

任务二　客票服务

售票是旅客运输工作的关键一环，是航空公司客运营销的主要工作和组织旅客运输的重要环节，是向旅客提供优质服务、满足旅客需求、实现企业经济效益不可或缺的步骤。

一、电子客票概述

（一）电子客票的定义

电子客票是传统纸质机票的一种电子映像，是一种电子号码记录。电子客票将旅客信息电子化后存储在航空公司订座系统的电子客票数据库中，同时将传统纸质机票的票面内容显示在订座和离港的终端上。实际上，电子客票和纸质机票的内容和信息完全一致，不同的是电子客票是一种虚拟机票，是由一组数字构成的电子票号，旅客仅凭身份证和这组数字就可以在机场直接办理安检和登机手续。

自 1993 年世界上第一张电子客票在美国 VALUEJET 航空公司诞生，电子客票就受到了航空公司和旅客的青睐，并成为重要的出票方式。国际航协于 2004 年 6 月开始推行电子客票，2006 年 11 月，国际航协全面停发 BSP 纸制机票，到 2007 年年底全部取消纸票的销售，全球实现 100% BSP 电子客票。

电子客票在功能上无异于纸票，同样可以执行出票、作废、退票、改签等操作。与纸质机票相比，旅客订购电子客票还可以在异地完成，操作更为便捷。

旅客无须拿到传统的纸质机票，只要凭有效身份证件和电子机票订单号，在飞机起飞前规定时间内到达机场航空公司专门的柜台，就可以直接拿到登机牌上飞机，从而避免了因机票丢失或遗忘造成不能登机的尴尬。

与传统纸质客票相比，电子客票具有以下优势：

（1）节约成本。传统纸质客票需要纸张、印刷、运输、保管、回收及人工统计、结算等费用，单张客票成本约在20~40元。电子客票的成本大概只有纸质客票的10%左右，按照中国民航6亿人次/年的旅客运输量粗略计算，仅一年就可以节约一二百亿人民币的成本。

（2）安全便捷。纸质客票存在丢失、损坏、篡改、冒用的风险，电子客票存在于计算机系统中，不存在上述纸质客票可能遇到的风险，十分安全。电子客票使用便捷，不必担心遗忘、丢失机票导致无法乘机，只需凭有效身份证件即可办理乘机手续。对于不需要报销的乘客，电子客票省去了客票配送环节，符合条件的旅客也可以在机场乘机时打印行程单。

（3）绿色高效。电子客票不消耗纸张，符合绿色环保、可持续发展的理念。电子客票利用现代IT技术实现全过程的运作、管理，大大提高了航企的效率。

（二）电子客票的分类

电子客票按照生产主体的不同，可以分成航空公司电子客票和BSP电子客票。

1. 航空公司电子客票

航空公司电子客票是由各航空公司根据自身的特点和旅客的需求，在适合自身特点的销售系统平台上生成的电子客票。这种电子客票是在独立的平台上建立的，不仅记录了旅客的信息、航班信息等，还能够实现旅客的自主值机等一些服务工作。相对于使用传统的机票，可以减少服务人员数量，降低服务成本。

2. BSP电子客票

BSP表示的是开账与结算计划（Billing and Settlement Plan），是国际航空运输协会根据协会会员（即航空公司）的需求，为适应国际航空运输的迅速发展，扩大销售网络，规范销售代理人的行为，为航空公司提供公平竞争的平台，而建立的一种供销售代理人使用的一种机票中性销售和结算的销售系统。它所推行使用的电子客票就被称为BSP电子客票。这种电子客票避免了航空公司电子客票各自为政的局限，受到了航空公司和代理人的欢迎。

3. 航空公司电子客票和 BSP 电子客票的联系与区别

（1）航空公司电子客票是 BSP 电子客票得以实施的前提和基础。BSP 电子客票的机场服务流程与航空公司电子客票相同，都要通过相同的值机系统完成值机服务，实现旅客登机。

（2）航空公司电子客票是航空公司纸质本票的一种电子映像，BSP 电子客票是普通中性纸质客票（BSP 纸票）的一种电子映像。

（3）面向的客户不同：航空公司电子客票面向售票处和直销渠道（包括航空公司网站、旅行社、大客户、代理人）；BSP 电子客票面向传统代理人分销渠道。

（4）客票结算的管理和方式不同：航空公司电子客票是由结算部门直接与销售部门进行结算的；而 BSP 电子客票则是通过分销系统、由结算公司为代理人和航空公司进行利益分配的。

（三）电子客票行程单

《航空运输电子客票行程单》（以下简称“行程单”）由国家税务总局监制并按照《中华人民共和国发票管理办法》纳入税务机关发票管理，是旅客购买国内航空运输电子客票的付款及报销凭证。

行程单采用一人一票制，不作为机场办理乘机手续和安全检查的必要凭证使用。旅客发生退票或其他客票变更导致票价余额与原客票不符时，若已打印行程单，要将原行程单退回，方能为其办理有关手续。已打印的行程单遗失，按《航空运输电子客票行程单管理办法》规定，不再补打印。行程单打印系统由中国民用航空局授权中国民航信息网络股份有限公司开发，公共航空运输企业也可自行开发本公司行程单打印系统，经中国民用航空局审验合格后使用。开发单位负责系统运行维护与技术支持，提供查验行程单真伪的网站、热线电话或短信等服务。

行程单的主要内容包括：旅客姓名、有效身份证件号码、签注、航程、承运人、航班号、座位等级、日期、时间、客票生效日期、有效截止日期、免费行李、票价、民航发展基金、燃油附加费、其他税费、合计、电子客票号码、验证码、提示信息、保险费、销售单位代号、填开单位（盖章）、填开日期等需要根据实际情况填开的票面信息。此外，还有印刷序号、验真网址、服务热线、短信验真等格式信息。如图 2-3 所示。

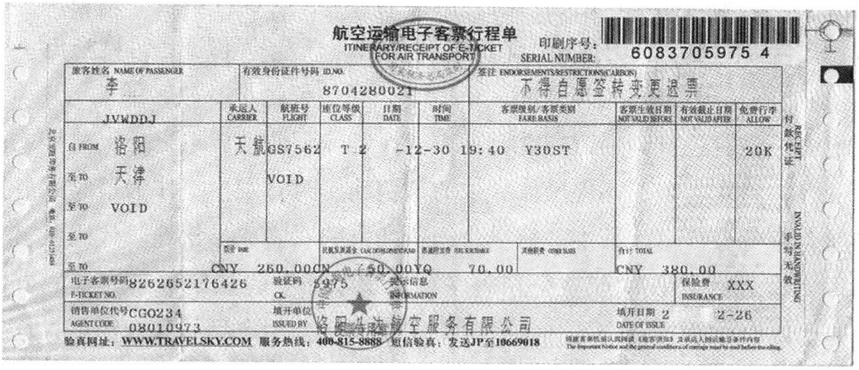
航空运输电子客票行程单
ITINERARY/RECEIPT OF E-TICKET FOR AIR TRANSPORT
印刷序号: SERIAL NUMBER: 6083705975 4

旅客姓名 NAME OF PASSENGER 李
有效身份证件号码 ID.NO. 8704280021
签注 ENDORSEMENTS/RESTRICTIONS(CARBON) 不得自愿签转变更退票

JVWDDJ
承运人 CARRIER | 航班号 FLIGHT | 座位等级 CLASS | 日期 DATE | 时间 TIME | 客票级别/客票类别 FARE BASIS | 客票生效日期 NOT VALID BEFORE | 有效截止日期 NOT VALID AFTER | 免费行李 ALLOW

自 FROM 洛阳 天航 GS7562 T 2 -12-30 19:40 Y30ST 20K
至 TO 天津 VOID
至 TO VOID
至 TO
至 TO

票价 FARE CNY 260.00 CN 50.00 YQ 70.00 合计 TOTAL CNY 380.00
电子客票号码 E-TICKET NO. 8262652176426 验证码 CK. 5975 提示信息 INFORMATION 保险费 INSURANCE XXX
销售单位代号 AGENT CODE CGO234 08010973 填开单位 ISSUED BY 洛阳××航空服务有限公司 填开日期 DATE OF ISSUE 2 2-26

验真网址: WWW.TRAVELSKY.COM 服务热线: 400-815-8888 短信验真: 发送JP至10669018

付款凭证 RECEIPT
手写无效 INVALID IN HANDWRITING

图 2-3 航空运输电子客票行程单

（四）电子客票的销售渠道

电子客票的销售渠道大致可分为两类：直销渠道和分销渠道，如图 2-4 所示。

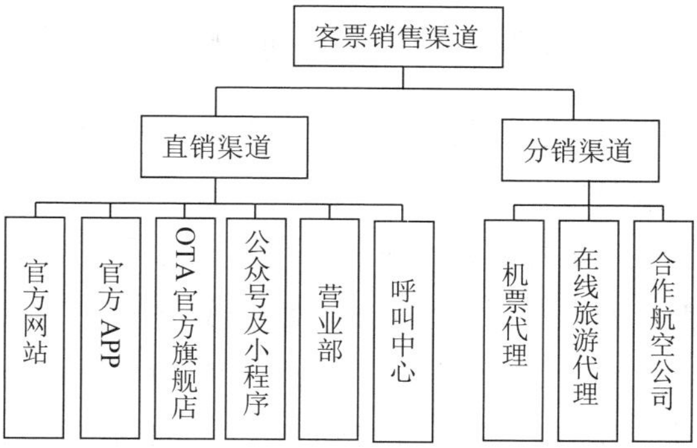

图 2-4 客票的销售渠道

1. 直销渠道

在纸质客票时代，机票直销主要是通过航空公司各地营业部、呼叫中心等渠道，受成本等因素限制，直销规模较小。电子客票的推行为航空公司机票大规模直销创造了条件，航空公司直销渠道拓展至官网直销、官方 APP、OTA 官方旗舰店、微信公众号、小程序等。直销渠道对航空公司的作用不言而喻，不仅节约了巨额分销费用，还可以直接接触市场和旅客群体，能够及时了解市场动态并调整销售策略，以最合适的票价赢得市场。目前国内主要航企直销渠道的机票销售份额已接近 50%。

2. 分销渠道

分销渠道包括传统机票代理企业和在线旅游代理（OTA），也包括联盟成员伙伴、代码共享合作伙伴以及有 SPA 协议的航空公司等联销渠道。分销渠道目前仍是航空公司不可或缺的重要销售渠道。代理商为航空公司销售客票通常收取一定比例的佣金，但在民航提出“提直降代”以来，这一渠道销售的机票占比已经从过去的80%以上降至不到50%，佣金率也随之明显降低。分销商处于航空公司与最终旅客之间，是航空公司的推销员、旅客的旅行顾问/信息经纪人，是航企直销渠道的重要补充。但是除了分销成本之外，分销渠道小企业众多，鱼龙混杂，违规操作导致的消费纠纷时有发生，作为最终服务提供商的航企难免会被牵涉其中。航空公司所加入的联盟成员伙伴、代码共享合作伙伴以及有SPA协议的航空公司等联销渠道本质上也是区别于直销的分销渠道，是借助合作伙伴的产品和销售网络实现航空公司产品的联合销售，这对国际航线的作用尤其明显。

二、旅客购票证件

（一）购票证件的一般规定

（1）旅客购票须持本人有效居民身份证或有效护照或公安机关出具的其他有效身份证件。

（2）外国人、华侨、港澳同胞、台湾同胞、外籍华人购票，须出示有效护照、回乡证、台胞证、居留证或公安机关出具的其他有效身份证件。

（3）法定不予颁发或尚未领取居民身份证的人民解放军、人民武装警察官兵及其文职干部、离退休干部，可以使用军官证、警官证、士兵证、文职干部或离退休干部证明。

（4）16周岁以下未成年人购票乘机，可使用学生证、户口簿。12周岁以下儿童出票凭户口簿，婴儿票应提供出生证。

（二）特殊情况下的购票证件

（1）尚未领取居民身份证或士兵证的，可使用当地公安机关或所在部队出具的临时身份证明。临时身份证明应贴有本人近期免冠一寸照片，写明姓名、性别、年龄、工作单位、有效日期并加盖公章。

（2）凡出席全国或省、市、自治区的党代会、人代会、政协会、工青妇代会和劳模会的代表，无身份证件者，凭其所属团级（含）以上党政军主管部门出具的临时身份证明，可购票并办理登机手续。

（3）急病、伤患者和陪同的医护人员及家属，急需乘机转赴外地治疗，但又不能出示居民身份证，可凭医院证明并经运输航空公司、机场最高值班领导批准后购票，办理乘机手续。

（4）中央部、局级，地方省、直辖市级负责同志因紧急事务，未带身份证件乘坐其他交通工具外出或返回时需要乘坐飞机者，可凭有关接待单位出具的证明购票，经过安全检查放行乘机。

（5）为了方便一些年龄已高的老年人乘坐飞机外出旅行、探亲，凡无身份证件者，可凭接待单位、本人原工作单位或子女配偶工作单位（上述单位必须是县团级以上），或现居住地户籍管理部门出具的证明购票，经过安全检查放行乘机。

（6）国家机关工作人员因故外出不在单位所在地，而其单位又急需为其预购机票，可凭所在单位出具的证明信和购票人员身份证件购票。但在办理乘机手续时，必须核查居民身份证或上述所列有效身份证明。

（7）凡经国家批准的有突出贡献的中青年科学技术管理专家，外出工作参加学术会议等，可凭中华人民共和国人事部颁发的《有突出贡献中青年科学家证书》，在全国各地的民航售票处优先购买机票。

（8）省部级（含副职）以上的要客，如无居民身份证，可凭购票介绍信和省、部级（含）以上单位出具的身份证明购票，办理乘机手续。

（9）持民航局出具的免票、购买 1/4 票乘机介绍信（由民航局办公厅出具的写有乘机人姓名、单位、职务、乘机航程、事由等项内容）的旅客，购票时须持本人居民身份证。

（10）全国人民代表大会代表、全国政协委员，凭本届全国人民代表大会代表证、全国政协委员证购票。

（11）旅客的居民身份证被盗或丢失的，凭报失地公安机关或机场公安机关出具的临时身份证明或临时登机证明购票，办理乘机手续。

三、客票的使用

（一）客票使用要求

（1）客票为记名式，每位旅客均需单独持有一张电子客票，且只限客票所列姓名的旅客本人使用，不得转让和涂改，否则客票作废，票款不退。

（2）旅客使用客票时，应该出示购票时所提供的有效身份证件。如果电子乘机联状态有效，承运人予以运输。

（3）客票的乘机联必须按照客票所列明的航程，从始发地点开始顺序使用。如客票的第一张电子乘机联未被使用，而旅客在中途分程地点或约定的经停地点开始旅行，该客票运输无效，承运人不予接受。

（4）定期客票只适用于客票上列明的乘机日期和航班。不定期客票或者含有不定期航段的客票，是指旅客在购票时根据自身需求和运价产品规则，允许整张客票或某一航段的订座状态为未订妥状态。根据航线运价产品的规则，该客票的承运人、航班号、日期、订座状态中的一项或多项在购买时均可为未订妥状态，但在实际承运前必须确认方可接收运输。

（5）每一电子乘机联上应该列明航段和舱位等级，并在确定航班日期、完成订座后，由承运人接收运输。对未完成订座的电子乘机联，承运人将按旅客的申请，根据其所持客票的运价规则和所申请航班的座位可利用情况为旅客订座。

（6）客票上列明的旅客不是该客票的付款人时，应根据付款人要求在客票上的“签注”栏列明退票限制条件，如退票仅退给付款人或指定人等。

（7）旅客应在客票有效期内，完成客票上列明的全部航程。

（二）客票有效期

1. 有效期的一般规定

正常票价客票有效期自旅行开始之日起，一年内运输有效。如果客票全部未使用，则从填开客票之日起，一年内运输有效。有效期的计算，从旅行开始之日或填开客票之日的次日零时起至有效期满之日的次日零时为止。客票变更不影响其原有的有效期。特种客票的有效期，按照承运人规定的有效期计算。

2. 客票有效期的延长

（1）由于承运人的下列原因之一，造成旅客未能在客票有效期内旅行，其客票有效期将延长到承运人能够按照该客票已付票价的舱位等级提供座位的第一个航班为止。

①取消旅客已经订妥座位的航班；

②取消航班约定经停地点中含有的出发地点、目的地点或中途分程地点；

③未能在合理的时间内按照航班时刻进行飞行；

④造成旅客已订妥座位的航班衔接错失；

⑤更换了旅客的舱位等级；

⑥未能提供事先已订妥的座位。

（2）持正常票价客票或与正常票价客票有效期相同的特种票价客票的旅客未能在客票有效期内旅行，是由于承运人在旅客订座时未能按其客票的舱位等级提供航班座位，其客票有效期可以延长至承运人能够按照该客票已付票价的舱位等级提供座位的第一个航班为止，但延长期不得超过 7 天。

（3）已开始旅行的旅客在其持有的客票有效期内因病使旅行受阻时，除承运人对所付票价另有规定外，承运人可将该旅客的客票有效期延长至根据医生诊断证明确定该旅客适宜旅行之日为止；或延长至适宜旅行之日以后、承运人能够按照旅客已付票价的舱位等级提供座位的自恢复旅行地点的第一个航班为止。如客票中未使用的乘机联包含一个或一个以上中途分程地点，该客票有效期的延长不能超过自医生诊断证明之日起 3 个月。承运人也可同等延长患病旅客的陪伴亲属的客票有效期。

（4）如旅客在旅途中死亡，该旅客陪同人员的客票可用取消最短停留期限或延长客票有效期的方法予以更改。如已开始旅行旅客的直系亲属死亡，旅客（包括与旅客随行的直系亲属）的客票也可予以更改。此种更改应在收到死亡证明之后办理，此种客票有效期的延长不得超过死亡之日起 45 天。

四、电子客票订座和出票操作

通过航空公司官网、APP 等渠道购买客票，通常只需要由旅客根据页面提示输入相应的个人信息并选择意愿的航班，预订成功后通常需要在较短时间内完成支付，支付成功即完成出票。这里主要介绍通过代理人分销系统 CRS 完成电子客票订座并出票的简要操作。

1. 电子客票订座和出票实例

旅客王军想购买 12 月 10 日从北京到上海的机票。售票员接受王军购票申请后，操作步骤如下：

首先查询 12 月 10 日北京—上海航班信息。

输入指令：

>AV：PEKSHA/10DEC/CA

此时，电脑终端输出信息，如表 2-3 所示：

表 2-3　北京—上海航班信息

```
10DEC（THU）PEKSHA VIA CA
1-  CA1831  PEKSHA 0730  0940  330 0^B  E  EFA AQ OQ YA BQ
                    MQ HQ KQ LQ QQ GQ SA XQ NQ VQ UQ WQ TQ EQ
          ** V1Q U1Q
2       CA1883  PEKPVG 0800  1010  738 0^B  E  EFC AC OC YC BC
                    MC HC KC LC QC GC SC XC NC VC UC WC TC EC
          ** V1C U1C
3       CA1501  PEKSHA 0830  1040  772 0^B  E  EFA AQ OQ YA BQ
                    MQ HQ KQ LQ QQ GQ SA XQ NQ VQ UQ WQ TQ EQ
          ** V1Q U1Q
4+      CA1519  PEKSHA 0930  1140  738 0^S  E  EF8 AS OS YA BS
                    MS HS KS LS QS GS SA XS NS VS US WS TS ES
          ** V1S U1S
**  **  CZ-SHA  CHECK IN 45 MINUTES BEFORE DEPARTURE
```

然后，售票员为王军选择合适的航班、舱位和座位数。

输入指令：

>SD：1Y/1

此时，电脑终端输出信息，如表 2-4 所示：

表 2-4　间接建立航段组

```
1. CA1831 Y  TH10DEC  PEKSHA RR1  0730 0940  330 B 0 RE T3—
2. PEK003
```

然后，售票员继续输入旅客姓名、联系电话和身份证号。

输入指令：

>NM：1 王军

CT：66017755

SSR：FOID CA HK/NI520203197203160516/P1

此时，电脑终端输出信息，如表 2-5 所示：

表 2-5　姓名组、联系组、特殊服务组的建立

```
1. 王军
2. CA1831 Y    TH10DEC    PEKSHA RR1    0730 0940    330 B 0 RE T3—
3. 66017755
4. SSR FOID CA HK1 NI520203197203160516/P1
5. PEK003
```

然后，售票员通过订票系统自动计算票价，并输入封口指令

输入指令：

>PAT：A

@

此时，电脑终端输出信息，如表 2-6 所示：

表 2-6　封口

```
1. 王军
2. CA1831 Y    TH10DEC    PEKSHA RR1    0730 0940    330 B 0 RE T3—
3. 66017755
4. FC/M/PEK CA SHA 900.00YB CNY900.00END
5. SSR FOID CA HK1 NI520203197203160516/P1
6. FN/M/FCNY1130.00/SCNY1130.00/C0.00//    XCNY100.00/    TCNY50.00CN/    TCNY50.00YQ/
   ACNY1230.00
7.FP/CASH，CNY
8.PEK003
```

旅客支付客票票款后，售票人员进行电子客票出票操作。

输入指令：

>ETDZ：3

此时，电脑终端输出信息，如表 2-7 所示：

表 2-7　出票

```
CNY1230.00    EH02D
774-4106901038
ET PROCESSING...PLEASE WAIT！    EH02D

ELECTRONIC TICKET ISSUED
```

此时，完成电子客票出票。

2. 电子客票票面信息

电子客票将传统纸质票面信息存储在系统中，航空公司电子客票票面信息如图 2-5 所示，BSP 电子客票票面信息如图 2-6 所示。

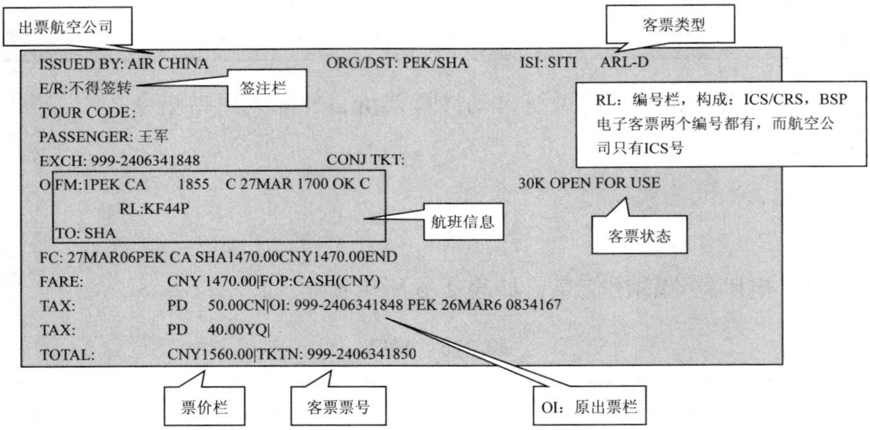

图 2-5　航空公司电子客票票面信息

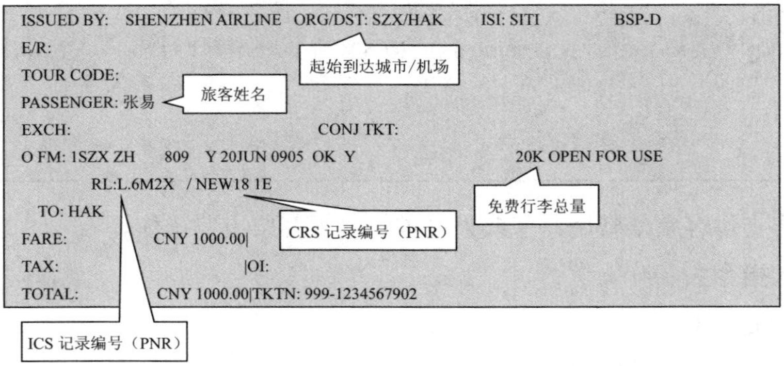

图 2-6　BSP 电子客票票面信息

航空公司电子客票票面信息的右上方显示为“ARL-D”或“ARL-I”，表示国内客票或国际客票。

BSP 电子客票票面信息的右上方显示为“BSP-D”或“BSP-I”，分别表示国内客票和国际客票。

3. 电子客票的客票状态及状态代码

电子客票不存在纸质凭证，客票的填开及使用情况全部通过客票状态来反映。客票状态和对应的状态指示代码如表 2–8 所示：

表 2–8　电子客票票面状态及对应的指示代码

编号	客票状态	状态指示代码	说明
1	AIRPORT CONTROL	A	机场控制
2	OPEN FOR USE	O	客票有效
3	CHECKED IN	C	已办理值机
4	PRINT/EXCH	P	电子客票已打印换开为相同内容纸票
5	VOID	V	客票已作废
6	REFUNDED	R	已退票
7	LIFTED/BOARDED	L	旅客已登机
8	USED/FLOWN	F	客票已使用
9	SUSPENDED	S	客票禁止使用
10	EXCHANGED	E	电子客票已换开为其他客票
11	PAPER TICKET	T	电子客票换开后的纸票记录
12	FIM/EXCHANGED	G	客票已使用飞行中断舱单（FIM）签转
13	IRREGULAR OPERATION	I	不正常操作
14	UNAVAILABLE	U	客票不可用

（1）AIRPORT CONTROL：表明航空公司持有该票联控制权，客票状态无法被第三方更改；如需更改必须向航空公司申请。

（2）OPEN FOR USE：表明电子客票有效未使用。

（3）CHECKED IN：表明旅客已经前往值机柜台或通过电子方式（如自助

值机设备）完成值机手续。

（4）PRINT/EXCH：表明电子客票联的电子记录已转换成纸票文本（注有相同电子票证号）。

（5）VOID：表明整个电子客票销售记录都已经取消。

（6）REFUNDED：表明没有使用过的有价值的电子客票退款给了旅客。

（7）LIFTED/BOARDED：表明旅客已经登机。

（8）USED/FLOWN：表明电子客票中行程已经完成，等待着开账 / 销售报告。

（9）SUSPENDED：表明出票航空公司对此票联限制使用。

（10）EXCHANGED：表明原电子客票联的价值已经被使用，已更换为一个新的交易（如改变航程或变更舱位）。

（11）PAPER TICKET：表明出了一张纸质客票。

（12）FIM/EXCHANGED：表明在航班中断情况下，票联由地面工作人员改换成航班中断舱单，并将旅客改换上另一承运人的航班。

（13）IRREGULAR OPERATION：表明由于某些原因，航空公司的控制时间延伸至正常的 72 小时以外，这种延伸从规定的航班起飞后至 7 天之内。

（14）UNAVAILABLE：表明客票中没有可提供的票联，需要重新补收费用（如变更航程中出现了新的航段）。

在这些状态中，属于最终状态的有：VOID，REFUNDED，USED/FLOWN，PRINT/EXCH，而其他状态都属于可变状态，根据旅客的动态变化，其电子客票状态也在不断地进行着变化。同时，在这些状态中，除了 OPEN FOR USE 状态的客票将在系统中保留一年外，其他状态的电子客票记录在系统中保留期限为 3 个月。

若由于航班不正常情况或人为操作失误造成的电子客票状态与实际使用情况不相符，并且无法直接在系统中变更客票状态时，现场工作人员可申请由控制人员强行变更电子客票状态。

任务三　退票与变更服务

一、电子客票的退票

旅客购票后，由于旅客原因或承运人原因，不能在客票有效期内完成部分或全部航程，而要求退还部分或全部未使用航段票款，称为退票。退票分自愿退票和非自愿退票两种。

（一）一般规定

1. 退票时限

旅客要求退票，最迟应在开始旅行之日起（客票完全未使用的，在填开之日起）十三个月内提出，逾期不能退票。

2. 退票地点

退票一般只限在原购票地点办理，在网上购买的电子客票，应在网上办理退票申请手续。特殊情况可在航班始发地、终止旅行地的出票航空公司售票处或经航空公司特别授权的当地销售代理人售票处办理退票。

3. 其他规定

（1）旅客要求退票，电子客票的客票状态要处于“OPEN FOR USE”状态。

（2）退票只限退给客票上填明的旅客或客票的付款人。如果票款不是由旅客本人支付，应按付款人的要求办理。

（3）革命伤残军人、因公致残人民警察、持婴儿票的旅客要求要求退票，免收退票费。

（4）旅客在航班的经停地点自动终止旅行，该航班未使用航段视为自动放弃，票款不退，但其他航班未使用航段的乘机联仍可进行运输或退票。

（5）退款在任何情况下不得超过旅客原付票款。退票费计算到元，元以下四舍五入。

（6）如果退票受票价使用的限制或规定不得退票，则不予办理退票。

（7）如果旅客购妥联程或回程的客票，要求退某一航段而保留其他航段时，全航程作为退票处理，另购新票。

（8）购票时用现金，退票时也用现金；支票购票时（旅行社），退票时也是支票（付支票税）。

4. 电子客票退票的工作程序

（1）航空公司或代理人售票处销售的电子客票退票程序

①工作人员查验客票是否有效；

②核对旅客的有效身份证件；

③根据退票原因确认属于自愿退票还是非自愿退票；

④已订妥座位的旅客要求退票，应取消原订座记录或旅客申退的航段记录；

⑤填写电子自动退票表格，根据退票规定计算出实退金额，生成退票单；

⑥若旅客已打印过行程单，必须回收行程单后，方可为其办理退票手续，并将行程单附于退款单财务联后；

⑦将退款和退款单旅客联交给旅客。

上述过程可在代理人分销系统进行操作，具体操作指令这里不再展开。

（2）互联网销售的电子客票退票程序

互联网订票旅客可自行在网上提出自愿或非自愿退票申请，订座系统会按照用户在网上提交退票申请的时间自动计算出退票应收手续费，所退票款将返还到旅客支付所使用的银行卡里。若旅客已打印过行程单，则必须将已打印的行程单回寄给航空公司，航空公司将在收到旅客邮寄的行程单后再进行退款。

（二）非自愿退票

非自愿退票是指由于承运人或其他不可抗力因素等原因，旅客在客票有效期内未完成客票所列全部或部分航段已预订的旅行或服务，在退票时限内申请退票。

1. 非自愿退票原因

（1）取消了旅客已订的航班。

（2）取消航班约定的经停地点（含有旅客的出发地、目的地、经停地）。

（3）未能在合理的时间内按照班机时刻进行飞行。

（4）造成旅客已订妥座位的航班衔接错失。

（5）更换了旅客的舱位等级。

（6）未能提供已订妥的座位。

（7）旅客健康状况经医疗单位证明不适宜乘机（因病退票）。

2. 非自愿退票办理规定

（1）退票均不收取退票费。

（2）客票全部未使用，退还全部票款。

（3）客票已部分使用，应从全部票款中扣除已使用航段的适用票价（有的承运人规定，可将扣除已使用航段的余额与未使用航段的票价比较，取其高者退还旅客），但不得超过原票价总额，未使用的税费退还旅客。

（4）若航班在非规定的航站降落，旅客要求退票，原则上退降落站至旅客到达站的票款，但退款金额以不超过原付票款为限；如果旅客所付票价为折扣票价，应按相同折扣率计退票款。

（5）旅客因病退票一般参照非自愿退票处理。旅客须在航班规定离站时间前提出并提供县级（含）以上医疗单位的证明原件（如诊断书原件、病历和旅客不能乘机的证明等）。如因病情突然发生，或在航班经停站临时发生病情，一时无法取得医疗单位证明，也必须经承运人认可后才能办理。患病旅客的必要陪伴人员要求退票，必须与患病旅客同时提出，可按上述规定办理。

（三）自愿退票

自愿退票是指旅客由于本人原因，在票证有效期内未完成票证所列全部或部分航段的旅行或服务，在退票时限内，按票证适用的退票规定申请退票。

1. 自愿退票办理规定

（1）客票全部未使用，扣除退票手续费后，退还剩余票款及税费。

（2）客票已部分使用，扣除已使用航段的适用票价、相关税费和退票手续费，将余额退还旅客。

（3）若已使用航段的适用票价与全程票价相比后，已使用航段的适用票价大于或等于全程票价时，未使用航段票款不退，其中未使用航段的可退税费退还旅客。

（4）客票上注明不得退票或无余额可退的客票，税费可单独退还，不收取手续费。

（5）旅客在航班的经停地自愿终止旅行，该航班未使用航段的票款不退，后续的联程或回程航班仍可申请退票。

（6）享受成人普通票价 50% 优惠的革命伤残军人和因公致残人民警察客票要求退票，免收退票手续费。

（7）按普通票价 10% 计收的婴儿客票的旅客要求退票，免收退票手续费；按普通票价 50% 计收的儿童客票按成人标准扣除退票手续费。

2. 自愿退票手续费

自愿退票的手续费没有统一规定，实践中各航空公司都制定了各自的自愿退票手续费费率政策，且每隔几年可能做出调整。实际工作中应注意参照航空公司最新政策。表 2–9 至表 2–11 中给出了三大航空公司国内航线按照机票票面价格收取的退票手续费费率。一般来说，提出退票时间越早、折扣幅度越小（价格高）的机票，退票手续费费率越低。（注：头等舱、公务舱和经济舱会再根据不同票价折扣进一步细分为不同舱位，并对应不同舱位等级代码。）

表 2–9　东方航空自愿退票收费标准

舱位等级代码	航班规定离站时间 7 天之前	航班规定离站时间前 7 天（含）至 48 小时	航班规定离站时间前 48 小时（含）至 4 小时	航班规定离站时间前 4 小时（含）至航班起飞后
F/U/ J	5%	5%	5%	10%
C/D/Q/I	5%	10%	25%	30%
W/Y/ B	5%	5%	10%	20%
E/M/ P	10%	15%	30%	40%
K/L/N	10%	20%	40%	50%
R/S	20%	30%	70%	90%
V/T/Z/H	40%	60%	90%	100%

表 2–10　中国国航自愿退票收费标准

舱位等级代码	航班起飞前 14 天（含）之前	航班起飞前 14 天至 48 小时（含）	航班起飞前 48 小时至 4 小时（含）	航班起飞前 4 小时至航班起飞后
F/J	免费	5%	5%	10%
A	5%	5%	10%	20%
C/D/Z/R	5%	10%	15%	20%
G/Y	免费	5%	10%	15%
E	10%	15%	25%	30%
B/M/U	10%	20%	25%	30%
H/Q/V	15%	30%	40%	50%
W/S	30%	50%	70%	90%
T/L/P/N/K	40%	60%	90%	100%

表 2–11　南方航空自愿退票收费标准

舱位等级代码	航班预计离站时间前 7 天（含）前	航班预计离站时间前 48 小时（含）前	航班预计离站时间前 4 小时（含）前	航班预计离站时间前 4 小时（不含）后
F/J	5%	5%	5%	10%
C	5%	10%	20%	25%
D/I	5%	15%	25%	30%
W/Y	5%	5%	10%	20%
S1*	10%	15%	30%	40%
S2*	10%	25%	40%	50%
S3*	20%	40%	70%	90%
P/B/M/H/K	10%	15%	30%	40%
U/A/L/Q	10%	25%	40%	50%
E/V/Z/T/N/R	20%	40%	70%	90%

二、电子客票的变更

旅客购买客票后，改变客票未使用部分的航程、日期、承运人（改变承运人即航班签转）、票价级别等统称为客票变更。客票变更包括两种情况：自愿变更和非自愿变更。

（一）客票变更的一般规定

（1）要求变更的客票必须在客票有效期内。

（2）要求变更的客票不得违反票价限制条件。

（3）变更承运人，按客票签转有关规定处理。

（4）客票变更后，客票的有效期仍按原客票出票日期或开始旅行日期计算。

（二）非自愿变更

由于航班取消、延误、提前、航程改变、舱位等级变更或者承运人无法运行原航班等情形导致旅客要求变更客票的，属于非自愿变更。

（1）非自愿变更不收取变更手续费。

（2）非自愿变更航班、日期时，承运人为旅客优先安排有可利用座位的本公司航班。

（3）非自愿变更舱位等级的，通常票款的差额多退少不补，即非自愿升舱无须补差价，非自愿降舱退还差价。

（4）非自愿变更承运人（签转），在征得旅客及有关承运人的同意后，办理签转手续。

（5）非自愿变更航程，承运人安排旅客乘坐航班，或者双方认可的其他运输方式将旅客运达目的地或中途分程地点，票款、超额行李费和其他服务费用的差额多退少不补（部分承运人规定）。

（三）自愿变更

自愿变更客票是指旅客购票后因自身原因要求变更舱位等级、航班、日期、航程、承运人等。

1. 自愿变更相关规定

（1）自愿变更的客票需在客票有效期内，且不得违反客票的限制条件。

（2）按成人普通票价 50% 的革命伤残军人、因公致残人民警察客票、按普通票价 10% 的不占座婴儿客票，免收客票变更费用。

（3）自愿变更航班和日期：将根据所持客票的运价规则在航班有可利用座位和时间允许的条件下给予办理，旅客须承担由此造成的票款差额同时收取变更手续费。

（4）自愿变更舱位等级：自愿升舱，承运人在航班有可利用座位和时间允许的条件下给予办理，同时收取变更手续费和舱位票价差额；自愿降舱需按自愿退票办理后再重新购票。

（5）自愿变更航程或乘机人，均应按退票处理，重新购票。

（6）自愿变更承运人（签转）。自愿签转收取变更手续费且应满足一定条件：客票无签转限制条件；经原承运人或出票承运人同意；新承运人和原承运人有结算协议且新承运人航班有可利用座位。对不符合条件的自愿签转，按自愿退票处理。

2. 自愿变更手续费

自愿变更的手续费同样没有统一规定，各航空公司有各自的自愿变更手续费费率政策，且每隔几年可能做出调整。实际工作中应注意参照航空公司最新政策。表 2-12 至表 2-14 中给出了三大航空公司国内航线按照机票票面价格收取的自愿变更手续费费率。与自愿退票类似，自愿变更的费率也存在提出变更时间越早、折扣幅度越小的机票，变更费率越低的规律。

表 2-12　东方航空自愿变更收费标准

舱位等级代码	自愿签转	航班规定离站时间 7 天之前	航班规定离站时间前 7 天（含）至 48 小时	航班规定离站时间前 48 小时（含）至 4 小时	航班规定离站时间前 4 小时（含）至航班起飞后
F/U/J/W/Y/B	允许	免费	5%	5%	10%
C/D/Q/I	不允许	5%	10%	20%	25%
P/M/E	不允许	5%	10%	25%	35%
K/L/N	不允许	5%	15%	30%	40%
R/S	不允许	10%	20%	50%	70%
V/T/Z/H	不允许	20%	30%	50%	70%

表 2–13　中国国航自愿变更收费标准

舱位等级代码	自愿签转	航班起飞前 14 天（含）之前	航班起飞前 14 天至 48 小时（含）	航班起飞前 48 小时至 4 小时（含）	航班起飞前 4 小时至航班起飞后
F/J	允许	免费	免费	5%	10%
A	允许	免费	5%	10%	15%
C/D/Z/R	允许	5%	5%	10%	15%
G/Y	允许	免费	5%	5%	10%
E/B/M/U	允许	5%	10%	15%	20%
H/Q/V	允许	10%	15%	30%	40%
W/S	允许	15%	25%	45%	60%
T/L/P/N/K	允许	20%	30%	50%	60%

表 2–14　南方航空自愿变更收费标准

舱位等级代码	自愿签转	航班预计离站时间前 7 天（含）前	航班预计离站时间前 48 小时（含）前	航班预计离站时间前 4 小时（含）前	航班预计离站时间前 4 小时（不含）后
F/J/W/Y	允许	免费	5%	5%	10%
C	不允许	5%	10%	10%	15%
D/I	不允许	5%	10%	15%	20%
S1*	不允许	5%	10%	20%	30%
S2*	不允许	5%	20%	30%	40%
S3*	不允许	10%	30%	50%	70%
P/B/M/H/K	不允许	5%	10%	20%	30%
U/A/L/Q	不允许	5%	20%	30%	40%
E/V/Z/T/N/R	不允许	10%	30%	50%	70%

任务四　航班安排

在接受旅客咨询和为旅客订座时，工作人员经常需要利用订座系统或《官方航空指南》（Official Airline Guide，OAG）来选择和确定具体的航班。此时，需要考虑班期，班次，航班时刻，出发、经停和目的地机场，直达还是中转，最短衔接时间等诸多因素。

一、官方航空指南（OAG）简介

官方航空指南（以下简称为 OAG）分为航班指南和航班指南附录两本资料，这里主要介绍航班指南。

航班指南每月出版一期，内容包括：航班时刻表、航空公司代码、代码共享航空公司、航空公司数字代码、机型代码、州 / 省代码、城市 / 机场代码、建立中转航班、最短衔接时间、航班路线、机场候机楼。此外还有一些参考资料信息。

（一）航班时刻表（Flight Schedules）

航班时刻表是 OAG 中最主要的内容，占整个航班指南 90% 以上的篇幅。

1. 出发地城市 / 机场情况

一些城市有多个机场，所以在航班安排过程中首先应明确这些城市有几个机场，每个机场的具体位置如何。OAG 以下列两种方式显示出发地城市和机场信息。

（1）城市 / 机场地图

城市 / 机场地图用来指明机场相对于城市的位置，如图 2-7 所示：马来西亚吉隆坡比 GMT 时间快 8 小时；吉隆坡有两个机场，一个是距离市中心 14 英里（22 公里）的苏尔坦机场（Sultan Abdul Aziz Shah），另一个是距离市中心 31 英里（50 公里）的吉隆坡国际机场（Kuala Lumpur Int'l）。城市 / 机场

图 2-7 出发地城市 / 机场地图

地图后面按字母顺序显示到达城市及其相应的航班信息。

（2）出发地城市 / 机场表

如表 2-15 所示，第一行为“出发城市”信息，即从中国北京（城市代码为 BJS）起飞，北京时间比格林尼治标准时间 GMT 快 8 小时；第二行为“出发机场”信息，即北京有两个机场，一个是北京首都机场（机场代码为 PEK），距离市中心 15 英里（25 公里），另一个是北京南苑机场（机场代码为 NAY）；出发城市和出发机场下方为“到达城市”信息，如荷兰阿姆斯特丹（城市代码为 AMS），北京和阿姆斯特丹相距 4866 英里（7829 公里），荷兰阿姆斯特丹时间比 GMT 快 2 小时。

表 2-15 出发地城市 / 机场表

From Beijing, China BJS GMT+8
PEK（Beijing Capital Airport）15.0mls/25.0km
NAY（Beijing Nanyuan Airport）
Amsterdam AMS 4866mls/7829km GMT+2 … …

2. 航班时刻信息

航班时刻表中的航班信息按照始发城市的英文字母顺序排列，每个始发城市下方列出了相应的到达城市及该航段上所有的航班信息，到达城市也按照英文字母顺序排列。图 2-8 以纽约到新加坡的航班时刻表为例，解释了航班时刻信息表中相关数据和代码的含义。

注意：所有显示的时间都是当地时间。此处以纽约到新加坡的航班为例。

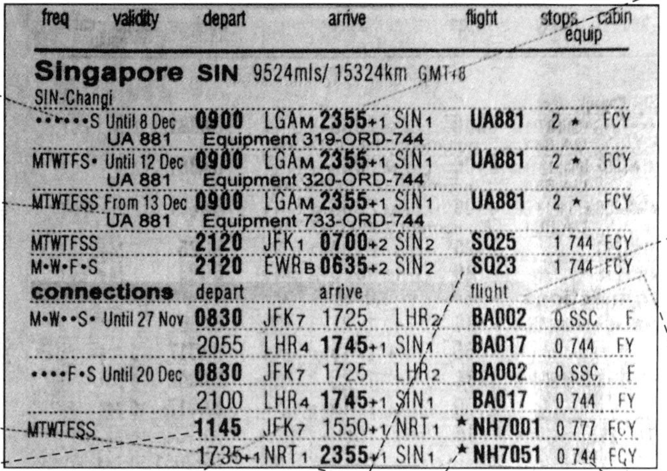

freq	validity	depart		arrive		flight	stops	equip	cabin
Singapore SIN 9524mls/ 15324km GMT+8									
SIN-Changi									
••••••S	Until 8 Dec	**0900**	LGA M	**2355**+1	SIN 1	**UA881**	2	★	FCY
	UA 881	Equipment 319-ORD-744							
MTWTFS•	Until 12 Dec	**0900**	LGA M	**2355**+1	SIN 1	**UA881**	2	★	FCY
	UA 881	Equipment 320-ORD-744							
MTWTFSS	From 13 Dec	**0900**	LGA M	**2355**+1	SIN 1	**UA881**	2	★	FCY
	UA 881	Equipment 733-ORD-744							
MTWTFSS		**2120**	JFK 1	**0700**+2	SIN 2	**SQ25**	1	744	FCY
M•W•F•S		**2120**	EWR B	**0635**+2	SIN 2	**SQ23**	1	744	FCY
connections		depart		arrive		flight			
M•W••S•	Until 27 Nov	**0830**	JFK 7	1725	LHR 2	**BA002**	0	SSC	F
		2055	LHR 4	**1745**+1	SIN 1	**BA017**	0	744	FY
••••F•S	Until 20 Dec	**0830**	JFK 7	1725	LHR 2	**BA002**	0	SSC	F
		2100	LHR 4	**1745**+1	SIN 1	**BA017**	0	744	FY
MTWTFSS		**1145**	JFK 7	1550+1	NRT 1	★ **NH7001**	0	777	FCY
		1735+1	NRT 1	**2355**+1	SIN 1	★ **NH7051**	0	744	FCY

一周中的某一天
M周一，T-周二，
W-周三，T-周四，F-周五，
S-周六，S-周日。
该航班周日运行。

有效性
如果有效性栏目未显示日期，表明航班在该版本有效期内一直运行。
该航班从12月13日起有效。

天数指示符
这些栏目中的(+/-天)符号表明哪些到达和出发时间与行程开始日期不在同一天。
+1表示“第2天”；
+2表示“第3天”；
+3表示“第4天”；
-1表示“前一天”。

出发和到达时间
所有时间都是当地时间，国际时间计算器部分显示了当地时间与GMT（格林尼治标准时间）的差异。
该次航班于1145从纽约出发，于2355抵达新加坡（1天后）。

机场代码
参见城市/机场代码部分，了解每个代码所代表的机场。
该次航班从纽约肯尼迪国际机场（JFK）出发，途经东京成田机场（NRT），最后抵达新加坡樟宜机场（SIN）。

航班编号
航班编号的前两个字符是运营此航班的航空公司的代码。
参见航空公司代码部分，了解代码所表示的航空公司。
本次航班由新航运营。

航空公司代码共享运营商
符号★表示航班由另一家航空公司运营，不是航班编号的两个字符所表示的航空公司。
参见航空公司代码共享运营商部分，了解实际运营航班的航空公司。

候机室代码
候机室代码（如果有的话）显示在机场代码旁边。
该次航班从纽约肯尼迪国际机场的7号候机室出发，经由东京成田机场的1号候机室，到达新加坡樟宜机场的1号候机室。

直达航班
如果同一行的两个时间都用粗体显示，表明这是一个直达航班。
有可能从“出发城市”直飞“到达城市”，中途不做停留。
也有可能在中途停留一个或多个城市。

中转航班
如果同一行的两个时间不都用粗体显示，表明是一个中转航班。
中转航班意味着在一个中途机场从一个航班转入另外一个航班。
如果一个出发机场代码与上一个到达机场代码不同，则表明要改变机场才能转入中转航班。
中转航班显示在直达航班之后。

停留次数
如果停留次数超过8次，您会看到M（Multi-Stop）标记。
参见航线部分，来了解中途停留机场。
该次航班的停留次数为0。

飞机代码
参见飞机代码区域，了解各个代码所代表的飞机类型。
该次航班的飞机类型为744，即波音747-400（客机）。

舱位代码
F——头等舱，C——商务舱，Y——经济舱。
该次航班可供选择的舱位有：
F——头等舱、C——商务舱和Y——经济舱。

图 2-8　如何使用 OAG 航班时刻表

（二）代码共享航空公司（Airline Code-share Carriers）

在国际航空运输实践中，如果特定的航班由一家航空公司负责营销而由另一家航空公司负责实际运营，就称这两家航空公司间实行了航班代码共享。例如，旅客在全程旅行中有一段航程或全程航程是在 CA 航空公司购买的机票（假设航班号为 CA6041），实际乘坐的是 LH 航空公司航班（假设实际承运的航班代码为 LH123），那么该两家航空公司间实行了代码共享，该次航班为 CA 和 LH 的代码共享航班（该次飞行有两个航班代号）。代码共享优化了航空公司的资源，也能使旅客从中受益，现已成为全球航空运输业内最流行的合作方式。

OAG 的航班时刻表中以★标示出了代码共享航班，该航班并非由此航空公司实际运营，而是由代码共享航空公司运营，具体代码共享情况需要查阅“代码共享航空公司”部分。表 2-16 列出了某时期中国国际航空公司的部分航班代码共享情况。如表 2-16 所示，国航 CA1151-1198 之间的航班号与山东航空实施代码共享。

表 2-16 代码共享航空公司

C	Flight Numbers		Operated by
CA	Air China		
	1151-1198	SC	Shandong Airlines
	3007-3010	AY	Finnair
	3101-3148	FM	Shanghai Airlines
	3601-3622	NX	Air Macau
	4075-4996	SC	Shandong Airlines
	5001-5036	OZ	Asiana Airlines
	5101-5164	NZ	Air New Zealand
	6041-6231	LH	Lufthansa German Airlines

（三）机型代码（Aircraft Codes）

OAG 中的机型代码以英文字母、数字或字母与数字结合的三字代码形式表示，由国际航空运输协会统一给出，而且同时给出了飞机的种类和机型，表2-17 列出了一些常见的机型及其代码。

表 2-17　常见的机型及其代码

机型	代码	机型	代码
Airbus Industrie A318	318	Boeing 737-800 Passenger	738
Airbus Industrie A318/319/320/321	32S	Boeing 737-900（Winglets）Passenger	73J
Airbus Industrie A319	319	Boeing 737-900 Passenger	739
Airbus Industrie A320	320	Boeing 747（Mixed Configuration）	74M
Airbus Industrie A321	321	Boeing 747 Passenger	747
Airbus Industrie A330	330	Boeing 747-200（Passenger）	742
Airbus Industrie A330-200	332	Boeing 747-400（Domestic Passenger）	74J
Airbus Industrie A330-300	333	Boeing 747-400（Passenger）	744
Airbus Industrie A340	340	Boeing 747SP Passenger	74L
Airbus Industrie A340-200	342	Boeing 747SR Passenger	74R
Airbus Industrie A340-300	343	Boeing 757-300 Passenger	753
Airbus Industrie A340-500	345	Boeing 767-300 Passenger	763
Airbus Industrie A340-600	346	Boeing 767-400 Passenger	764
Airbus Industrie A380-800 Passenger	388	Boeing 777 Passenger	777
Boeing 737-500 Passenger	735	Boeing 777-200 Passenger	772
Boeing 737-600 Passenger	736	Boeing 777-200LR	77L
Boeing 737-700（Mixed Configuration）	73R	Boeing 777-300 Passenger	773
Boeing 737-700（Winglets）Passenger	73W	Boeing 777-300ER Passenger	77W
Boeing 737-700 Passenger	73G	Boeing 787	787
Boeing 737-800（Winglets）Passenger	73H	Boeing 787-900	789

（四）航班路线（Flight Routings）

有时航班是由多个航段构成的，我们需要了解整个航班路线的组成，

OAG 提供了类似这样的航班路线信息供查阅。

（五）机场候机楼（Airport Terminals）

机场可能拥有一个或多个候机楼，为了说明候机楼情况以及每一候机楼内分别有哪些提供服务的航空公司，OAG 提供了相应的信息。

（六）建立中转航班与最短衔接时间

有关中转航班和最短衔接时间的内容将在后文详述。

二、航班安排

实际工作中，经常需要为旅客安排航班。合理的航班安排不仅可以为旅客节约费用，同时也能为旅客节约时间减少旅途疲劳，从而为航空公司赢得旅客信誉增添砝码。

安排航班时应考虑以下三方面的问题：即选择合理的航线；优先考虑直达航班，没有直达航班时考虑公布的中转衔接航班；最后考虑自行建立中转航班。

（一）航线的选择

航线选择的基本原则是不出现迂回、交叉或重复路线，保证航程距离尽可能短，时间尽可能节省，这里不再具体展开。

（二）直达与中转航班安排

OAG 航班时刻表中提供了两点间直达航班和中转衔接航班信息。一般在有直达航班的情况下，优先考虑直达航班。

1. 直达航班

直达航班（Direct Flights）是指始发点到目的地为同一航班号的航班。有的航班中间有指定的经停点，这样的航班仍属于直达航班。没有经停点的直达航班英文称为 Nonstop Flights。直达航班按照出发时间顺序排列，出发时间和到达时间均用加粗字体表示。下面以参考 OAG 中的北京—阿姆斯特丹航班时刻信息表为例（见表 2-18），分析如何安排航班。

例如，某旅客要求预订 10 月 15 日（周五）下午从北京（BJS）出发到阿姆斯特丹（AMS）的航班，并且希望优先考虑国内航空公司航班。

表 2-18 北京—阿姆斯特丹航班时刻信息

freq	validity	depart		arrive		flight	stops equip	cabin
From Beijing, China BJS GMT+8								
PEK（Beijing Capital Airport）15.0mls/25.0km NAY（Beijing Nanyuan Airport）								
Amsterdam AMS 4866mls/7829km GMT+2								
MTWTFSS		**1140**	PEK$_2$	**1550**		**KL0898**	−74M	CY
MTWTFSS		**1140**	PEK$_2$	**1550**		★**CZ767**	−74M	CY
MTWTFSS		**1420**	PEK$_2$	**1835**		**CZ345**	−772	CY
MTWTFSS		**1420**	PEK$_2$	**1835**		★**KL3810**	−777	CY
connections		depart		arrive		arrive		
MTWTF ● S	from 27Sep	**1455**	PEK$_3$	1840	CPH$_3$	**SK996**	−343	FCY
		2005	CPH$_3$	**2130**		**SK549**	−M82	CY
MTWT ●● S	23Aug-3Sep	**1455**	PEK$_3$	1840	CPH$_3$	**SK996**	−343	FCY
		2005	CPH$_3$	**2130**		**SK549**	-M87	CY
MTWTF ● S	4−10Sep	**1455**	PEK$_3$	1840	CPH$_3$	**SK996**	−343	FCY
		2005	CPH$_3$	**2130**		**SK549**	−M81	CY
MTWTF ● S	13−24Sep	**1455**	PEK$_3$	1840	CPH$_3$	**SK996**	−343	FCY
		2005	CPH$_3$	**2130**		**SK549**	−M87	CY
MTWTFSS		**1930**	PEK$_3$	2130	HKG$_1$	★**CX6875**	−330	FCY
		0015+1	HKG$_1$	**0650+1**		**CX271**	−744	FCY

参考上表分析如下：北京到阿姆斯特丹共有 KL0898、★CZ767、CZ345、★KL3810 四个直达航班可供选择，并且这四个航班周一至周日都运行，但满

足下午航班条件的只有后两个，而满足国内航空公司要求的只有 CZ345。

2. 中转衔接航班

有时，直达航班不能满足旅客的要求，这时可以考虑航班时刻表下半部分的中转衔接航班（Connections）。中转衔接航班也按出发时间顺序排列，始发时间和最后到达时间用粗体表示，转机点到达和出发时间用普通字体表示。当转机点城市拥有多个机场时，应留意到达机场和出发机场是否相同，到达机场和出发机场信息跟在到达和出发时间之后。

例如，某旅客要求预订 10 月 15 日（周五）12：00 以后从北京（BJS）到阿姆斯特丹（AMS）出发的航班，并且希望在当地时间 15 日到达最终目的地，如果当日所有直达航班均已预订完，请为旅客安排适当的中转衔接航班，相关信息如表 2-18 所示。

分析：从航班时刻数据看，共有 5 条中转衔接航班信息，但是其中 2、3、4 条不满足航班运营日（Days）和有效期（Validity）的要求；第 5 条航班信息需要在香港转机，但是从香港出发已经是第 2 天了，不符合旅客要求；只有第 1 条信息符合要求，即先从北京坐 SK996 至哥本哈根，再转 SK549 至阿姆斯特丹。

3. 最短衔接时间

有时，航班时刻表中既没有直达航班也没有中转衔接时间，或者虽有航班信息但都不满足旅客要求，此时需要为旅客另行建立中转航班。建立中转航班必须考虑到航班最短衔接时间的限制。这是因为在中转点转机时可能需要面临海关、检疫、边防等手续，如果中转点城市有多个机场，而旅客到达与出发不在同一机场，或者即使在同一个机场，但在不同的候机楼，这些都需要花费一定的时间，为了确保旅客顺利搭上下一个航班，必须留出足够的衔接时间。一般而言，国际旅客因为要接受边境手续，会比国内旅客需要更长的最短衔接时间。

最短衔接时间（Minimum Connecting Time，MCT），是指从一个航班转换到另一个衔接航班所需的最短时间间隔。国际航协公布了每个机场的标准最短衔接时间。但值得注意的是，有一些航空公司要求的最短衔接时间可能大于或小于标准 MCT，因此 OAG 建议在安排衔接航班时应与相关航空公司核实。

表 2-19 为莫斯科机场的最短衔接时间要求。可以看出，莫斯科共有 SVO、DME、VKO、BKA 四个机场，其中 SVO 有两个候机楼，转机的情况分为以下三种，即同一候机楼内的转机、同一机场不同候机楼之间的转机、同一城市不同机场之间的转机。

表 2-19　莫斯科机场的最短衔接时间

Moscow, Russian Federation	MOW
SVO（Sheremetyevo）	
Terminal 1	
Domestic to Domestic	1hr
Domestic to International	2hr 30mins
International to Domestic	2hr 30mins
International to International	1hr
Terminal 2	
Domestic to Domestic	1hr
Domestic to International	2hr 30mins
International to Domestic	2hr 30mins
International to International	1hr
Between Terminals	
Domestic to Domestic	1hr
Domestic to International	2hr 30mins
International to Domestic	2hr 30mins
International to International	2hr 30mins
DME（Domodedovo）	
Domestic to Domestic	1hr
Domestic to International	1hr 20mins
International to Domestic	1hr 40mins
International to International	1hr

续表

Moscow, Russian Federation	MOW
VKO（Vnukovo）	
Domestic to Domestic	1hr 30mins
Domestic to International	1hr 30mins
International to Domestic	1hr 30mins
International to International	1hr 30mins
Inter-airport SVO to/from BKA	5 hr
Inter-airport SVO to/from DME	6 hr
Inter-airport SVO to/from VKO	4 hr

（1）同一候机楼内的转机

依据转机的性质，同一候机楼内的转机又分为以下四种：

国内转国内（Domestic to Domestic）：即转机点的到达航班和出发航班均为国内航班，比如旅客从上海浦东出发至昆明，然后换乘另一航班至丽江，则在昆明的中转视为国内转国内。

国内转国际（Domestic to International）：即到达转机点航班为国内航班，从转机点出发航班为国际航班。比如旅客从合肥至浦东机场，然后换乘另一航班至新加坡，则在浦东机场的中转视为国内转国际。

国际转国内（International to Domestic）：即到达转机点航班为国际航班，从转机点出发航班为国内航班。比如旅客从首尔至浦东机场，然后换乘另一航班至温州，则在浦东机场的中转视为国际转国内。

国际转国际（International to International）：即转机点的到达航班和出发航班均为国际航班，比如旅客从浦东机场出发至新加坡，然后换乘另一航班前往斐济，则在新加坡的中转视为国际转国际。

有时，最短衔接时间表中还会出现欧洲这一概念，如国内转欧洲（Domestic to Europe）、国际转欧洲（International to Europe），这里欧洲范围的界定基于 IATA 区划，与自然地理上欧洲概念有区别。

依据表 2-19，同样是在莫斯科 SVO 机场第 1 航站楼转机，国内转国内最短衔接时间为 1 小时，而国内转国际最短衔接时间为 2 小时 30 分钟。显然这里确定旅客是国际旅客还是国内旅客对明确最短衔接时间和航班安排十分重要。

02

延伸阅读

判断旅客性质最基本的规则是：完全在同一国内运营的航班为国内航班，在不同国家之间运营的航班为国际航班。

（2）同一机场不同候机楼之间的转机

对于拥有多个候机楼的机场，不同的航空公司可能被安排在不同的候机楼，这可能会增加旅客转机所需的时间。如表 2–19 所示，在 SVO 的两个候机楼内转机，国内转国内最短衔接时间为 1 小时，国内转国际、国际转国内、国际转国际最短衔接时间均为 2.5 小时。

（3）同一城市不同机场之间的转机

对于拥有多个机场的城市，还可能遇到到达和出发不是同一个机场的情况，这种转机往往费时更久。如表 2–19 中所示的莫斯科的四个机场之间转机的最短衔接时间，SVO 和 BKA 之间为 5 小时，SVO 和 DME 为 6 小时，SVO 和 VKO 之间为 4 小时。

对于 OAG 没有列出的城市和机场，一般默认为国内转国内最短衔接时间为 20 分钟，国内转国际、国际转国内、国际转国际最短衔接时间均为 1 小时。

4. 利用最短衔接时间建立中转航班

02

视频微课

如果航班时刻表中没有至旅客期望的目的地的直达或中转衔接航班，可以自行建立中转航班。其基本步骤是：①在始发城市下方选择期望作为中转点的城市；②将该中转点作为下一个衔接航班的始发点，在始发城市列表中找到它，并在其下方找到最终目的地城市；③如果在第②步的航班时刻表中未能找到最终目的地城市，回到最初的始发城市航班时刻表中，换一个中转点继续重复上述步骤，直至找到符合要求的中转点；④根据选定的中转点，查询该中转点的最短衔接时间表，确保到达中转点的时间与后续出发时间之间的间隔大于最短衔接时间（当然在满足最短衔接时间要求情况下应尽可能减少旅客在中转点的滞留时间）。

例如，某旅客要求预订 8 月 20 日（周日）北京至雷克雅未克的航班，但是航班时刻表中该两点间并无直达和中转衔接航班，旅客希望经阿姆斯特丹中转，请为旅客安排相应的中转航班。相关资料见表 2–18、表 2–20 和表 2–21。

表 2-20　阿姆斯特丹—雷克雅未克航班时刻信息

freq	validity	depart	arrive		flight	stops equip	cabin
From Amsterdam, Netherlands AMS GMT +2							
Airport Schiphol 9.0mls/14.0km							
Reykjavik REK 1252mls/2014km GMT KEF-Keflavik Apt							
MTWTFSS	Until 27Sep	**1400**	**1510**	KEF	**FL503**	-75W	FCY
● T ● TFSS	From 29Sep	**1400**	**1510**	KEF	**FL503**	-75W	FCY
●● W ●●● S	Until 9Aug	**2225**	**2330**	KEF	**FL503**	-75W	FCY
●●●●●● S	16-30 Aug	**2225**	**2330**	KEF	**FL505**	-75W	FCY

表 2-21　阿姆斯特丹机场的最短衔接时间

Amsterdam, Netherlands	AMS
Europe is comprised of Continental Europe, the British Isles, Mediterranean Islands, Russia west of the Ural mountains, Algeria, Azores, Canary Islands, Madeira, Morocco and Tunisia.	
Domestic to Domestic	25 mins
Domestic to International	50 mins
Domestic to Europe	40 mins
International to Domestic	50 mins
Europe to Domestic	40 mins
International to International	50 mins
Within Europe	40 mins
Europe to International	50 mins
International to Europe	50 mins

分析：见表 2-18，第一个待选航班的四个直达选项 KL0898、*CZ767、CZ345、*KL3810 由于到达阿姆斯特丹时间已经晚于表 2-20 中前两个衔接航班（均为 FL503）的始发时间，因此这两个 FL503 衔接航班不予考虑。表 2-14 衔接航班中的第三个选项 FL503 有效期截至 9Aug，因此也不予考虑，这样衔接航班选定为 FL505。由于该航班起飞时间为 2225，考虑到尽量减少等待时间，表 2-18 中第一个航班可以选择出发时间较晚的 CZ345 或*KL3810。两个

航班之间时间间隔为 3 小时 50 分钟，而表 2-21 中阿姆斯特丹机场的最短衔接时间为 50 分钟，满足要求。因此，为旅客安排航班如下：

北京至阿姆斯特丹航段可在 CZ345 和★KL3810 两个航班中任选其一，阿姆斯特丹至雷克雅未克航段选择 FL505。

案例

未按顺序使用机票带来的麻烦

消费者 S 女士于 2 月 15 日在某在线旅行代理网站购买了一张上海往返洛杉矶的机票，从上海出发的时间为 2 月 25 日，从洛杉矶返程时间为 3 月 12 日。往返机票共花费 6680 元。由于自身原因临时遇到一些意外情况，需将上海飞洛杉矶的机票改签为 2 月 28 日。与购票网站联系后得知，机票不能改签，她便重新购买了一张上海飞洛杉矶的单程机票，花费 4306 元。3 月 12 日，在结束洛杉矶的行程后，S 女士准备按照原购返程机票搭乘航班回国时，却被航空公司工作人员告知，由于她没有乘坐上海飞洛杉矶的航班，所以从洛杉矶返回上海的返程机票也无法使用。由于当天必须回国，宋女士不得不重新购买了一张同班次的返程机票，花费 7800 元人民币。

回国后不久，宋女士向消费者协会投诉。她认为在线旅行代理商未尽到提示说明义务，要求其承担本次洛杉矶返回上海的全部机票费用。但购票网站认为，其已在订单页面做出“机票须按航班起飞时间顺序使用，否则无法登机”的提示，且联程、往返程客票不能跳序、倒序使用的规则为航空公司制定，网站不应承担赔偿责任。但是 S 女士认为“机票须按航班起飞时间顺序使用，否则无法登机”条款属于格式条款，且该规则并不为一般消费者所熟知，条款内容对消费者使用机票做出了限制，会对消费者合同利益产生实质性影响，网站应当对此做出显著提示，以便消费者做出审慎的购买决定。S 女士提供的网站订单截图显示，网站对该项条款设置了链接，消费者需要点击链接才能查看，由于网站没有对链接进行特别的提示，导致她没有仔细查阅相关条款，因此网站没有尽到提示义务，应承担相应责任。双方为此争执不下。

思考：民用航空旅客、行李运输规则对相关问题是如何界定的？具体到本案例，你认为应如何处理？

项目小结

1. 订座系统包括代理人分销系统 CRS 和航空公司系统 ICS。ICS 系统的服务对象为航空公司的航班与座位控制人员和航空公司市场与营运部门的管理人员；而 CRS 系统的服务对象则为从事订座业务的销售代理人员和航空公司中部分从事销售的人员。

2. 旅客订座记录 PNR 是包含一组有关旅客各种信息的记录，它是通过计算机信息管理中心提供的旅客订座服务系统的有关指令来完成的。

3. 售票应该遵循一定的程序和要求，旅客购票应提供有效证件。

4. 退票分为自愿和非自愿退票，两者成因不同，处理规则也不同。

5. 客票变更按照是否自愿分为自愿和非自愿变更，按照变更的内容可以分为变更舱位等级、变更航班和日期、变更承运人等，处理规则各不相同。

6.《官方航空指南》（OAG）主要提供了航班时刻等信息，可用于航班安排。

思考与练习

1. 什么是订座？旅客订座的途径有哪些？

2. CRS 系统网络有哪些主要特征？它和 ICS 系统之间有何联系？

3. 什么是旅客订座记录？它包括哪些项目？

4. 简述售票的程序和要求。

5. 旅客购票的有效证件有哪些？

6. 客票的有效期是如何规定的？

7. 旅客预订座位的出票时限有哪些规定？

8. 非自愿退票的原因有哪些？

9. 不同类型的非自愿变更如何处理？

10. OAG 中的最短衔接时间是什么？OAG 中有哪些不同的转机？

11. 某旅客，计划在 9 月 5 日（星期三）从北京飞往阿姆斯特丹，相关航班信息如下，如旅客希望在当地时间 14:30 后出发，当天到达目的地，他能否乘坐直达航班？请为旅客安排适当的航班。

freq	validity	depart		arrive		flight	stops	equip	cabin
From **Beijing, China BJS** GMT +8									
PEK (Beijing Capital Airport)15.0mls/25.0km									
NAY(Beijing Nanyuan Airport)									
Amsterdam AMS 4866mls/7829km GMT+2									
MTWTFSS		**1140**	PEK_2	**1550**		**KL0898**	-	74M	CY
MTWTFSS		**1420**	PEK_2	**1835**		★**KL3810**	-	777	CY
connections		depart		arrive		arrive			
MTWTF●S	4-10Sep	**1455**	PEK_3	1840	CPH_3	**SK996**	-	343	FCY
		2005	CPH_3	**2130**		**SK549**	-	M81	CY
MTWTF●S	13-24Sep	**1455**	PEK_3	1840	CPH_3	**SK996**	-	343	FCY
		2005	CPH_3	**2130**		**SK549**	-	M87	CY
MTWTFSS		**1930**	PEK_3	2130	HKG_1	★**CX6875**	-	330	FCY
		0015_{+1}	HKG_1	**0650_{+1}**		**CX271**	-	744	FCY

学习效果检测

扫描下方二维码，检测你的学习效果。

02

学习检测

03

课程思政

项目三 候机楼公共服务

项目导读

候机楼公共服务是候机楼一系列服务的总称，是旅客运输服务的延伸，是完整的旅客服务不可或缺的环节。候机楼是城市的名片，候机楼公共服务的质量不仅关系到候机楼的正常运行，更关乎旅客出行的服务体验和城市形象。

学习目标

知识目标：了解机场的客流特征和往返机场的主要交通方式的利弊，了解进出机场的地面交通服务应该达到的质量标准；了解候机楼问询的种类，掌握问询服务的质量标准，了解广播服务的质量标准；理解公共信息图形标志的设置原则与要求；熟悉候机楼卫生防疫的相关法律法规；了解候机楼零售业的发展状况。

技能目标：熟悉机场地面交通状况；能按照问询服务的岗位职责和要求提供问询服务；能熟练使用标准候机楼广播用语进行广播；熟悉常见的民航公共信息图形标志；能按照候机楼卫生防疫要求采取具体防疫措施。

素质目标：提升能力和责任感，努力让自己在未来服务世界各国民航旅客的工作实践中成为中华民族优秀文化的承载者、传播者。

任务一　地面交通服务

一、认识机场地面交通服务

（一）机场地面交通的意义

机场与其城市之间的交通问题，在国内一直处于不被重视的状态，产生这种现象的原因在于与城市内部交通相比其矛盾显得并不突出。此外，由于它同时连接机场和城市两个相对独立的交通系统，其边缘性和交叉性的特点客观上造成了长期被忽视的现实。

事实上，机场与城市中心联系的便利程度非常重要，它是机场功能充分实现的前提条件，更是城市基础设施水平的集中体现。作为城市重要的对外窗口之一，它对城市发展的影响力亦不可小觑。

（二）机场客流特征的变化

随着经济的发展和航空事业自身的发展，航空乘客的构成有了实质性的变化，航空旅客的主体完成了由商务旅客向旅游和探亲旅客的过渡。在航空旅客中，常旅客（一年乘飞机的次数两次以上）的比例呈显著的下降趋势，普通百姓逐渐成为航空旅客的主体。

同样，我国的航空运输目前正以远高于世界的速度发展，因旅游出行的旅客数量每年以 6%~7% 的速度递增，航空正逐渐成为大众化的出行方式。这种在航空旅客构成上的重要变化所导致的结果是：航空市场的顾客群基数扩大，航空市场的增长迅速。同时新的旅客群体对价格非常敏感，相反对航班的时间要求不高，冷门航班的旅客量增加，体现在周边交通系统中则表现为：交通需求量的增加；对交通方式的多样性提出了要求。

（三）往返机场乘客的分类

往返于机场和市中心的乘客大致可以分为三类，前来乘坐航班或抵达的航空旅客及其迎送人员，机场的工作人员，以及工作地或居住地位于机场附近的人员。

通常来说，机场工作人员的出行是典型的通勤行为，具有潮汐性。航空旅客的出行发生时间和航班时间有很大的相关性，机场的特殊地理优势会促使沿线居民的出行需求增长迅速，往往给机场沿线交通带来很大的压力。所以在规划机场和城市之间的交通衔接方式的时候，应该考虑到不同性质的乘客的不同出行需求。

三大类的出行需求有时候不能协调。例如，航空旅客和机场工作人员希望一站直达。而沿线居民或工作人员则希望去往机场方向的公共交通在他们所希望的地点有停靠站点。香港新国际机场在这一点上思路非常清晰，在实际做法上将机场巴士设计成两类。标记以“A”开头的巴士为旅客所设计，标记以“E”开头的巴士则为机场员工专门设计。对这两类不同的需求作了细分。

因此，单一的交通方式不能满足需求，往往不能保证运输任务的顺利完成，同时也不能保障机场功能的顺利运转。在机场和市中心之间建设一个综合的、可靠度高、舒适性好的客运交通体系是机场能正常发挥作用的必要条件。

（四）往返机场的主要交通方式

作为航空旅行的延伸，机场和市中心的交通联系应该适应航空市场大众化的这一重要变化。世界上机场和城市之间的联系方式主要有：轨道交通，绝大多数在沿线设有站点，其中又细分为高速铁路和普通铁路；直达巴士，通常在市区内会设若干个站点；常规公共交通（沿途停靠）；私人小汽车以及出租车。

（五）机场周边客运系统

机场周边客运系统可以分为对外交通和内部交通两个子系统。机场候机楼之间的交通系统又可以分为：步行、轨道交通、巴士和步行输送系统。

候机楼内部的交通系统则主要为步行系统。在候机楼的平面方案确定以后，首先考虑人群流动的路线，参照一定的设计标准，力求达到人群的流动顺畅，无物理障碍，接下来才考虑各个公共服务设施的安排和商业设施的布置。

停机坪和候机楼之间的接驳是一种特殊情况，在机场没有登机口设备或者登机口设备不可用的情况下使用。

（六）主要交通方式存在的弊端

与出租车相比，机场巴士在费用上的优势很大。然而机场巴士的弊端也十分明显。首先，机场巴士大部分穿越城市中心，运行受中心城区的交通状况影响很大；其次，机场巴士行驶速度较低；最后，巴士在城市内所设的站点分布可能不合理，对于携带大量行李的航空乘客来说，会有很多不便。

私人小汽车和出租车尽管费用高昂，但是目前出租车仍然是机场地面交通的主力。国内出租车和私人小汽车的迅猛发展使早期交通规划中没有充分考虑到小汽车流量增加的后果开始显现。许多机场出现路段拥挤，航站楼候机大厅前的道路上人车混行，安全隐患严重，这将会影响机场的长期发展。

轨道交通由于其清洁、环保、高效的特点应该是机场地面交通的一种较好选择，目前正逐渐成为国内大中型机场的主要交通方式。这种方式发挥作用很重要的一点是要确保它与其他交通方式的良好衔接。

（七）改善机场地面交通的方向

改善机场地面交通首先要确立发展综合交通体系的思想，确保交通方式的多样化，以满足不同层次乘客的需求。有条件的城市应加快轨道交通网络和乘客信息系统建设。在规划机场专线时，车站、航站楼等基础设施内要注意细节的设计，为航空乘客提供便利，从而提高公共交通的吸引力。针对小汽车的迅猛发展，在机场范围内做好交通组织和停车场规划。

二、机场地面交通服务质量标准

根据《民用运输机场服务质量》标准，机场地面交通服务应达到如下质量标准（见表 3-1）。

表 3-1 进出机场的地面交通服务质量标准

二级指标	三级指标	四级指标	五级指标	标准	备注
进出机场的地面交通	航站楼前道路交通	公共交通运输系统		包括公共汽车、机场巴士、出租车、轨道交通（地铁、轻轨、磁悬浮）；应与城市交通连接顺畅、便捷。	
		进出机场通道		进出车辆应分类疏导，避免混流，保持交通畅通。	
		交通标志与标线		应齐全清晰、规范准确，符合 GB 5768 和 GB/T 16311 的规定。	
		车道与车道边		a）应平整、无损，手推车能安全、畅通地通行； b）干净、整洁；无直径大于 1cm 以上的石子。	
		停靠站点设置		合理安排航站楼前道路专用车辆停靠站点和上、下客区域，避免人、车交叉，满足流量需要。	
		交通秩序		应确保交通秩序良好，疏导及时有效，无车辆非法载运现象。	
		无障碍设施		应符合 MH/T 5107 的规定。	
		交通通告		应醒目、规范、更新及时。	
		管理制度		应健全、有效。	
	场区道路	场区道路布置		路网布局合理，安全、便捷，符合机场各功能分区地面流程需要。	
		多航站楼交通		a）各航站楼之间地面交通应方便、顺畅、简捷，宜提供免费交通方式； b）应设置中英文标志，路标清晰、有效，旅客在无人指引下可顺利到达。	
	停车场（楼）	设施设备	停车位	应与机场客流量相适应，确保高峰时段停车有位；应规划长期、临时停车位，并适时提供临时车位的增补。	
			出入口	应不少于 2 个；停车位 500 个以上时，应不少于 3 个。	
			分区设置	宜按车辆用途、车型分区，保证车辆行驶顺畅。	
			标志标线	a）停车泊位线应设置定位标志； b）停车场（楼）出入口应设置限高标志； c）停车场（楼）内应设置限速、严禁烟火、禁止鸣笛等标志； d）停车场（楼）内应设置图形符号及文字标志，以指引航站楼方向； e）应规范、清晰、有效，颜色统一；符合 GB 5768 的规定。	

续表

二级指标	三级指标	四级指标	五级指标	标准	备注
进出机场的地面交通	停车场（楼）	设施设备	配置	a）应设置消防、监控、广播、照明、通风等设施，符合 GB13495 和 GB50067 的规定；露天停车场不必设置广播和通风设施； b）应设置电梯、洗手间等设施，与高峰小时客流量相适应； c）宜设置航班信息显示系统、商业零售等设施； d）与航站楼之间宜设置遮雨设施； e）应确保停车场（楼）内无线通信信号全覆盖； f）完好率应不低于 98%；应有应急预案有效疏导人员。	
			清洁	地面应清洁，无杂物。	
			照明	应根据使用要求及夜间车辆进出的频繁程度，合理设置，符合 GB50034 规定。	
		使用状况	开放时间	应全天 24h（小时）开放。	
			停车秩序	应有专人指挥，及时疏导，停车有序；管理人员应着工装并穿着反光背心。	
			安全	a）应有专人巡视，防火、防盗； b）监控录像应至少保留 3d（天）。	
			环境	应有专人负责全区域清洁；停车场（楼）内空气质量、噪声等环境指标应符合国家有关规定。	
			收费	a）收费处应贴挂中英文收费依据和标准，无乱收费现象； b）宜采用收费系统，并定期校准收费系统时钟； c）宜提供多种缴费方式，大型车场宜设中央收费区。	
			出、入等待时间	a）应动态调整开放的出、入口数量； b）95% 车辆出入等待时间应不超过 3min（分钟）。	
		无障碍停车设施	停车泊位	应在停车场靠近航站楼主要出、入口或靠近电梯处设置无障碍停车位；专用停车位应加宽，符合 MH/T 5107 规定。	
			停车位数量	每个停车场（楼）无障碍停车位数量应不少于停车位数量的 5‰，最少不少于 2 个。	
	机场巴士交通	服务时间		应能为最早与最晚航班提供服务；省际巴士应公示发车时刻表。	
		发车间隔	市区巴士	95% 的旅客等候时间应不超过 30 min。	
			省际巴士	应对外公布发车时刻表并按时刻表发车。	

续表

二级指标	三级指标	四级指标	五级指标	标准	备注
进出机场的地面交通	机场巴士交通	站点设置	机场站点	a）位置应合理，方便旅客寻找、候车、乘车； b）巴士站点与航站楼间应建立醒目的中、英文指向标志； c）应提供运营时间、停靠站点等中、英文服务信息提示； d）旅客等候区域应防雨、雪； e）省际巴士站点应设置座椅并按国家有关法规配备安检设施。	
			路线沿途站点	a）线路应覆盖火车站、长途汽车站等市区主要交通枢纽及其经停站； b）站点位置应合理，方便旅客寻找、候车、乘车； c）应设置售票厅（处），运营时间内有工作人员值守。	
		服务指南		a）应提供营运时间及发车间隔； b）应提供线路、站点介绍及其他旅客须知； c）应在车站及车内醒目位置公布服务监督电话。	
		车辆配置		a）应提供与机场旅客流量、机型相适应的车辆； b）车内空间应宽敞、明亮，配有空调设施； c）车况应良好，车内设施完好率应不低于90%； d）车身应清洁，车内座椅、座套无污渍； e）应提供充足的旅客行李存放空间，妥善看管旅客行李； f）车内应提供旅客指南，明示路线及站点介绍。	
		收费		应明码标价。	
		司售人员		a）应为旅客免费装卸行李； b）应耐心、热情、规范、周到； c）应具备基本的英语沟通能力。	
	出租车	出租车候车区		a）位置应合理，方便旅客寻找、候车、乘车； b）旅客等候区域应防雨、雪； c）应在出租车候车区域公布服务监督电话； d）应提供服务指南及其他旅客须知信息； e）宜提供本市（地区）地图； f）出租车候车区域应有专人维护秩序，建立服务于老、弱、病、残、孕等特殊旅客的优先乘车流程； g）I类机场宜提供去往市区主要地段的出租车里程参考。	

续表

<table>
<tr><th>二级指标</th><th>三级指标</th><th>四级指标</th><th>五级指标</th><th>标准</th><th>备注</th></tr>
<tr><td rowspan="5">进出机场的地面交通</td><td rowspan="3">出租车</td><td>调度与管理</td><td></td><td>a）应有专人调度，高效排车、放车；
b）应有长短途登机制度，安装配置相关监控设施设备；
c）机场应与出租车运营单位签订运营协议；
d）应有交通执法部门参与出租车管理工作；
e）应建立出租车运力不足预案，并配套做好旅客疏导组织工作。</td><td></td></tr>
<tr><td>调度人员</td><td></td><td>应具备基本的英语沟通能力。</td><td></td></tr>
<tr><td>车辆配置</td><td></td><td>a）应提供与机场旅客流量相适应的车辆；
b）车况应良好，车内外清洁，座椅、座套无污渍。</td><td></td></tr>
<tr><td>其他</td><td></td><td></td><td>I 类机场宜提供轨道交通、汽车租赁等服务。</td><td></td></tr>
<tr><td>交通中心</td><td></td><td></td><td>I 类机场宜设置。</td><td></td></tr>
</table>

资料来源：《民用运输机场服务质量》标准 MH/T 5104-2013。

任务二　候机楼问询服务

候机楼问询提供诸如航班信息、机场交通、候机楼设施使用等一揽子问询服务。问询服务往往能直接解决旅客在旅行过程遇到的许多麻烦，或能为旅客解决问题指明方向，因而深受旅客欢迎，已经成为航空运输企业旅客服务的不可或缺的窗口。

图 3–1　问询服务

一、问询服务的分类

问询服务根据服务提供方的不同可以分为航空公司问询、机场问询和联合问询，其中联合问询是航空公司与机场共同派出问询服务人员组成联合问询柜台，向旅客提供的最为全面的问询服务。

问询服务根据服务提供方式的不同可以分为现场问询和电话问询。现场问询是指在问询柜台当面向旅客提供问询服务；电话问询是通过电话方式向打来电话的客人提供各类问询服务，通常电话问询还可以分为人工电话问询和自动语音应答问询。人工电话问询主要用来解决旅客提出的一些比较复杂或非常见的问题；自动语音应答则由旅客根据自动语音提示进行操作，通常能较好地解决旅客所关心的常见问题，它能大大地节省人力，提高服务效率。

根据服务柜台的设置位置不同，还可以将问询服务分为隔离区外的问询服务和隔离区内的问询服务。

二、问询服务的岗位职责和要求

（一）首问责任制

“首问责任制”服务，即旅客求助的第一位工作人员有责任在第一时间确保准确答复或有效解决问题的前提下提供优质服务，否则必须将用户指引到能提供有效服务的单位或岗位。

首问责任制最早来源于政府行政部门为解决长期以来存在的办事效率低下、不负责任、相互推诿等问题而制定与实施的一项制度。由于该制度适合于许多服务性行业，故也为国内民航运输企业所广泛采用。

当旅客提出问询服务要求时，由第一位接到信息的工作人员负责接待，对询问事项办理或协助办理、跟踪反馈，该服务人员即为首问责任人。提供协助或后续服务的人员或部门为第二责任人，相对于第一环节是后续服务的首问责任人。

（二）问询服务的岗位职责

（1）掌握航班动态，耐心、细致地回答现场旅客问询。

（2）负责做好电话问询工作。

（3）负责提供各类温馨预约服务，并向旅客介绍航空公司和机场服务的内容及特色。

（4）负责做好不正常航班的解释工作。

（5）做好前台服务，负责接待各类旅客及相关人员。

（6）完成上级领导安排的其他工作。

（三）问询服务的岗位要求

1. 一般要求

（1）每日值机柜台开启前到岗；检查电脑、电话等设施设备是否处于正常状态；如有故障要及时报修或调用备用设备，确保问询工作顺利进行。

（2）确保问询柜台始终有工作人员在岗，若有特殊情况需要离开，必须在柜台上放置“请稍等”指示牌。

（3）根据旅客提出的要求及时给予帮助；遇到无法解决的特殊问题，应该及时汇报。

（4）必须在国内或国际最后一个出发航班登机结束后，才可关闭柜台。

（5）旅客在现场提出投诉时，应该耐心解释并记录相关情况，及时向上级反映；如有必要可向旅客提供投诉电话。

2. 岗位知识要求

精通民航基础知识；掌握国际航空运输概论和旅客行李运输、客票等相关业务知识；初步了解旅游地理基础知识；熟悉民航旅客心理学基础知识；熟悉本部门各岗位工作程序，并且了解相关部门及联检单位的业务知识；熟悉《中国民用航空旅客、行李国内运输规则》和《中华人民共和国民用航空法》的内容及规定。

3. 业务处理要求

（1）现场问询

遇旅客问询应主动站立，5 米之内与旅客目光交流，努力做到表情自然、和蔼亲切；主动向旅客问好，细致、耐心地回答旅客问题，礼貌地向旅客道别；回答旅客问题时，应使用文明礼貌用语，做到语言简明清晰、语气温和、速度适中，忌用专业术语、服务禁语；回答旅客问题时，注意肢体语言（手不可放在口袋里或双手抱在胸前），避免出现有损企业形象的举止；必须双手交接旅客递交的票证和其他物品。

（2）电话问询

接听电话时铃响不超过三声，做到口齿清晰、速度适中、用语规范；回答旅客问题时，应简明清晰，语气温和并使用文明礼貌用语，忌用专业术语、服务禁语；努力提高电话接通率，禁止利用问询电话拨打私人电话。

三、问询服务质量标准

航空运输企业提供问询服务应该达到一定的质量标准（见表 3-2）。

表 3-2 问询服务质量标准

二级指标	三级指标	四级指标	五级指标	标准	备注
问询	柜台	设置		a）隔离区内、外应统一规划，与旅客流程衔接顺畅； b）位置应合理、易见，设有柜台指引标志； c）I 类机场应公示柜台开放时间，Ⅱ类（含）以下机场宜公示柜台开放时间。	
		服务设施		应设置航班信息显示系统； 在机场开放的时间内完好率应不低于 98%。	
	服务技能			a）应及时掌握航班信息动态，熟练使用航空信息查询系统； b）应熟悉航站楼各种服务设施及服务功能； c）I 类机场应具备英语沟通技能，Ⅱ类（含）以下机场宜具备英语沟通技能。	
	服务规范			a）接受问询时宜站立，礼貌服务，不用“不知道”“不清楚”等作答； b）应耐心细致，有问必答； c）接听电话，铃响应不超过 3 次； d）接受多名旅客同时问询时，应顺序作答； e）在岗期间不应做与工作无关的事情。	
	其他	流动问询		a）Ⅱ类（含）以上机场应提供，主动引导、指引并帮助旅客； b）Ⅱ类以下机场宜提供。	
		交通咨询		a）宜在行李提取厅区域设置相应设施； b）应正确引导旅客选择进、出机场路线和方式。	
		自助式查询		Ⅱ类（含）以上机场宜提供。	

续表

二级指标	三级指标	四级指标	五级指标	标准	备注
问询	其他	机场外部网站		a）Ⅱ类（含）以上机场应设立，为旅客提供准确、及时的乘机服务信息； b）Ⅱ类以下机场宜设立。	
		电话问询		a）Ⅰ类机场应提供服务热线，设置人工及自动语音查询功能； b）Ⅰ类以下机场宜提供。	
		旅客指南		a）应提供相应的中英文手册或须知信息； b）可根据地方及旅客特点，提供其他语言的版本。	

资料来源:《民用运输机场服务质量》标准 MH/T 5104-2013。

任务三　候机楼广播服务

公共广播系统是机场航站楼必备的重要公共宣传媒体设备，是机场管理部门播放航空公司航班信息、特别公告、紧急通知等语言信息的重要手段，是旅客获取信息的主要途径之一，也是提高旅客服务质量的重要环节。

一、候机楼广播服务系统的功能与组成

系统由基本广播、自动广播、消防广播三部分组成。广播系统应采用当今先进的计算机矩阵切换器，对各种音源进行管理和分配，并限定它们的广播范围和广播权限，使所有的广播呼叫站都在设定的范围内工作，避免越权广播。

系统有自动语言合成功能，可把数字信号转换成语言信号播出，合成后的语音应标准、自然、流畅。语种一般为中文普通话和英语。

系统有自动广播功能，在航班信息或航班动态信息的控制下，按时间顺序和不同的广播分区进行广播，无须操作人员的干预自动地进行。同时，航班信息的广播可与航班信息的显示同步。

系统设有噪声控制处理器，设置地点应包括国际、国内办票大厅，迎客大

厅，国际、国内候机厅，通过获取现场噪声信号自动调节音量和提高声调，增加语言的清晰度。

候机楼广播系统的功放设备应设有自检、备份功能，系统能自动检测功放故障，并自动将故障功放单元的负载切换至备用功放上，并显示报警，从而提高了系统的可靠性，使广播不致中断。

广播分区划分应结合工艺流程，按照建筑物的自然隔断而形成的不同功能区域来划分。

二、候机楼广播服务规范用语

为了提高候机楼广播服务的质量，我国民航于1995年制定和实施了候机楼广播服务用语规范（MH/T 1001-95）。作为行业服务标准，该规范的推出统一了全国范围内候机楼广播服务标准用语，提高了广播服务质量，适应了广播自动化的发展趋势。

（一）主题内容与适用范围

本标准对民航机场候机楼广播用语（以下简称广播用语）的一般规定、类型划分和主要广播用语的格式做出了规范。

本标准适用于民航机场候机楼广播室对旅客的广播服务。

（二）广播用语的一般规定

（1）广播用语必须准确、规范，采用统一的专业术语，语句通顺易懂，避免发生混淆。

（2）广播用语的类型应根据机场有关业务要求来划分，以播音的目的和性质来区分。一般应按本标准第（三）部分进行。

（3）各类广播用语应准确表达主题，规范使用格式。一般应按本标准第（四）部分进行。

（4）广播用语应以汉语和英语为主，同一内容应使用汉语普通话和英语对应播音。在需要其他外语语种播音的特殊情况下，主要内容可根据本标准第（三）、第（四）、第（五）部分广播用语汉语部分进行编译。

（三）广播用语的分类（见表 3–3）

表 3–3 候机楼广播用语分类

<table>
<tr><td rowspan="12">广播用语分类</td><td rowspan="8">1. 航班信息类</td><td rowspan="3">（1）出港类</td><td>A. 办理乘机手续类</td><td>a. 开始办理乘机手续通知
b. 推迟办理乘机手续通知
c. 催促办理乘机手续通知
d. 过站旅客办理乘机手续通知
e. 候补旅客办理乘机手续通知</td></tr>
<tr><td>B. 登机类</td><td>a. 正常登机通知
b. 催促登机通知
c. 过站旅客登机通知</td></tr>
<tr><td>C. 航班延误取消类</td><td>a. 航班延误通知
b 所有始发航班延误通知
c. 航班取消通知（出港类）
d. 不正常航班服务通知</td></tr>
<tr><td rowspan="5">（2）进港类</td><td>A. 正常航班预告</td><td></td></tr>
<tr><td>B. 延误航班预告</td><td></td></tr>
<tr><td>C. 航班取消通知（进港类）</td><td></td></tr>
<tr><td>D. 航班到达通知</td><td></td></tr>
<tr><td>E. 备降航班到达通知</td><td></td></tr>
<tr><td rowspan="2">2. 例行类</td><td>（1）须知</td><td></td><td></td></tr>
<tr><td>（2）通告等</td><td></td><td></td></tr>
<tr><td rowspan="2">3. 临时类</td><td>（1）一般事件通知</td><td></td><td></td></tr>
<tr><td>（2）紧急事件通知</td><td></td><td></td></tr>
</table>

资料来源：根据 MH/T 1001–95 整理。

（四）航班信息类广播用语的格式规范

航班信息类播音是候机楼广播中最重要的部分，用语要求表达准确、逻辑严密、主题清晰。所用格式一般应按本部分要求执行。

1. 规范的格式形式

（1）每种格式由不变要素和可变要素构成。其中，不变要素指格式中固定用法及其相互搭配的部分，它在每种格式中由固定文字组成。可变要素指格式中由动态情况确定的部分，它在每种格式中由不同符号和符号内的文字组成。

格式中符号的注释：

①表示在 ____ 处填入航站名称；

②表示在 ____ 处填入航班号；

③表示在 ____ 处填入办理乘机手续柜台号、服务台号或问询台号；

④表示在 ____ 处填入登机口号；

⑤表示在 ____ 处填入 24 小时制小时时刻；

⑥表示在 ____ 处填入分钟时刻；

⑦表示在 ____ 处填入播音次数；

⑧表示在 ____ 处填入飞机机号；

⑨表示在 ____ 处填入电话号码；

⑩表示 [　] 中的内容可以选用，或跳过不用；

⑪表示需从〈　〉中的多个要素里选择一个，不同的要素用序号间隔。

（2）每种具体的广播用语的形成方法。根据对应格式，选择或确定其可变要素（如航班号、登机口号、飞机机号、电话号码、时间、延误原因、航班性质等）与不变要素共同组成具体的广播用语。

2. 规范的格式内容

（1）出港类广播用语包括三类：办理乘机手续类、登机类和航班延误取消类广播。

A. 办理乘机手续类广播用语包括五种

a. 开始办理乘机手续通知

前往 ______ ①的旅客请注意：

您乘坐的［补班］⑩ ______ ②次航班现在开始办理乘机手续，请您到 ______ ③号柜台办理。

谢谢！

Ladies and Gentlemen,

May I have your attention, please?

We are now ready for check-in for [supplementary] ⑩ Flight ______ ② to ______ ① at Counter No. ______ ③.

Thank you.

b. 推迟办理乘机手续通知

乘坐［补班］⑩ ______ ②次航班前往 ______ ①的旅客请注意：

由于〈1. 本站天气不够飞行标准；2. 航路天气不够飞行标准；3.______ ①天气不够飞行标准；4. 飞机调配原因；5. 飞机机械原因；6. 飞机在本站出现机械故障；7. 飞机在 ______ ①机场出现机械故障；8. 航行管制原因；9.______ ①机场关闭；10. 通信原因〉⑪，本次航班不能按时办理乘机手续。［预计推迟到 ______ ⑤点 ______ ⑥分办理。］⑩请您在出发厅休息，等候通知。

谢谢！

Ladies and Gentlemen,

May I have your attention, please?

Due to〈1. the poor weather condition at our airport; 2. the poor weather condition over the air route; 3. the poor weather condition over the ______ ① Airport; 4. aircraft reallocation; 5. the maintenance of the aircraft; 6.the aircraft maintenance at our airport; 7. the aircraft maintenance at the _______ ① Airport; 8. air traffic congestion; 9. the closedown of ______ ① Airport; 10. communication trouble〉 ⑪, the［supplementary］⑩ Flight _______ ② to _______ ① has been delayed. The check-in for this flight will be postponed［to _______ ⑤ : ______ ⑥］⑩ . Please wait in the departure hall for further information.

Thank you.

c. 催促办理乘机手续通知

前往 ______ ①的旅客请注意：

您乘坐的［补班］⑩ ______ ②次航班将在 ______ ⑤点 ______ ⑥分截止办理乘机手续。乘坐本次航班没有办理手续的旅客，请马上到 ______ ③号柜台办理。

谢谢！

Ladies and Gentlemen,

May I have your attention, please?

Check-in for［supplementary］⑩ Flight ______ ② to ______ ① will be closed at ______ ⑤ : ______ ⑥ . Passengers who have not been checked in for this flight, please go to Counter No. ______ ③ immediately.

Thank you.

d. 过站旅客办理乘机手续通知

乘坐［补班］⑩ ______ ②次航班由 ______ ①经本站前往 ______ ①的旅客请注意：

请您持原登机牌到［ ______ ③号］⑩〈1. 柜台；2. 服务台；3. 问询台〉⑪换取过站登机牌。

谢谢！

Passengers taking［supplementary］⑩ Flight ____ ② from ____ ① to____ ①,

Attention, please.

Please go to the〈1. counter; 2. service counter; 3. information desk〉⑪［No. ______ ③］⑩ to exchange your boarding passes for transit passes.

Thank you.

e. 候补旅客办理乘机手续通知

持［补班］⑩ ______ ②次航班候补票前往 ______ ①的旅客请注意：

请马上到 ______ ③号柜台办理乘机手续。

谢谢！

Ladies and Gentlemen,

May I have your attention, please?

Standby passengers for［supplementary］⑩ Flight ______ ② to ______ ①, please go to Counter No. ______ ③ for check-in.

Thank you.

B. 登机类广播用语包括三种

a. 正常登机通知

［由 ______ ①备降本站］⑩前往 ______ ①的旅客请注意：

您乘坐的［补班］⑩ ______ ②次航班现在开始登机。请带好您的随身物品，出示登机牌，由 ______ ④号登机口上［ ______ ⑧号］⑩飞机。［祝您旅途愉快。］⑩

谢谢！

续

Ladies and Gentlemen,

May I have your attention, please?

[Supplementary] ⑩ Flight ____ ② [alternated from ____ ①] ⑩ to ______ ① is now boarding. Would you please have your belongings and boarding passes ready and board the aircraft [No. ____ ⑧] ⑩ through Gate No. ____ ④ ? [We wish you a pleasant journey.] ⑩

Thank you.

b. 催促登机通知

[由 ______ ①备降本站] ⑩前往 ______ ①的旅客请注意:

您乘坐的 [补班] ⑩ ______ ②次航班很快就要起飞了，还没有登机的旅客请马上由 ______ ④号登机口上 [______ ⑧号] ⑩飞机。[这是 [补班] ⑩ ______ ②次航班〈1. 第 ______ ⑦次；2. 最后一次〉⑪登机广播。] ⑩

谢谢!

Ladies and Gentlemen,

May I have your attention, please?

[Supplementary] ⑩ Flight ______ ② to______ ① [alternated from ______ ①] ⑩ will take off soon. Please be quick to board the aircraft [No. ______ ⑧] ⑩ through Gate No.______ ④ . [This is the〈1. ______ ⑦; 2. final〉⑪ call for boarding on [supplementary] ⑩ Flight______ ② .] ⑩

Thank you.

c. 过站旅客登机通知

前往 ______ ①的旅客请注意:

您乘坐的 [补班] ⑩ ______ ②次航班现在开始登机，请过站旅客出示过站登机牌，由 ______ ④号登机口先上 [______ ⑧号] ⑩飞机。

谢谢!

Ladies and Gentlemen,

May I have your attention, please?

[Supplementary] ⑩ Flight______ ② to ______ ① is now ready for boarding. Transit passengers please show your passes and board [the aircraft No.______ ⑧] ⑩ first through Gate No. ______ ④ .

Thank you.

C. 航班延误取消类广播用语包括四种

a. 航班延误通知

［由 ______ ①备降本站］⑩前往 ______ ①的旅客请注意：

我们抱歉地通知，您乘坐的［补班］⑩ ______ ②次航班由于〈1. 本站天气不够飞行标准；2. 航路天气不够飞行标准；3.______ ①天气不够飞行标准；4. 飞机调配原因；5. 飞机机械原因；6. 飞机在本站出现机械故障；7. 飞机在 ______ ①机场出现机械故障；8. 航行管制原因；9.______ ①机场关闭；10. 通信原因〉⑪〈1. 不能按时起飞；2. 将继续延误；3. 现在不能从本站起飞〉⑪起飞时间〈1. 待定；2. 推迟到 ______ ⑤ ______ ⑥分〉⑪。在此我们深表歉意，请您在候机厅休息，等候通知。［如果您有什么要求，请与［______ ③号］⑩〈1. 不正常航班服务台；2. 服务台；3. 问询台〉⑪工作人员联系。］⑩

谢谢！

Ladies and Gentlemen,

May I have your attention, please?

We regret to announce that［supplementary］⑩ Flight ______ ②［alternated from ______ ①］to ①〈1. cannot leave on schedule; 2. will be delayed to ______ ⑤ : ______ ⑥; 3. will be further delayed［to______ ⑤ : ______ ⑥］⑩; 4. cannot take off now〉⑪ due to〈1. the poor weather condition at our airport; 2. the poor weather condition over the air route; 3. the poor weather condition at ______ ① Airport; 4. aircraft reallocation; 5. the maintenance of the aircraft; 6. the aircraft maintenance at our airport; 7. the aircraft maintenance at the ______ ① Airport; 8. air traffic congestion; 9. the closedown of ______ ① Airport; 10. communication trouble〉⑪. Would you please remain in the waiting hall and wait for further information?［If you have any problems or questions, please contact with the〈1. irregular flight service counter; 2. service counter; 3. information desk〉⑪［No.______ ③］⑩.］⑩

Thank you.

b. 所有始发航班延误通知

各位旅客请注意：

我们抱歉地通知，由于〈1. 本站天气原因；2. 本站暂时关闭；3. 通信原因〉⑪，由本站始发的所有航班都〈1. 不能按时；2. 将延误到 ______ ⑤点 ______ ⑥分以后〉⑪起飞，在此我们深表歉意，请您在候机厅内休息，等候通知。

谢谢！

续

Ladies and Gentlemen,

May I have your attention, please?

We regret to announce that all outbound flights〈1. cannot leave on schedule; 2. will be delayed to ______ ⑤ : ______ ⑥〉⑪ due to〈1. the poor weather condition at our airport; 2. the temporary closedown of our airport; 3. communication trouble〉⑪ . Would you please remain in the waiting hall and wait for further information?

Thank you.

c. 航班取消通知（出港类）

[由 ______ ①备降本站] ⑩前往 ______ ①的旅客请注意：

我们抱歉地通知，您乘坐的[补班] ⑩ ______ ②次航班由于〈1. 本站天气不够飞行标准；2. 航路天气不够飞行标准；3.______ ①天气不够飞行标准；4. 飞机调配原因；5. 飞机机械原因；6. 飞机在本站出现机械故障；7. 飞机在 ______ ①机场出现机械故障；8. 航行管制原因；9.______ ①机场关闭；10. 通信原因〉⑪决定取消今日飞行，〈1. 明日补班时间；2. 请您改乘〈1. 今日 2. 明日〉，[补班] ⑩ ______ ②次航班，起飞时间〉⑪〈1. 待定；2. 为 ______ ⑤点 ______ ⑥分〉⑪。在此我们深表歉意。[请您与 [______ ③号] ⑩〈1. 不正常航班服务台；2. 服务台；3. 问询台〉⑪工作人员联系，[或拨打联系电话 ______ ⑨，] ⑩我们将为您妥善安排。] ⑩

谢谢！

Ladies and Gentlemen,

May I have your attention, please?

We regret to announce that [supplementary] ⑩ Flight ______ ② [alternated from ______ ①] ⑩ to ______ ① has been canceled due to〈1. the poor weather condition at our airport; 2. the poor weather condition over the air route; 3. the poor weather condition at the ______ ① Airport; 4. aircraft reallocation; 5. the maintenance of the aircraft; 6. the aircraft maintenance at our airport; 7. the aircraft maintenance at the ______ ① Airport; 8. air traffic congestion; 9. the closedown of ______ ① Airport; 10. communication trouble〉⑪ .〈1. This flight has been rescheduled; 2. You will take〈1. today's; 2. tomorrow's〉⑪ [supplementary] ⑩ Flight ______ ②〉⑪ [to tomorrow] ⑩ [at ______ ⑤ : ______ ⑥] ⑩ . [Would you please contact with〈1. irregular flight service counter; 2. service counter; 3. information desk〉⑪ [No.______ ③] ⑩ . [or call ______ ⑨ .] ⑩ We will make all necessary arrangements.] ⑩

Thank you.

d. 不正常航班服务通知

［由 ______ ①备降本站］⑩乘坐［补班］⑩ ______ ②次航班前往 ______ ①的旅客请注意：

请您到〈1. 服务台；2. 餐厅〉⑪凭〈1. 登机牌；2. 飞机票〉⑪领取〈1. 餐券；2. 餐盒；3. 饮料、点心〉⑪。

谢谢！

Passengers for［supplementary］⑩ Flight____ ②［alternated from ①］⑩ to ____ ①,

Attention, please.

Please go to〈1. service counter; 2. restaurant〉⑪ to get〈1. a meal coupon; 2. a meal box; 3. the refreshments〉 ⑪ and show your〈1. boarding passes; 2. air tickets〉 ⑪ for identification.

Thank you.

（2）进港类广播用语包括五种：正常航班预告、延误航班预告、航班取消通知、航班到达通知、备降航班准备通知。

A. 正常航班预告

迎接旅客的各位请注意：

由 ______ ①［、______ ①］飞来本站的［补班］⑩ ______ ②次航班将于 ______ ⑤点 ______ ⑥分到达。谢谢！

Ladies and Gentlemen,

May I have your attention, please?

［Supplementary］⑩ Flight ______ ② from ______ ①［, ______ ①］⑩ will arrive here at ______ ⑤ ： ______ ⑥.

Thank you.

B. 延误航班预告

迎接旅客的各位请注意：

我们抱歉地通知，由 ______ ①、［______ ①］⑩飞来本站的［补班］⑩ ______ ②次航班由于〈1. 本站天气不够飞行标准；2. 航路天气不够飞行标准；3.______ ①天气不够飞行标准；4. 飞机调配原因；5. 飞机机械原因；6. 飞机在 ______ ①机场出现机械故障；7. 航行管制原因；8.______ ①机场关闭；9. 通信原因〉⑪〈1. 不能按时到达；2. 将继续延误〉⑪，〈1. 预计到达本站的时间为 ______ ⑤点 ______ ⑥分；2. 到达本站的时间待定〉⑪。

谢谢！

Ladies and Gentlemen,

May I have your attention, please?

We regret to announce that [supplementary] ⑩ Flight ______ ② from ______ ①, [______ ①] ⑩〈1. cannot arrive on schedule; 2. will be delayed to ______ ⑤ : ______ ⑥ ; 3. will be further delayed [to______ ⑤ : ______ ⑥] ⑩〉⑪ due to〈1. the poor weather condition at our airport; 2. the poor weather condition over the air route; 3. the poor weather condition at ______ ① Airport; 4. aircraft reallocation; 5. the maintenance of the aircraft; 6. the aircraft maintenance at the ______ ① Airport; 7. air traffic congestion; 8. the closedown of ______ ① Airport; 9. communication trouble〉⑪ .

Thank you.

C. 航班取消通知（进港类）

迎接旅客的各位请注意：

我们抱歉地通知，由 ______ ①、[______ ①] ⑩飞来本站的［补班］⑩ ______ ②次航班由于〈1. 本场天气不够飞行标准；2. 航路天气不够飞行标准；3.______ ①天气不够飞行标准；4. 飞机调配原因；5. 飞机机械原因；6. 飞机在 ______ ①机场出现机械故障；7. 航行管制原因；8.______ ①机场关闭；9. 通信原因〉⑪已经取消。[〈1. 明天预计到达本站的时间为 ______ ⑤点 ______ ⑥分；2. 明天到达本站的时间待定〉⑪] ⑩。

谢谢！

Ladies and Gentlemen,

May I have your attention, please?

We regret to announce that [supplementary] ⑩ Flight______ ② from ______ ①, [______ ①] ⑩ has been canceled due to〈1. the poor weather condition at our airport; 2. the poor weather condition over the air route; 3. the poor weather condition at ______ ① Airport; 4. aircraft reallocation; 5. the maintenance of the aircraft; 6. the aircraft maintenance at the ______ ① Airport; 7. air traffic congestion; 8. the closedown of ______ ① Airport; 9. communication trouble〉⑪ . [This flight has been rescheduled to〈1. tomorrow at ______ ⑤ : ______ ⑥; 2. arrive〉⑪ .] ⑩

Thank you.

D. 航班到达通知

迎接旅客的各位请注意：

由 ______ ①、[______ ①] ⑩飞来本站的 [补班] ⑩ ______ ②次航班已经到达。

谢谢！

Ladies and Gentlemen,

May I have your attention, please?

[supplementary] ⑩ Flight ____ ② from ____ ①, [____ ①] ⑩ is now landing.

Thank you.

E. 备降航班到达通知

由 ______ ①备降本站前往 ______ ①的旅客请注意：

欢迎您来到 ______ ①机场。您乘坐的 [补班] ⑩ ______ ②次航班由于〈1.______ ①天气不够飞行标准；2. 航路天气不够飞行标准；3. 飞机机械原因；4. 航行管制原因；5.______ ①机场关闭〉⑪不能按时飞往 ______ ①机场，为了您的安全，飞机备降本站。[请您在候机厅内休息，等候通知。如果您有什么要求，请与 [______ ③号] ⑩〈1. 不正常航班服务台；2. 服务台；3. 问询台〉⑪工作人员联系] ⑩。

谢谢！

Passengers taking [supplementary] ⑩ Flight ______ ⑧ from ______ ① to ______ ①,

Attention, please.

Welcome to____ ① Airport. Due to〈1. the poor weather condition at ____ ① Airport; 2. the poor weather condition over the air route; 3. the maintenance of the aircraft; 4. air traffic congestion; 5. the closedown of ____ ① Airport〉⑪, your flight has been diverted at our airport for your security. Would you please remain in the waiting hall and wait for further information? If you have any problems or questions, please contact with the〈1. irregular flight service counter; 2. service counter; 3. information desk〉⑪ [No.______ ③] ⑩] ⑩ .

Thank you.

（五）例行类、临时类广播用语的说明

（1）各机场根据具体情况组织例行类广播，并保持与民航局等有关部门的规定一致。

（2）各机场根据实际情况安排临时类广播。当采用临时广播来完成航班信息类播音中未能包含的特殊航班信息通知时，其用语应与相近内容的格式一致。

三、广播服务质量标准

根据《民用运输机场服务质量》标准的规定，广播服务应达到如下质量标准（见表 3-4）。

表 3-4 广播服务质量标准

二级指标	三级指标	四级指标	五级指标	标准	备注
公众广播	设置			a）提供航班动态信息、服务信息和特别通告等广播应在 2 min 内发布； b）紧急类信息应立即发布； c）Ⅱ类（含）以上机场应使用分区广播，且区域间不应相互干扰；Ⅱ类以下机场宜分区； d）公共区域覆盖率应为 100%； e）可人工播音，也可数字语音合成播音； f）在航班保障时间内完好率应不低于 98%； g）符合 MH/T 5020 的规定。	
	使用			a）航班正常情况下，应控制广播的使用； b）登机口变更、旅客延误或取消、催促登机旅客等特殊信息及时广播，次数符合要求。	
	质量要求	规范性		应准确、清晰、流畅，音量适中，专业术语统一，语句通顺易懂，内容更新及时。	
		语种		a）应使用普通话、英语进行广播； b）少数民族地区宜增加民族语言广播； c）宜增加当地主要使用语言（如粤语、闽南语等）的广播。	
	系统应急			应有备份方案、应急方案。	

资料来源:《民用运输机场服务质量》标准 MH/T 5104-2013。

任务四　民航公共信息标识服务

作为机场服务设施的重要组成部分，机场公共信息标识系统是保障机场用户安全、顺畅、便捷、高效出行的重要基础设施，对机场流程效率、服务质量、用户体验和形象塑造具有重要影响。近年来，航空出行日益大众化、日常化，机场建设规模、航站楼流程组织等也发生了深刻变化，对机场航站楼标志标识和公共信息标识系统的设置提出了更高要求。在这一背景下，中国民航局于 2022 年 3 月发布了《民用机场公共信息标识系统设置规范》（MH/T 5059-2021），旨在提升机场的服务质量。下面我们对这一重要行业规范进行介绍。

一、公共信息标识系统设置规范

（一）标识系统通用原则

民用机场公共信息标识系统设置的通用原则包括系统协同、安全高效、清晰醒目、简洁易懂、连贯一致、融合共享。

“系统协同”要求标识系统规划应与机场建筑、功能、布局和流程协同，与各类地面交通方式协同，航站楼之间以及航站楼与卫星厅之间的衔接等协同；“安全高效”要求标识系统在满足安全通行的基础上，优先按照前往预期目的地最便捷的路线进行设置，确保直观简洁，以便高效通行；“清晰醒目”是指标识系统整体设计应当清晰醒目、美观大方，标识样式应服务于内容，此外还包括对颜色的使用要规范，文字、图形、符号等与底色要形成足够的对比度，环境照明也要充分考虑等；“简洁易懂”是指标识系统应确保信息简洁易懂，包括方向明确、符号正确、表述正确；“连贯一致”要求标识系统的设置应确保信息的连续性，直至行人或车辆顺利到达目的地；“融合共享”主要要求标识系统应遵循通用设计、融合共享原则，充分考虑使用的便利性，不因用户出行经验、文化水平、肢体残障等影响识别。

（二）标识系统规划策略

规范从五个方面规定了民用机场公共信息标识系统的规划策略，即环境分析、流程分析、空间分析、信息分层分级、编号及命名。

“环境分析”主要是指在标识系统规划时，首先应对所处的环境进行综合分析，包括建筑构型、空间规划、用户群体等；“流程分析”要求对机场功能布局、流程设计进行全面分析，明确必要的基础信息，根据不同流程绘制平面图或流程图，并结合用户信息需求进行分析（如图 3-2）；“空间分析”是为了使标识、广告、商业、艺术、景观等视觉元素有序统一，结合空间布局和现场环境，对机场不同类型视觉元素进行空间区分，防止相互干扰，以便观看者更好地建立空间感知，达到各类信息的最佳观看效果；“信息分层分级”主要是指标识系统在传递信息时，应结合空间布局、流程设计等因素，按照先概括后具体的顺序设置信息，避免信息超负荷；在对机场各区域空间、运行资源、服务设施进行编号及命名时，应遵循名地相符、指示明确、用字规范、词语简洁的原则，避免使用俚语、生僻字或晦涩难懂的表述。

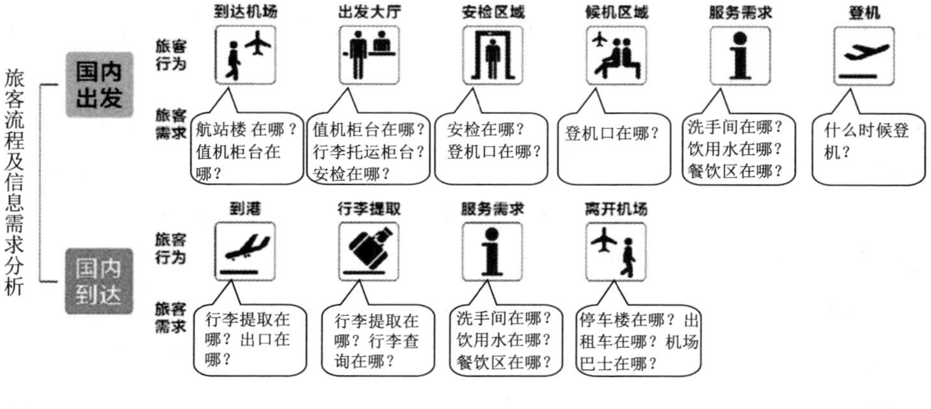

图 3-2 旅客流程及信息需求分析示意图

（三）标识系统的构成

标识系统由引导标识、位置标识、综合信息索引标识、提示告知标识、临时标识、电子标识等构成。

规范从多个方面对引导标识设置做了规定，比如在所有关键决策点附近均应设置引导标识，且引导标识应设置在观看者视线的前方，在室内环境下同一方向引导标识的间距应根据现场环境、人员流动密集程度等因素确定等；位置标识应清晰表明特定目标的位置，并便于观察者在不同角度识别，同时应为具备无障碍功能的设施或场所设置位置标识；综合信息索引标识通常设置在主要出入口、楼层转换区域、商业密集区域、问询柜台以及旅客行进路线上的关键决策点等位置；当某一设施、场所、功能需要提示、告知某种信息或限制、禁止某种行为时，应该为其设置相应的提示告知标识；当机场内正在开展维修、建设项目时，应在项目维修、建设期间设置临时标识予以说明；电子标识多用于动态信息的发布和实时更新，引导标识、位置标识、综合信息索引标识、提示告知标识、临时标识也可以电子标识形式呈现。

（四）标识系统通用设计要求

民用机场公共信息标识系统通用设计要求包括版面设计、方向符号、图形符号、文字、颜色、高度、视角、照明、无障碍标识设计等。

标识系统的版面设计中，方向符号和图形符号均应按照规定的基准尺寸进行设计，方向符号、图形符号、文字宜横向排列，三者之间间距有专门规定，文字高度等也都有详细规定；方向符号应与图形符号和（或）文字组合使用，且箭头方向不宜指向图形符号或文字，方向符号所指引的方向应清晰、明确；常用的图形符号将在后文做详细介绍；标识系统的文字应至少包括中英文，但不宜多于四种文字，少数民族自治地区的机场应增加当地通用民族文字，机场根据主要客源地旅客需求，宜增加客源地文字，文字信息应规范易懂、简单明了，确保在观察视距内被清晰识别；标识颜色的使用应与周围建筑空间环境相协调，同时应确保在环境中清晰醒目，图形符号和文字信息的颜色均应与标识版面底色之间形成明显对比；根据民用机场标识安装样式的不同（包括吊挂式、立柱式、悬挑式、附着式、嵌入式、台式、落地式、半落地式等），对安装高度有不同要求；为保证标识的醒目性，在标识的最大观察距离上，标识可视内容水平中心线与观看者视线正方向的偏移角宜在 5° 以内，最大偏移角度不宜超过 15°；标识照明根据发光形式不同分三种，即外部照明、内部照明和逆反射，标识设置应充分考虑标识所处位置在不同光照环境和天气条件下的可视性，条件允许时应为标识设置内部照明；无障碍标识设计应符合现行相关标准的规定，无障碍视觉标识、听觉标识、触觉标识也有具体规定。

（五）标识系统信息设置要求

根据信息传递的内容不同，民用机场公共信息标识系统在信息上主要由地面交通信息、乘机流程信息和服务功能信息构成。

地面交通信息设置时应考虑抵离机场的所有用户，同一交通方式的名称表述应保持一致，且优先使用中文表述，应为抵离机场的各类地面交通方式设置引导标识及位置标识，此外规范对航站楼前道路和停车场信息设置都有明确说明；对于乘机流程信息，规范从出发、到达、中转、联检区、旅客捷运系统、多个航站楼及卫星厅之间的连接、旅客倒流和城市航站楼等方面做出了具体规定；服务功能信息主要包括面向旅客开放或提供服务的设施和场所，洗手间、母婴室、母婴候机区、医疗急救等重要基础服务设施或场所，充电设施、无线网络、自动体外除颤器、无障碍辅助设备等基础服务信息以及航站楼餐饮、商店等商业服务信息。

（六）标识系统评估优化

民用机场公共信息标识系统的评估优化，包括标识评估、优化提升、效果验证和维护检修。

标识评估的目的是确保标识的有效性，并为标识系统优化提升和管理维修提供参考，各机场应结合实际情况开展标识评估；当机场流程、资源变更或运营信息发生较大调整时，均应对标识系统进行系统性的优化提升；在完成标识优化提升后，应对照既定目标并参考本规范进行现场效果验证；标识系统维护检修主要包括对标识日常清洁、箱体结构、零部件损耗、材质安全性及耐用性、外部及内部照明等方面的检查和修理，并应符合现行国家标准。

二、民用机场常用公共信息图形符号

03

延伸阅读

表 3-5 所示的民用机场常用公共信息图形符号选自《民用机场公共信息标识系统设置规范》（MH/T 5059-2021）附录 A，应熟悉

其图形符号、含义及说明。

表 3–5　民用机场常用公共信息图形符号（MH/T 5059–2021）

图形符号	含　义	说　明
	机场巴士 Airport Bus	表示机场巴士车站或提供机场巴士客运服务
	网约车 Ride-Hailing Car 或 E-Hailing	表示网约车上下客的场所或位置
	摆渡车 Shuttle Bus	表示陆侧摆渡车车站或提供陆侧摆渡车客运服务
 	旅客捷运系统 APM 或 Automated People Mover	表示全自动无人驾驶载客运输系统，通常用于机场内部特定目的地之间的穿梭运行
	飞机；机场；航站楼 Aircraft 或 Airport 或 Terminal	表示民用飞机场、航站楼或提供民用航空服务的场所或位置
	出发 Departures	表示飞机或旅客出发及送客的场所或位置 设置时可根据实际情况将图形符号镜像使用
	到达 Arrivals	表示飞机或旅客到达及接客的场所或位置 设置时可根据实际情况将图形符号镜像使用
	转机；中转 Transfer	表示办理中转手续及候机的场所或位置
	办理值机手续 Check-in	表示办理人工值机和行李托运等手续的场所或位置

续表

图形符号	含　义	说　明
	自助值机 Self Check-in 或 Self-Service Check-in	表示办理自助值机手续的场所或位置
	票务服务 Airline Tickets 或 Airline Ticketing	表示提供机票购买、退改签或行程单打印服务的场所或位置
	行李托运 Baggage Check-in	表示办理人工行李托运的场所或位置
	自助行李托运 Self-Service Baggage Check-in 或 Self-Service Baggage Drop	表示办理自助行李托运的场所或位置
	超规行李 Oversized Baggage	表示办理超规行李托运或提取手续的场所或位置
	行李提取 Baggage Claim	表示提取行李的场所或位置
	行李检查 Baggage Check	表示对行李进行安全检查的场所或位置
	安全检查 Security Check	表示对旅客进行安全检查的场所或位置
	海关 Customs	表示进行海关检查的场所或位置

续表

图形符号	含　义	说　明
	红色通道 （有申报物品） Red Channel （Goods to Declare）	表示有需要申报物品的旅客通过的通道
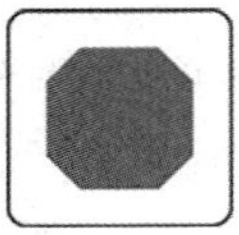	绿色通道 （无申报物品） Green Channel （Nothing to Declare）	表示没有需要申报物品的旅客通过的通道
	卫生检疫 Quarantine	表示对出境人员、交通工具、货物、行李、邮包和食品实施检疫查验、传染病检测、卫生监督、卫生检验的场所或位置
	动植物检疫 Animal and Plant Quarantine	表示对输人、输出和过境动植物及其产品和其他检疫物实施检疫的场所或位置
	边防检查 Immigration	表示对旅客进行边防护照检查的场所或位置
	指纹采集 Fingerprint Collection	表示对旅客进行指纹采集的场所或位置
	候机区 Waiting Area	表示供旅客候机、休息的场所或位置
	登机口 Gate	表示旅客登机的场所或位置，英文可根据实际情况使用复数形式 设置时可根据实际情况将图形符号镜像使用
	问讯 Enquiry 或 Information	表示设有专职工作人员进行咨询服务，并可同时提供平面图、地图、指南、手册等各种资料的场所或位置

续表

图形符号	含　义	说　明
	信息服务 Information	表示不设工作人员，仅提供平面图、地图、指南、手册等各种资料的场所或位置
	哺乳室；母婴室 Nursery 或 Baby Care	表示可喂哺婴儿或给婴儿更换尿布的场所或位置
	头等舱 / 公务舱休息室 Airlines Lounge	表示供头等舱、公务舱、航空公司会员等旅客休息或候机的场所或位置 设置时可根据实际情况使用机场或航空公司徽标及名称
	充电区 Charging Station	表示提供充电服务的场所或位置
	医疗急救 Medical First Aid	表示提供机场医疗救护的场所或位置，如急救站、医疗点、医务室等 根据《民用运输机场应急救护设施设备配备》（GB 18040）规定，设置于公共区域的应急救护引导标识，应标注应急救护联络电话
	医疗急救 Medical First Aid	表示提供机场医疗救护的场所或位置，如急救站、医疗点、医务室等，设置时可根据实际情况将图形符号镜像使用 根据《民用运输机场应急救护设施设备配备》（GB 18040）规定，设置于公共区域的应急救护引导标识，应标注应急救护联络电话
	自动体外除颤器 AFD	表示提供自动体外除颤器的场所或位置
	行李手推车 Baggage Cart	表示供旅客使用的行李手推车的存放场所或位置

续表

图形符号	含　义	说　明
	行李查询 Baggage Inquiries	表示查询行李的场所或位置
	行李寄存 Baggage Storage 或 Left Luggage	表示临时存放行李的场所或位置
	商店；商场 Shop 或 Shopping Area	表示出售各种商品的场所或位置，英文可根据实际据情况使用复数形式
	货币兑换 Currency Exchange	表示提供各种外币兑换服务的场所或位置
	退税 Tax Refund	表示办理退税手续的场所或位置
	免税店 Duty Free	表示出售免税商品的场所或位置
	免税商品提取 Duty Free Pickup	表示提取免税商品的场所或位置
	员工通道 Staff Only	表示工作人员、机组人员通道
	急客通道 Fast Check Lane	表示供旅客快速办理值机、安检手续或乘坐交通工具的通道

续表

图形符号	含 义	说 明
	警务室 Police Office	表示警务人员的工作场所或位置
	制证 Temporary ID Card	表示办理临时身份证明的场所或位置

任务五 候机楼卫生防疫服务

航空旅行的特点决定了卫生防疫措施对其十分重要。霍乱、瘟疫、黄热病等传染性疾病在过去曾经是各国针对航空旅行者的主要防疫目标，登革热、禽流感、非典、埃博拉、中东呼吸综合征、新型冠状病毒等传染性疾病近年来进入人们视线。其中 2002 年 11 月 ~2003 年中期发生的非典疫情给我国航空运输业带来较大冲击，而 2019 年年末开始的新冠疫情则对全球航空运输业都造成了不可估量的损失。

机场候机楼作为人员高度密集且流动性极大的公共场所，卫生防疫重要性不言而喻。候机楼卫生防疫服务主要涉及以下两个方面的内容：一是有关疫情防控的法律法规；二是针对机场候机楼疫情防控行业层面的具体措施。

一、与候机楼疫情防控有关的法律法规

与疫情防控有关的法律、法规、部门规章、司法解释等总计有数十部之多，这里我们介绍几个和候机楼疫情防控关联性比较强的法律法规，这些法律法规是民航部门制定具体防疫措施的法律依据和指导原则。

（一）《中华人民共和国传染病防治法》

《中华人民共和国传染病防治法》（以下简称《传染病防治法》）将传染病分为甲类、乙类和丙类。甲类传染病是指：鼠疫、霍乱；乙类传染病包括新型冠状病毒、传染性非典型肺炎、艾滋病、病毒性肝炎、脊髓灰质炎、人感染高致病性禽流感、流行性出血热、登革热、炭疽等二十余种疾病；丙类传染病包括流行性感冒、流行性腮腺炎、风疹、急性出血性结膜炎、麻风病等近十种疾病。国家卫健委发布的2020年第1号公告，明确将新型冠状病毒感染的肺炎纳入《传染病防治法》规定管理的乙类传染病，并采取甲类传染病的预防、控制措施。机场疾病预防控制机构以及国境卫生检疫机关发现甲类传染病病人、病原携带者、疑似传染病病人时，应当按照国家有关规定立即报告。

（二）《中华人民共和国国境卫生检疫法》

《中华人民共和国国境卫生检疫法》（以下简称《国境卫生检疫法》）是为了防止传染病由国外传入或者由国内传出，实施国境卫生检疫，保护人体健康而制定。该法规定国际通航的机场应设立国境卫生检疫机关，实施传染病检疫、监测和卫生监督。其中检疫传染病是指鼠疫、霍乱、黄热病以及国务院确定和公布的其他传染病，监测传染病由国务院卫生行政部门确定和公布。国家卫健委发布的2020年第1号公告将新型冠状病毒感染的肺炎纳入《国境卫生检疫法》规定的检疫传染病管理。有关卫生检疫的具体内容可参见本教材项目七任务三的相关内容。

（三）《突发公共卫生事件应急条例》

《突发公共卫生事件应急条例》是为了有效预防、及时控制和消除突发公共卫生事件的危害，保障公众身体健康与生命安全，维护正常的社会秩序制定的条例。所谓突发公共卫生事件是指突然发生，造成或者可能造成社会公众健康严重损害的重大传染病疫情、群体性不明原因疾病、重大食物和职业中毒以及其他严重影响公众健康的事件。新型冠状病毒造成的疫情属于条例所指的突发公共卫生事件范畴。条例规定交通工具上的传染病病人密切接触者，由交通工具停靠点的县级以上各级人民政府卫生行政主管部门或者铁路、交通、民用航空行政主管部门，根据各自的职责，依照传染病防治法律、行政法规的规定，采取控制措施；涉及国境口岸和入出境的人员、交通工具、货物、集装箱、行李、邮包等需要采取传染病应急控制措施的，依照国境卫生检疫法律、行政法规的规定办理。

（四）《公共场所卫生管理条例》

机场候机楼作为公共场所，应该符合我国《公共场所卫生管理条例》及其实施细则的卫生防疫要求。该条例适用于候诊室、候车（机、船）室、公共交通工具以及其他类型的公共场所。条例要求空气、微小气候（湿度、温度、风速）、顾客用具和卫生设施等项目应符合国家卫生标准。在卫生管理方面，条例要求公共场所的主管部门应当建立卫生管理制度；经营单位应当负责所经营的公共场所的卫生管理，建立卫生责任制度；公共场所直接为顾客服务的人员，持有“健康合格证”。条例的很多具体卫生防疫要求通过实施细则落实，这里不再详细介绍。

二、候机楼疫情防控的具体措施

民航部门依据上位法律法规的要求，制定具体的防疫措施。具体到候机楼防疫，这里主要介绍民航局于 2021 年 2 月发布的《运输机场疫情防控技术指南》（第七版）。该指南在疫情期间持续更新，截至 2022 年 8 月已经更新至第九版。它是民航局出台的针对新型冠状病毒的具有行业特色的卫生防疫措施，了解和熟悉这些内容，不仅对于实现新冠病毒常态化疫情防控，对于后疫情时期候机楼日常卫生防疫同样具有价值。需要指出的是，随着疫情变化该指南将可能进一步调整优化，使其变得更加科学、精准、细化，实际工作中应注意参照最新的防疫指南。

（一）设施及区域设置

（1）候机楼应配备经过校准的非接触式体温检测设备，对所有进出港旅客进行体温检测，候机楼入口处设置检查点，要求旅客佩戴口罩进入候机楼。

（2）航班始发地所在省、自治区、直辖市范围内有现存本土病例时，应有专人查验进入航站楼旅客的健康码。如有必要应检查核酸检测阴性证明，检测结果的有效时限依据当地有关部门的管理规定执行。

（3）在候机楼适当位置为旅客提供必要的手部清洁消毒产品，并及时更换。

（4）为疫情严重国家 / 地区以及搭载可疑旅客的落地航班提供固定机位停靠，并设置专门的旅客通道，参照远机位标准提供保障。

（5）设置发热隔离区。

①区域保证通风良好、客流密度低、相对独立、便于封闭管理。

②体温复测区可采用全封闭式帐篷。

③外围应设置警戒线或明显标识。

④储备必要的防控物资，如空气消毒机、医用防护服、医用防护口罩、护目镜、一次性无菌手套、医疗垃圾袋等。

（二）发热旅客处置

（1）如发现发热旅客，应立即登记发热旅客的个人信息和联系方式。

（2）及时通知机场医疗部门进行体温复测、初步流行病学调查和隔离。初步判定为可疑病例的，应登记密接人员（未采取有效防护下曾与其有 1 米内近距离接触）的个人信息和联系方式。

（3）报告当地卫生部门，并配合做好发热旅客的交接工作。

（4）当发热人员离开机场隔离区后，应对该区域及发热人员行走路径进行消毒处理。

（三）保持有效距离

（1）提倡自助值机、手机 APP 值机、扫码登机等非接触式登机方式，优化行李领取流程，避免聚集等待，减少人员接触。

（2）控制厢式电梯每次乘坐人数，增加摆渡车班次，在行李提取等候区设立立柱和地面标记，使旅客保持 1 米以上间距，避免旅客聚集。

（3）候机大厅人群控流

①采取控流疏导措施和预警机制，及时向旅客 / 相关人员发布动态提示。

②告知并引导旅客 / 相关人员保持 1 米以上距离，防止人员大量聚集。

③候机大厅内旅客过于密集时，及时引导疏解。

④不同人群密度时的具体控流措施，可参照相关细则进行。

（4）空调系统和通风

①根据航站楼结构、布局和当地气候条件，采取切实可行的措施，加强空气流通。

②气温适合的应开门开窗，采用自然通风。

③采用全空气空调系统的，可视情全新风运行，并开启排风系统，保持空气清洁。

④室内温度达不到要求时可降低送风量。人员流动较大时，每天航班结束后，空调系统新风与排风系统应继续运行一段时间。

⑤旅客过于密集时，应根据人群密度，调整通风换气效率。

⑥摆渡车运行时尽量开窗低速行驶或使用空调外循环，保持良好通风。通过增加班次降低载客率，尽量保证乘客间1米以上距离，或按车辆核载人数减少10%的载客率，避免人员聚集。

（四）设备及环境消毒

1. 摆渡车

（1）消毒方法参考国务院应对新型冠状病毒感染肺炎疫情联防联控机制《公共交通工具消毒操作技术指南》（肺炎机制发〔2020〕13号）。

（2）每日停运后进行预防性消毒，采用擦拭或喷洒消毒法，对吊环、扶手、座椅等高频接触物表重点消毒，轮胎不用消毒。

（3）如搭载过可疑旅客，应由专业人员进行终末消毒。

2. 安检区域

（1）安检通道配备手消液。

（2）每日定时清洁消毒，根据人流量调整频次。

（3）每日运营结束后，对安检现场、垃圾桶等区域及设施进行湿式清扫，完成后进行全面消毒。

（4）对重点区域（如：验证柜台、行李整理区域、行李筐、手持金属探测器）和民航安检设施设备进行消毒处理。

3. 垃圾桶

（1）加强垃圾分类回收和清理，及时清运，垃圾回收后用含氯消毒剂

（500mg/L）喷洒或擦拭垃圾桶。

（2）如发现可能具有传染性的污染废弃物时，应按照医疗废物集中处理。

4. 机场公共区域

（1）按需对室内空气、公共环境及物表进行预防性消毒。根据人流量大小，按不同频次对高频接触物表进行消毒。

（2）旅客聚集重点区域建议每天至少进行两次环境消毒。

（3）如发现疑似、确诊病例或可疑旅客，或发现呕吐物、血液等感染性体液时，需由专业人员进行终末消毒处理。

（4）环境消毒操作规程，后文详细说明。

（五）入境客运航班保障措施

（1）为搭载可疑旅客及疫情严重国家 / 地区入境航班的旅客设置隔离候机区域，提供餐食等基本生活保障。旅客下机时至少应佩戴医用外科口罩，旅客离开隔离候机区域后应对该区域进行预防性清洁消毒。

（2）行李提取处应设立单独行李转盘，避免与其他航班旅客共同等候行李提取，减少人员交叉。

（3）为入境航班机组人员设置专门快捷通道进行流行病学调查、核酸检测和查验，尽量避免与同机旅客混行。

（4）转运大厅用隔离带将旅客和机组通道分开、分区域等待，或采取分时段入境等方式，避免旅客与机组接触。

（5）入境保障区域工作人员应避免与旅客和其他人员同时混用公共设施，尽量固定工作及上下班路线，避免与为国内旅客提供服务的员工混流。

（6）入境保障区域的生活垃圾和医用垃圾，消毒后通过专用通道运输转运。如无法设置专用通道转运，应相对固定路线，错峰转运。

（六）安检、医务、地面清洁、值机人员个人防护

不同类别人员采取不同防护标准，应急处置人员防护标准最高，一般应配备医用防护口罩、护目镜 / 面屏、一次性防护服或隔离衣、一次性医用橡胶或丁腈手套、一次性鞋套、一次性条形帽，机场医护、安检人员、清洁人员、值机人员防护标准依次降低。个人防护时应注意：

（1）佩戴口罩应紧贴面部，完全罩住口鼻。佩戴期间和摘口罩时，手不能触摸口罩外面，避免污染。口罩被分泌物浸湿或其他污染时，必须立即更换，更换前后均需进行手部清洁消毒。

（2）一次性防护用品使用后应置于专用垃圾袋中，按照有害垃圾进行处理。对于接触国际 / 地区高风险航班旅客及其活动区域的工作人员，其产生的废弃一次性防护用品应放置于黄色医疗废物收集袋中，扎紧塑料袋口后，按医疗废物集中处理。

（3）使用含醇类消毒湿巾或快速手消毒剂，做好手部清洁消毒。当不确定手是否清洁时避免用手接触口鼻和眼部。

（4）打喷嚏或咳嗽时，尽量低头或转头避开周围人员，并用纸巾或手肘衣服遮住口鼻。

（5）在接触或处理污染物后，应先用肥皂或洗手液在流动水下洗手，再进行手部消毒。

（6）对于可重复使用的护目镜，每次使用后应进行消毒干燥处理。如果护目镜带有防雾膜，应避免使用消毒剂擦拭，建议先清水冲洗后，在室内无人条件下，使用紫外灯消毒，保持近距离直接暴露照射 30 分钟以上。

（7）针对安检验证检查和人身检查岗位人员，应定期统一组织对工装进行高温蒸汽法消毒 20~40 分钟，或者 500mg/L 的含氯消毒剂浸泡 30 分钟，然后常规清洗。当应急处置时可用 75% 酒精擦拭或喷洒衣物表面消毒。

（七）机场环境及公共物表消毒操作规范

1. 预防性消毒

（1）空气消毒：气候条件适宜情况下，以自然通风为主，不建议采取化学消毒。空调通风系统应定期清洗、消毒。可采用 250mg/L~500mg/L 含氯消毒剂或 250mg/L 二氧化氯等喷洒或擦拭，作用 10~30 分钟。

（2）物体表面消毒：重点对人群聚集区域、高频接触的物体表面（如自助 / 人工值机柜台、证件查验柜台、电梯间按钮、扶手等），可考虑 250mg/L~500mg/L 含氯消毒剂或 250mg/L 二氧化氯等喷洒或擦拭作业，作用 30 分钟后清水擦拭干净。

（3）除有可疑污染物外，不建议对一般公共场所进行地面、安检隔离带等区域进行消毒，以防止带来次生危害。在条件允许时，部分场所可用紫外线代替消毒液对环境物表进行消毒。

2. 终末消毒

终末消毒程序按照《疫源地消毒总则》（GB19193-2015）附录 A 执行。现场消毒人员在配制和使用化学消毒剂时应做好个人防护。推荐选择下列方法之一：

（1）汽化（气化）过氧化氢消毒装置消毒法，可对空气和环境物表进行一体化消毒，具体操作按设备使用说明书进行。

（2）采用含 0.5% 过氧乙酸或 3% 过氧化氢或 500mg/L 二氧化氯，10~20ml/m^3 的量采用气溶胶喷雾方式进行空气消毒。消毒前关好门窗，喷雾时按先上后下、先左后右、对表面及空间均匀喷雾，作用 60 分钟后开窗通风。喷雾消毒后，按日常消毒方法对物体表面进行擦（拖）拭消毒。

（3）对于旅客重点区域采用 500mg/L~1000mg/ 含氯消毒剂喷洒或擦拭消毒，作用 30 分钟以上；有呕吐物、血液等感染性体液时，使用浓度为 10000mg/L，作用 30 分钟以上进行移除后再行清洁、消毒。

03

视频微课

任务六　候机楼商业零售服务

随着世界经济的发展，人民生活水平的提高，机场禁区内外的商业零售业已成为机场非航空业务收入的重要经济来源和增长点。候机楼零售业在整个非航空主营业务中占据重要位置，它是机场非航空主营业务收入的主要来源。

一、候机楼商业零售服务的主要类型

候机楼商业零售服务是机场面向旅客提供的服务，主要包括两种类型，即零售类商业服务和其他商业服务。

（一）零售类商业服务

1. 免税商品零售

免税店是指经海关部门批准，由经营单位在批准的地点设立符合海关监管要求的销售场所和存放免税品的监管仓库，向规定的对象销售、供应免税品的商店。机场免税店属于口岸免税店，通常经营附加值较高的世界名品和当地特色产品，高档化妆品、饰品、烟酒、高级手表、名牌服饰、箱包及皮具等是机场免税店最为常见的商品。航空出行，尤其国际航班候机时间相对较长，通常需要预留大量时间，为旅客消费创造了独特的条件和场景，结合免税商品的税收优惠吸引力和航空旅客支付能力较强的特点，使得机场免税店业务持续向好。

2. 餐饮、食品零售

餐饮、食品是机场候机楼零售的必需品，这是由机场作为客流集中的交通口岸属性决定的。由于航空出行需要办理行李托运、安全检查等手续，国际运输还可能涉及海关、边防和检疫检查，因此旅客在候机楼内停留时间较长，必然产生饮食需求。餐饮、食品零售服务在隔离区和非隔离区均有提供，以满足不同区域旅客的实际需求。这类零售服务通常由机场方通过特许经营招标引进第三方商户经营。

3. 日用百货零售

作为客流集中地，不同旅客的出行目的不同，就会延伸出各种不同的购物需求，因此候机楼也会提供日用百货零售，包括日常生活用品、工艺品、纪念品、地方特色产品等。

（二）其他商业服务

1. 航空保险服务

候机楼内通常设有保险销售柜台。一般所指的航空保险是指航空旅客人身意外伤害保险。它是保险公司为航空旅客专门设计的一种针对性很强的商业险种。它的保险期限从被保险乘客踏入保单上载明的航班班机的舱门开始到飞抵目的港走出舱门为止。它的保险责任是被保险乘客在登机、飞机滑行、飞行、着陆过程中，即在保险期限内因飞机意外事故遭到人身伤害导致身故或残疾时，由保险公司按照保险条款所载明的保险金额给付身故保险金，或按身体残疾所对应的给付比例给付残疾保险金。我国的航空旅客人身意外伤害保险由旅客自愿向保险公司投保，不同保险公司的产品可能存在差别，此保险金额的给付不免除或减少承运人应当承担的责任。近年来不少保险公司还推出了航班延误保险。投保人（乘客）根据航班延误保险合同规定，向保险人（保险公司）支付保险费，当合同约定的航班延误情况发生时，保险人（保险公司）依约给付保险金。

2. 住宿、旅游和租车服务

虽然大部分旅客都会事先预订好宾馆住宿，但总有旅客出于不同原因需要在机场及其周边临时住宿，候机楼通常设有宾馆酒店的服务柜台，可以为旅客提供服务。一些旅客还会有旅游和租车需求，候机楼内的第三方公司通常会设置服务柜台或营业场所，为旅客提供咨询或为事前预订的旅客办理取车、还车服务。

3. 休闲、娱乐服务

一些旅客在长时间候机过程中有休闲娱乐的需求，因此有的机场候机楼内设有儿童乐园、休闲健身、电动按摩等服务。

4. 金融、物流和通信服务

候机楼内通常设有多家银行的自动柜员机或人工服务柜台以满足旅客出行过程中存取款、外币兑换等金融服务需求。同时候机楼内一般也会有提供快递、包裹等物流服务的站点，提供移动通信业务办理和咨询的通信服务站点。

二、候机楼零售业的发展现状和特点

（一）候机楼零售业的发展现状

过去，欧洲机场商业零售业在世界机场中做得比较成功，其次是亚洲，北美各机场商业设施成熟度则参差不齐。

商业零售是欧洲机场利润的最主要来源，在机场发展中占据十分特殊的战略地位。从欧洲机场的现实情况看，绝大多数机场在航空性收入方面保持着盈亏平衡，有些机场则是亏损的。在这种环境下机场要想获得生存发展，就必须想方设法增加非航空性收入，因此欧洲各大型机场商业零售收入基本上占整个机场收入的 50% 以上。欧洲机场商业零售项目主要包括购物、餐饮、休闲服务等，如品牌商店、免税店、餐馆、酒吧、广告及邮电、银行、电信、药店、旅行社等。在这方面，购物是欧洲机场商业零售的大头，各类品牌店和免税店在欧洲机场内随处可见，占整个机场商业零售面积比例最大。从商业零售销售收入结构上看，基本的排序是：主要是购物，其次是服务、广告、餐饮等。

近年来，亚洲各国的机场比较重视非航空性收入，商业零售收入尤其是免税销售额增长较快。表 3–6 显示了疫情前 2019 年全球主要机场免税销售额情况。从免税销售总额看，亚洲的多个机场在免税销售总额上已经超越过去处于头部的欧洲大型机场。韩国仁川机场以 165 亿销售额位居全球第一，新加坡樟宜、迪拜、泰国曼谷机场与浦东机场基本接近，欧洲英法德三大机场随后。如果从人均免税消费额看，国内浦东和首都机场位居前列。

表 3–6　全球主要机场免税销售额（2019）

机场名称	国际旅客吞吐量（万人次）	免税销售额（亿人民币）	人均免税消费额（人民币）
仁川机场	7046	165	234
新加坡樟宜	6830	142	208
泰国曼谷机场	8345	141	169
迪拜机场	8640	141	163
浦东机场	3851	138	358
首都机场	2815	86	305
香港机场	7150	70	98
希斯罗机场	7610	55~85	70~110
巴黎（戴高乐 + 奥利）	8908	50	56
法兰克福机场	6318	30~50	47~80
白云机场	1871	19	103

过去，航空性收入是国内机场的主要收入来源，机场经营业绩与国外一流机场存在差距。近年来，通过大力发展非航空性业务，收入结构和经营业绩得以改善。处于头部的上海机场和首都机场非航空性业务收入占比均超过了50%，与国际一流机场接近，且发展势头良好。

（二）候机楼零售业的发展特点

发展完善的机场候机楼零售业普遍具有以下的特点。

1. 始终确立以消费者的需求为中心的原则

在国际上，机场零售业务的开展为枢纽建设、竞争中转和吸引过境旅客起到一定的作用。例如史基浦机场一直坚定不移地执行机场城市的战略方向，致力于不断发展机场城市的概念。在这里，人们可以完成各种社会活动包括消费、沟通、交流、休闲、娱乐、会议等，机场购物已经成为旅客航空旅行的一个重要组成部分。

2. 机场商业设施布局的侧重点逐步向安检内区域集中

戴高乐机场的各类商店明显分为两个区域，公众区和保留区。保留区即为安检内区域，需凭机票或者登机牌购买商品。机场内免税商店的商品价格与巴黎市区的价格相比没有任何区别。机场内的220家商店，有164家设在保留区域。

3. 运用“6P+2C”的营销组合加强日常候机楼零售业的经营管理

如表3-7所示。

表3-7 “6P+2C”的营销组合

营销方式	特　征
产品品种（Product Range）	保证商品品种的多样性和综合性，保证商品高品质。
价格保证（Price Guarantees）	让顾客觉得机场不会在价格和计价单位以及外汇换算上玩任何花样而欺骗他们。
购物场地（Place）	让旅客经历舒适性、方便性和创造性的体验，定期更新改造。
积极促销（Promotion）	有奖销售，推出新产品。
人员素质（People）	保证高质量服务，对人员定期培训，实施激励计划，开展高质量服务活动，服务质量监督检查，加强绩效考核，综合反馈管理。

续表

营销方式	特　征
扬己所长（Particular）	要充分发挥和巩固自己与众不同之处，例如无理由退货等，并积极创新。
引入竞争（Competition）	不让候机楼里的任何零售商可以独家垄断经营。
加强沟通（Communication）	以公共的方式与顾客进行沟通交流是非常有效的，例如英国机场在很多地方及网站上粘贴海报、派发传单等。

4. 为旅客提供一流机场购物体验，提升机场的品牌形象

例如，新加坡樟宜机场是世界大型机场之一，也是世界上最繁忙的国际机场之一。樟宜机场在世界民航业内以卓越的经营管理和优质的服务著称，多次获得世界最佳机场的荣誉。环球免税集团（简称为 DFS）1978 年开始与新加坡机场合作，努力为旅客提供一流服务，给旅客带来良好的机场购物体验，提升了机场的品牌形象。

案例

机场推行首问责任制　体现服务人性化

作为一名旅客，您是否有这样的经历：有了疑问却不知去哪里询问，身处安检通道却想问运输方面的问题，人在候机楼却想了解货物托运的常识。凡此种种，是否令出行在外的您深感不便呢？在大连机场，这一切都不再是问题，问问离您最近的工作人员吧，他们将时刻准备着为您提供最满意的答复。

对于不了解大连机场候机区域及登机流程的旅客来说，如何顺利完成从办理乘机手续到登机的全部过程，也算是一个不大不小的难题。尽管大连机场为了方便旅客乘机，在候机楼内设置了很多标志牌，但还是有些旅客感到无从下手。问到工作人员时，由于机场部门较多，业务相对独立，大部分员工很难直接解答本部门以外的问题，只能指引旅客到问讯处或相关部门获取帮助。

为了解决旅客的实际困难，使旅客从每一位工作人员那里都可以获取想要的信息，大连机场结合年初开展的“优质服务年活动”和向社会郑重公开的服务承诺，积极推行“首问责任制”，即要求旅客询问的第一名工作人员必须直接解答，使旅客的问题得到及时的解决。为了确保机场的每位员工都能在第一时间内为旅客释疑解惑，大连机场精心提炼了旅客经常询问的相关知识，印制成册，发给在候机楼工作的机场所属人员和驻场联检单位人员。这本手册共分五大项八十九条，涵盖了大连机场的服务承诺、常用信息、国内国际乘机常识、货物托运等内容，候机楼内主要设施地点、交通线路及各航空公司联系电话也尽在其中。“首问责任制”的推出，体现了机场服务人性化的特点，必将进一步提高大连机场的服务水平，不断为旅客提供优质服务。

问：什么是“首问责任制”？据你了解，国内还有哪些机场推行“首问责任制”？（至少举三个例子。你认为应该如何落实“首问责任制”？）

项目小结

1. 往返机场的乘客大致可以分为三类：旅客及其迎送人员，机场的工作人员，以及工作地或居住地位于机场附近的其他人员。

2. 机场和城市之间的联系方式主要有：轨道交通、直达巴士、常规公共交通、私人小汽车及出租车。

3. 进出机场的地面交通服务应该达到《民用机场服务质量标准》的要求。

4.“首问责任制”是机场问讯服务的重要制度。

5. 候机楼广播服务应该遵循候机楼广播服务用语规范（MH/T 1001–95）。

6. 民航公共信息标志的设置应该符合《民用机场公共信息标识系统设置规范》（MH/T 5059–2021）的规定。

7. 候机楼商业零售等非航空性收入对机场改善经营十分重要。

思考与练习

1. 进出机场的交通方式主要有哪些？各有何利弊？

2. 何谓“首问责任制”？

3. 候机楼广播用语是如何分类的？广播质量应该达到什么标准？

4. 什么是流程标志？民航标志中的流程标志包括哪些？

5. 民航公共信息标志对颜色和文字有什么要求?
6. 候机楼疫情防控主要涉及哪些法律法规?
7. 候机楼商业零售服务主要有哪些类型?

学习效果检测

扫描下方二维码，检测你的学习效果。

03

学习检测

04

课程思政

项目四
值机服务

项目导读

从航空公司的角度，值机服务即航空公司的旅客运输服务部门为旅客办理乘机手续的整个服务过程。本项目将介绍值机服务的基础知识、乘机手续办理的具体操作以及值机服务人员的岗位职责与服务质量。学习本项目同时应关注新技术、新理念在值机领域的不断广泛应用。

学习目标

知识目标：了解值机岗位工作流程，理解值机服务的时间规定，了解值机服务柜台的种类；掌握办理旅客乘机手续的整个步骤及其要求；明确值机服务人员岗位职责和应该达到的服务质量。

技能目标：熟悉值机服务的程序；能熟练地为旅客办理乘机手续。

素质目标：增强团队合作意识和集体荣誉感，培养工作过程中的创新意识和创新精神。

任务一　值机服务基础知识

一、值机服务的程序

（一）工作程序

（1）领取登机牌、行李牌、行李标识牌等业务用品，检查电脑、磅秤、传送带等是否运转正常，悬挂或显示“航班号”“到达站”的标牌，并登录离港系统。

（2）查验电子客票是否处于“OPEN FOR USE”状态，旅行证件是否真实有效。

（3）收运行李：检查行李包装、行李过秤、收取逾重 / 限重行李费。外包装如有破损，应拴挂免除责任行李牌。

（4）在系统中提取旅客姓名，接收旅客，打印登机牌；同时打印行李牌，并拴挂、粘贴行李牌。

（5）接收候补旅客，并通知增补餐食供应品。

（6）航班关闭后，核对旅客人数、登机牌发放数、行李重量、件数。

（7）航班上客时，协助登机口查找未登机旅客。

（8）与引导员、机组交接人数，同时说明相关重要旅客及特殊旅客情况。

（二）值机岗位工作流程

值机岗位工作流程如图 4-1 所示。

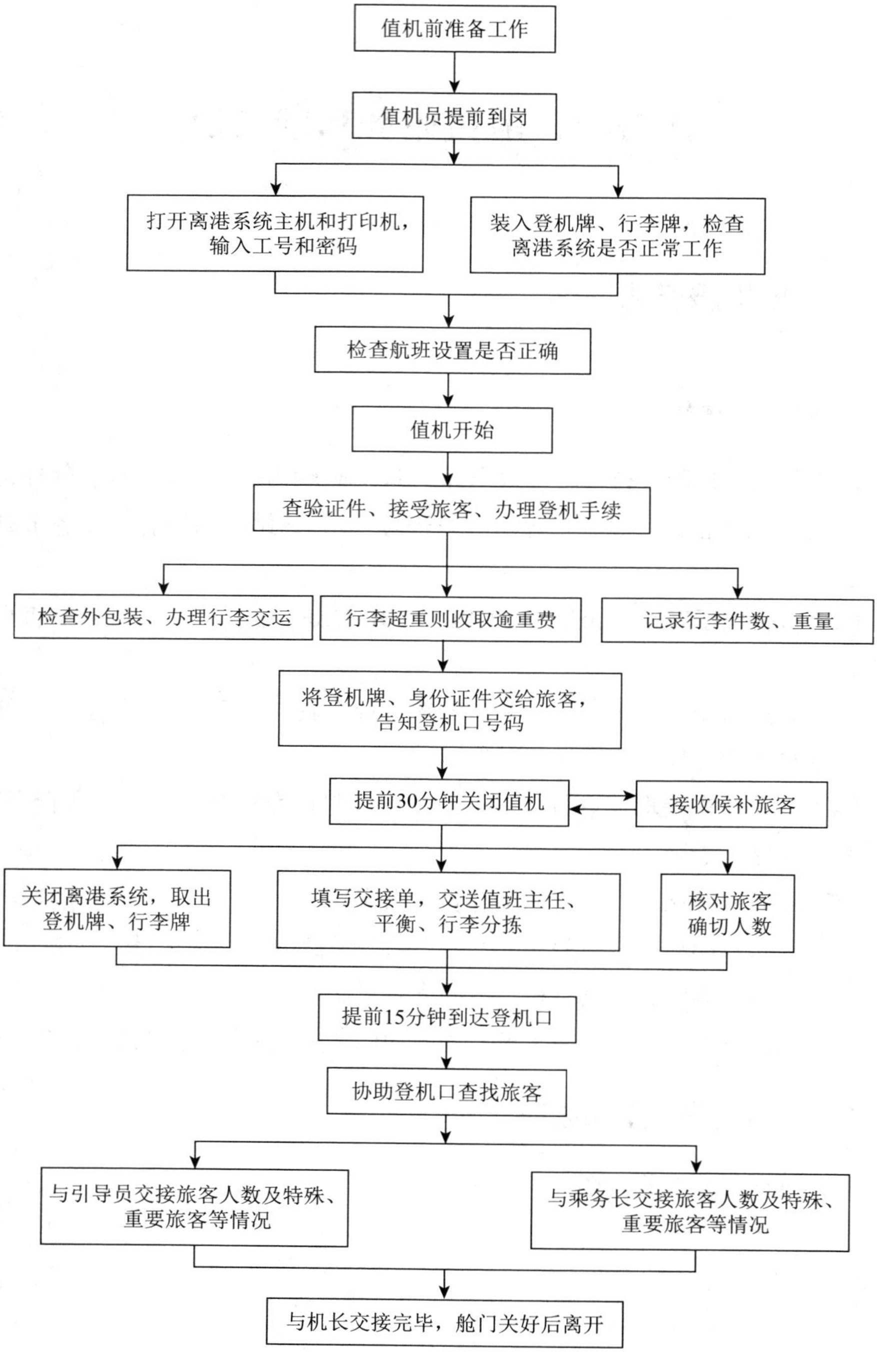

图 4–1　值机岗位工作流程图

二、值机服务的时间规定

（1）承运人规定的停止办理乘机手续的时间，应以适当方式告知旅客。通常关闭值机柜台的时间为航班规定离站前30分钟，目前部分机场由于安全检查级别上升，旅客安检时间较以前大幅增加，为确保旅客的准点出行率，值机关闭时间调整为航班起飞前45分钟（为便于介绍，后文涉及关闭值机时间均以30分钟为例）。

经常外出的人都知道，坐火车可以在火车发车前几分钟通过检票口进站上车，但为什么乘飞机要在航班起飞前30分钟结束办理乘机手续呢?

首先，根据民航有关规定，民航班期时刻表向旅客公布的起飞时间系指机场地面保障工作完毕，飞机关上客、货舱门的时间，而不是飞机离地升空的时间。离地升空时间与航班公布时间差在15分钟之内均为正点起飞。

其次，停止办理乘机手续到关机门期间，机场工作人员有以下工作要做：

①值机、配载人员要结算旅客人数、行李件数，结合货物装运情况计算飞机载重，画出平衡表及飞机重心位置，做好舱单后送交机组签字，这些工作大约需要15分钟。

②在进行上述工作的同时，广播室通知旅客开始登机，服务人员要核对登机牌，清点人数；旅客上飞机后，乘务员要再次清点人数，防止漏乘，然后进行飞机起飞前的准备工作，给旅客讲解有关注意事项和机上设备使用方法，检查行李架上的行李是否放好、旅客的安全带是否系好等工作；搬运队还要往机舱内装行李、货物、邮件，以上工作虽是同步进行，但全部完成需要20分钟。

③飞机关好舱门滑行到跑道起始点，等待机场或空中交通管制人员的放飞指令，这大约需要10分钟。

因此，从停止办理乘机手续到关机门大约需要30分钟时间，这期间民航方面需做大量的工作，稍有延迟，就可能造成航班延误。

（2）旅客应当在承运人规定的时限内到达机场，凭客票及本人有效身份证件按时办理客票查验、托运行李、领取登机牌等乘机手续。值机人员应该按时开放值机柜台，一般规定200座以上的机型，在航班到站时间前120分钟上岗；200座以下的，提前90分钟上岗；100座以下的，提前60分钟上岗。

（3）承运人应按时开放值机柜台，按规定接受旅客出具的客票，快速、准确地办理值机手续。

04

视频微课

三、值机服务的方式

传统的值机服务都是由航空公司设在机场候机楼内的人工值机服务柜台提供。随着信息技术的发展、绿色无纸化和便捷出行概念的提出，自助值机服务近年来正逐渐成为值机服务的另一个重要方式。

（一）人工值机

人工值机是传统的值机方式，航空公司在基地机场的人工值机服务通常由本公司地面服务人员承担，在外场的人工值机服务有时会委托给机场方或者所在机场的基地航空公司代为执行。人工值机总体服务质量高但是服务成本也高，因此柜台数量有限，高峰时经常排长队影响旅客服务体验。为了提高值机服务的速度和效率，各机场或航空公司可以根据自己公司所拥有的人工值机柜台数量进行合理分类。分类需要根据本地区本企业的旅客情况进行具体分析，分类的目的是为了保证值机柜台的值机质量和速度。通常人工值机服务柜台有如下几种：

1. 普通旅客柜台

任何旅客在指定的普通值机柜台都可办理登机、托运手续，行李较多的旅客应提早办理登机手续，以免耽误行程。

2. 值班主任柜台

乘坐各国际国内航班的 VIP、头等舱旅客、持有本航空公司会员卡的旅客都可以在此柜台享受与众不同的便捷或无缝隙的一条龙服务。

3. 会员专柜

此柜台为通过各航空公司特别会员服务方式订票的旅客提供在机场的取票服务，或提供大客户贵宾的乘机优质服务。还为旅客办理各航空公司俱乐部的现场入会手续，为持有会员卡的旅客查询旅程、旅程补登、制卡等服务。

4. 特殊旅客服务柜台

此柜台专为晚到旅客、有特殊需要的旅客（如无人陪伴儿童、孕妇、伤病旅客等）提供方便、快捷、舒适的服务，尽可能满足每一位旅客的特殊需求（注：晚到旅客应在保证航班正常的情况下方可办理乘机手续）。

5. 团体旅客柜台

此柜台专门为团体旅客办理乘机手续服务。

上述人工值机通常在机场候机楼内进行，但近年来一些地方通过建设城市航站楼，将机场航空服务前置到城市中心甚至周边城市（异地候机楼），对方便旅客出行、缓解机场航站楼客流压力和扩大机场服务辐射范围起到了积极作用。城市候机楼的基本功能通常包括机场候机楼除登机前安检以外的全部功能。在城市候机楼内的值机也被称为城市值机。

（二）自助值机

自助值机主要是指以“电子登机牌”为核心的“无纸化”便捷出行在行业内的推广及应用。电子登机牌是登机牌的“无纸化”，简称“EBP”（Electric Boarding Pass）。即以电子方式存储登机牌内容，包括旅客的姓名、航班号、登机口和座位号等，旅客通过航空公司、机场自营或授权的第三方平台值机办理二维码电子登机牌，凭借电子登机牌和有效身份证件完成安检、登机等乘机手续。2019 年，全国所有千万级机场国内自助值机出行旅客平均比例达 70.5%，全国所有千万级机场有超过 140 万人次的旅客体验了国际及地区航班自助值机方式出行。自助值机绿色环保，节约旅客时间，还大大节约了航空公司的值机服务人力成本，因此在近年来得到大力推行。

旅客办理自助值机手续有两个途径，即场内自助值机和场外自助值机。

1. 场内自助值机

场内自助值机指旅客在机场内借助自助值机设备，自行完成旅行证件验证、选择座位等值机手续（见图 4–2）。场内自助值机的优点在于自助值机设备通常设置在旅客办理后续安检、联检等手续的必经路线上，对于不需要办理行李托运的旅客十分便

图 4–2　候机楼内的自助值机柜台

捷，对不熟悉自助设备操作的旅客也可以及时得到工作人员帮助。

2. 场外自助值机

场外自助值机指旅客通过航空公司官网、APP、小程序、第三方平台、短信等方式，自行完成旅行证件验证、选择座位等值机手续。

（1）官网值机。指旅客通过航空公司官网登录自助值机界面，自行操作完成身份证件验证、选择确定座位等值机手续。

（2）APP 值机。指旅客通过航空公司 APP 程序，登录航空公司自助值机界面，自行操作完成身份证件验证、选择并确定座位等值机手续。

（3）小程序值机。指旅客通过微信中的小程序，登录航空公司自助值机界面，自行操作完成身份证件验证、选择并确定座位等值机手续。

（4）第三方平台值机。指旅客通过航旅纵横等第三方平台，自行操作完成身份证件验证、选择并确定座位等值机手续。

（5）短信值机。指旅客通过发送和接收短信息的方式办理值机手续。

任务二　办理旅客乘机手续

一、值机准备工作

（一）收集航班信息和运输信息

（1）查阅当天航班预报，了解执行航班的机型、机号、座位布局、预订离站时间、航线、经停点和终点站。

（2）通过订座系统，了解执行航班的旅客人数、座位登记和配餐情况以及重要、特殊旅客服务要求。

（二）准备有关表牌单据

（1）值机人员根据电脑订座人数，准备好相应数目的登机牌、行李牌等业务牌证。

（2）检查重要旅客标识牌、应急出口旅客须知卡、免除责任行李牌、航班交接单等业务表牌是否准备妥当。

（三）检查离港系统及相关设备

值机人员必须在规定的办理旅客乘机手续时间之前到达工作岗位。检查离港系统是否正常，输入工作号和密码，进入值机操作系统。检查行李传送带、打印机等相关设备是否工作正常。

二、查验有效身份证件及电子客票

（一）查验有效身份证件

办理乘机手续时应首先要求旅客出示有效身份证件。有效身份证件的范围可参阅本书项目二中有关旅客购票证件的内容。国内旅客最常用的证件是居民身份证，国际旅客最常用的是护照和签证。检查身份证件主要是查验身份证件是否合法且处于有效期内，核对旅客本人与证件照片是否相符，只有确定旅客本人持合法、有效身份证件才可用于乘机。国际旅客还需要检查签证的有效期、停留期、有效次数等。

（二）查验电子客票

（1）查验系统中的身份证件号码、姓名是否与旅客出示的身份证件完全一致，如不一致可拒绝办理。

（2）逐项核对旅客姓名、航班号、承运人、乘机日期、舱位等级、起飞时间、到达站、订座情况、签转限制条件等信息是否正确。

（3）检查客票是否在有效期内，确认电子客票状态为“OPEN FOR USE”。

三、座位安排

安排旅客座位是办理乘机手续中的一项重要工作。安排好旅客座位，不仅是提高旅客服务质量、搞好旅客上下飞机秩序的保证，而且能有计划地安排飞机的载重平衡，确保飞行安全。

（一）基本要求

（1）旅客座位的安排，应符合飞机载重平衡要求。

（2）按座位等级安排旅客就座，F 舱座位由前往后集中安排，Y 舱由后往前。

（3）团体、家庭或互相照顾的旅客安排在一起。

（4）不同政治态度和不同宗教信仰的旅客，不要安排在一起。

（5）国际航班在国内航段载运国内旅客时应与国际旅客分开安排。

（6）VIP 或需照顾的旅客，按旅客所定舱位等级情况及人数，预留相应座位。

（7）经停站有 VIP 或需照顾的旅客，事先通知始发站留妥合适座位。

（8）携带外交信袋的外交信使及押运员应安排在便于上下飞机的座位。

（9）应急出口座位应严格按规定发放。

04

延伸阅读

（二）应急出口座位

出口座位是指旅客从该座位可以不绕过障碍物直接到达出口的座位和旅客从离出口最近的过道到达出口必经的成排座位中的每个座位。

下面以某航空公司各机型的出口座位安排为例说明（见表 4-1）。

表 4-1　出口座位位置

机型	机号	应急出口位置
B767-300	2563、2567、2570、2498	17 排 AB、CDE、FG 18 排 AB、CDE、FG
B757-200	2808、2809、2810	9 排 BC 17 排 ABC、DEF 18 排 ABC、DEF
	2833、2834、2842、2843	8 排 BC 15 排 ABC、DEF 16 排 ABC、DEF
B737-700	2631、2632、2997	11 排 ABC、DEF
	2913、2577、2663	10 排 ABC、DEF

续表

机型	机号	应急出口位置
B737-800	2153	13 排 ABC、DEF 14 排 ABC、DEF
CRJ	3018、3020、3011	8 排 AC、DF

1. 出口座位旅客应完成的职责（所具备的能力）

（1）确定应急出口的位置。

（2）认出应急出口开启机构。

（3）理解应急出口的操作指示。

（4）操作应急出口。

（5）评估打开应急出口是否会增加由于暴露旅客而带来的伤害。

（6）遵循机组成员给予的口头指示或手势。

（7）收藏或固定应急出口，以便不妨碍使用该出口。

（8）评估滑梯的状况，操作滑梯，协助他人从滑梯离开。

（9）迅速地经应急出口通过。

（10）评估选择和沿着安全路线从应急出口离开。

2. 不宜在出口座位就座的情况

不宜在出口座位就座的情况是指机组成员确认旅客可能由于下述原因不具备上述 1 中所列的应当具备的一项或多项能力：

（1）该旅客的两臂、双手和双腿缺乏足够的运动功能、体力或灵活性导致能力缺陷，包括：向上、向旁边和向下达不到应急出口位置和应急滑梯操纵机构；不能握住并推、拉、转动或者不能操作应急出口操纵机构；不能推、撞、拉应急出口舱门操纵机构或者不能打开应急出口；不能把与机翼上方出口窗门的尺寸和重量相似的东西提起、握住、放在旁边的座椅上，或者把它越过椅背搬到下一排去；不能搬动在尺寸与重量上与机翼上方出口门相似的障碍物；不能迅速地到达应急出口；当移动障碍物时不能保持平衡；不能迅速走出出口；在滑梯展开后不能稳定该滑梯；不能帮助他人用滑梯离开。

（2）该旅客不足 15 岁，或者如没有陪伴的成年人、父母或其他亲属的协助，缺乏履行上述 1 中所列的一项或多项能力。

（3）该旅客缺乏阅读和理解本条要求的、由公司制定的出口座位旅客须知卡的能力，或者缺乏理解机组口头命令的能力。

（4）该旅客在没有隐形眼镜或普通眼镜以外的视觉器材帮助时，缺乏足够的视觉能力导致缺乏履行上述 1 中所列的一项或多项能力。

（5）该旅客在没有助听器以外的帮助时，缺乏足够的听觉能力听取和理解乘务员的大声指示。

（6）该旅客缺乏足够的能力将信息口头传达给其他旅客。

（7）该旅客具有可能妨碍其履行上述 1 中所列的一项或多项适用功能的情况或职责，例如要照料幼小的孩子，或者履行前述功能可能会导致其本人受到伤害。

3. 具体发放规定

（1）值机人员应将出口座位旅客须知卡摆放在值机柜台前显著位置，让旅客便于阅读。

（2）航班预计旅客人数不需占用出口座位时，不得将旅客安排在出口座位，需要使用出口座位时，应提前安排有能力的旅客就座出口座位。

（3）在办理出口座位乘机手续时，必须用明确的语言询问旅客是否愿意履行出口座位须知卡上列明的职责，在得到旅客的承诺以前值机人员不得将旅客安排在出口座位。

4. 更换出口座位规定

可以调换座位的情况是指在出口座位就座的旅客，按出口座位旅客须知卡进行自我对照，有下列情况时，可提出调换座位：

（1）属于不宜在出口座位就座情况的。

（2）不能确定自己是否具备应当具备的能力的。

（3）为了履行出口座位处的功能有可能伤害其身体的。

（4）不能履行出口座位处可能要求其履行的职责的。

（5）由于语言、理解等原因，不能理解出口座位旅客须知卡内容和机组成员讲解内容的。

（6）值机人员根据本条规定，确认被安排在出口座位上的旅客很可能没有能力履行上述 1 中所列的职责，或者旅客自己要求不坐在出口座位时，应立即将该旅客安排在非出口座位的位置。

（7）在非出口座位已经满员的情况下，如果需要将一位旅客从出口座位调出，值机人员应将一位愿意并且能够完成应急撤离功能的旅客调到出口座位处。

四、收运行李

行李运输是随旅客运输而产生的，与旅客运输有着不可分割的关系。收运行李主要包括以下工作内容：

（1）了解行李的内容是否属于行李的范围。

（2）了解行李内是否夹带禁运品、违法物品或危险品，是否有易碎易损、贵重物品或不能作为交运行李运输的物品。

（3）检查行李的包装是否符合要求；检查行李的体积、重量是否符合要求。

（4）行李过秤。

（5）免费行李额确定与逾重行李收费。

（6）打印并拴挂行李牌。行李牌拴挂位置适当，粘贴牢固，去除旧牌，拴挂新牌前与旅客再次确认目的地。

（关于收运行李的具体内容可参阅本书“项目五　行李服务”，此处不做赘述。）

五、打印并发放登机牌

结合旅客意愿和座位分配原则，安排座位并打印登机牌。登机牌是机场为乘坐航班的乘客提供的登机凭证，旅客在办理乘机手续时凭有效身份证件和电子客票换取登机牌。登机牌是旅客登机和对号入座的依据，是地面服务人员清点登机旅客人数的依据。

登机牌主要分为主联和副联两部分，主联由旅客保存直至该航班旅行结束，副联作为登机口清点已登机旅客人数的凭证。登机牌的样式不尽相同，但都必须包含以下信息：旅客姓名、航班号、日期、目的地、座位号、舱位、登机口、登机时间。

值机服务人员在旅客办理完乘机手续时将打印好的登机牌交给旅客，告知登机口号码并提醒旅客在规定的登机口关闭时间前登机。

六、值机柜台关闭

航班离站前30分钟，停止接收旅客，清点乘机联和行李牌。实行“全开放”柜台方式办理值机手续的，航班控制人员将在航班规定的离港时间前25分钟在离港系统中初始关闭。航班初始关闭后，值机柜台将不能再接收被关闭航班的旅客。

航班剩余座位在没有特殊要求预留的情况下，可按规定妥善安排超售、未能按时中转或晚到的旅客，如果另有余位，及时报值班主任了解是否有特殊旅客要优先候补，然后再通过候补票台进行补票。

对迟到的旅客，在其客票的背面注明迟到的时间，然后替旅客办理改签或退票手续，在不影响航班正点的前提下，可根据现场情况，经值班主任同意后予以办理乘机手续。

在截止办理乘机手续后，核对旅客人数，准确无误后，填好业务交接单，上联交平衡人员，下联交行李装卸人员。

旅客登机完毕后，值机人员上飞机与乘务人员当面交接旅客人数，待平衡人员交接完毕，飞机关上舱门后方可离岗。

任务三　值机服务人员的岗位职责与服务质量

一、值机服务人员的岗位职责

（一）值机部门的岗位设置

通常航空公司的值机部门可分为国际值机、国内值机和值机控制三块细分的业务，有些大型基地航空公司或有能力代理外航值机业务的航空公司还专门设有外航值机业务。每一块具体的业务下均设置不同级别的服务岗位，即值机室主任、值机主任和值机员。此外航空公司还可根据具体情况设置行李辅助员和票证检查员。

（二）值机部门的岗位职责

1. 值机室主任的岗位职责

国际国内值机室主任的岗位职责包括：负责值机室的各项日常工作；积极完成上级下达的生产任务，计划、布置、实施、检查本室的各项工作；协助分管经理制定值机室各项规章制度、规范化条例；检查员工仪容仪表，督促员工按照本公司及代理航空公司要求为旅客提供优质服务；负责考核下属值班主任及员工的业绩；协调值机室内外的各种关系，处理不正常事务，对现场服务质量和安全生产负责；了解航班生产过程中出现的问题，及时反馈并提出合理化建议；负责传达上级对于安全生产、业务操作、航班正点、服务质量的各项要求，并监督落实情况。

值机控制室主任主要负责航班不正常情况下的离港系统支持，以及为外站提供离港系统的业务指导与培训支持。

外航值机室主任还应负责与代理航空公司进行必要的沟通，妥善协调与代理航空公司之间的业务关系。

2. 值机主任的岗位职责

国际国内值机主任的岗位职责包括：分配班组人员的生产任务，根据实际情况进行合理调配，对当天生产过程中出现的安全、正点与服务质量问题负责；负责督察现场服务质量，妥善处理柜台投诉，消除投诉隐患，遇到问题应及时妥善处理；针对航班生产过程中出现的问题，及时向室主任反馈并提出合理化建议；负责做好专机及重要旅客保障工作；协助室主任处理突发性事件，解决航班生产疑难问题，航班不正常时，做好对旅客的解释工作；与外航商务就航班代理中出现的问题及时沟通协调；外航值机主任还应在航班不正常时协助外航做好对旅客的解释及后续安排工作，处理外航的各类投诉。

3. 值机员的岗位职责

国际国内值机员的岗位职责包括：为旅客办理乘机手续；清点机票，核实航班相关数据归档并拍发各类业务电报、填制航班相关报表；负责晚到旅客的召集工作及对候补旅客的处理；将航班生产中出现的特殊情况及时报告值班主任；负责航班关闭后拍发业务电报；航班不正常时协助值班主任做好航班保障工作。

值机控制员主要负责根据航班机型、机号及订座情况，初始、开放当日始发航班，并做好离港控制工作及有关航班关闭交接工作；负责航班候补座位控制及相关工作；根据载重平衡室对航班座位要求填制控制室航班控制表，控制航班座位分配；根据过境、过站航班的占座报锁定座位；负责处理离港各类业务电报。

（三）值机部门的岗位要求

1. 值机室主任的岗位要求

值机室主任的岗位要求包括：了解人员在岗在位情况，掌握航班动态和全天的 VIP 信息，根据实际情况临时调配人手；根据岗位规范标准对员工进行监督、检查，对员工工作绩效进行适时考核，公正行使所辖范围内的奖励和处罚；确保每日对所辖全部生产岗位的巡视检查；具备良好的沟通技巧、熟悉相关业务知识，具有航班发生特殊情况时的应急处理能力；熟悉航空运输常识，掌握 IATA 等有关业务资料的查询与使用技巧；熟悉民航法规、消费者权益法常识；精通各类签证护照知识，具有良好的综合分析、文字表达和组织协调能力。

2. 值机主任的岗位要求

值机主任的岗位要求包括：了解值班交接内容，掌握当日保障航班的动态信息；可为重要旅客或有特殊困难的旅客灵活安排，予以优先照顾，但应注意处理技巧，做好必要的解释工作，避免激起其他普通旅客的不满和矛盾。发现值机员遇特殊情况时，应主动帮助解决，保证航班正点关闭；航班关闭后，合理安排晚到旅客，及时处理解决旅客的特殊困难；遇航班不正常情况，如航班延误、航班取消、航班返航，需在指定办票柜台张贴航班延误公告，通知值机员航班延误信息和后续航班可利用情况，并进行旅客签转、退票处理；在航班超售及航班不正常情况下做好旅客的解释和引导安排工作，避免投诉；具备国内国际相关法律法规知识。

3. 值机员的岗位要求

值机员的岗位要求包括：确保备齐岗位所需业务用品，避免因准备不足导致工作差错；到岗后应仔细检查值机柜台所有设施是否完好，如电脑、磅秤、行李传送带等，如发现故障应立即报修，排除故障；进行票证的交接唱票，为旅客办票时，必须询问旅客航班号、目的地、是否有托运行李、是否有特殊餐食需求等特殊服务；交还旅客票证发放登机牌时，须说明航班号、目的地、托运的行李件数、登机口、登机时间、登机口方向；严格查验旅客证件，确认证件上的旅客姓名与机票一致，如是电子客票，其证件号码必须与离港系统中的登记证件号码完全一致；严格查验旅客机票，主动向旅客提供座位选择；主动询问旅客手提行李及托运行李件数，提醒旅客严禁在行李中夹带危险品或禁运物品；要求旅客在行李通过安全检查后方能离开，如需开箱检查的则要在旅客办理完安全检查手续后，才将行李牌交付旅客；值机员在旅客托运行李超过规定免费额度时，必须征询旅客同意后，填开“逾重行李通知单”指引旅客前往售票柜台支付逾重行李费；对不符合正常行李托运的必须在征得旅客同意并签字认可的情况下，拴挂“免除责任行李牌”，如行李有破损或残迹、无锁或锁已失效、鲜活物品或小动物、迟交运行李等；对特殊旅客和行李的收运要严格按照相关规定操作；在航班起飞前 30 分钟停止办理乘机手续，通过广播等形式在航班起飞前 15 分钟引导晚到旅客至召集柜台办理乘机手续；及时清点机票，核对并填写“票证复核单”交票证复核人员。

值机控制员主要从技术上保证值机工作的顺利进行。外航值机员还应熟悉各家外航现场服务的习惯做法和转机、联程的具体要求。

二、值机服务的质量标准

表 4–2 值机服务的质量标准

二级指标	三级指标	四级指标	五级指标	标准	备注
办理乘机手续	基本要求	柜台数量		与高峰小时客流量相适应。	
		柜台分配		a）应根据柜台总量、航空器类别、航班客座率、高峰小时客流量、承运人需求、柜台办理方式等因素进行分配； b）应设有专门机构对办理乘机手续柜台实施监控与调整； c）航班运行期间，应保证柜台设备完好。	

续表

二级指标	三级指标	四级指标	五级指标	标准	备注
办理乘机手续	柜台设置	头等舱与公务舱旅客专用柜台		应设置。	
		电子客票		应提供，符合 MH/T 0024 及行业主管部门有关规定。	
		联程办理乘机手续		可提供一票到底、联程办理乘机手续的支持服务。	
		自助值机		Ⅰ类、Ⅱ类机场应设置，Ⅲ类（含）以下机场宜设置。	
		其他		a）宜设置逾重行李收费、常旅客、特殊旅客、无托运行李、团体旅客办理乘机手续专用柜台； b）宜提供无线、移动、远程、快速和网络办理乘机手续等服务。	
	辅助设施	柜台航班显示		a）应显示航班号、到达站，截止办理时间等（可根据各机场实际情况进行相应调整）； b）可提供舱位等级、经停站、承运人标志、代码共享等信息，并符合 H/T 5015 的规定。	
		一米线		在柜台前设置，并有文字提示。	
		隔离带		应规范摆放；使用完毕后，应码放整齐，不影响旅客流程。	
		公告牌		a）应摆放严禁托运或携带物品的公告牌、图片（中英文）； b）应提示旅客主动申报限制或禁运物品； c）宜在值机柜台区域设置超限行李测量装置，方便旅客使用。	
	办理时间	开始	国际及地区航班	应在 STD 前 120 min。	
			国内航班	a）应在 STD 前 90 min（100 座以上航空器）； b）应在 STD 前 60 min（100 座以下航空器）。	
		结束		应符合承运人功能公布的规定要求	

续表

二级指标	三级指标	四级指标	五级指标	标准	备注
办理乘机手续	旅客排队等候时间	国内旅客排队等候时间	经济舱旅客排队及办理时间	95% 的国内经济舱旅客乘机手续排队及办理时间应不超过 10 min。	
			头等舱、公务舱旅客排队及办理时间	95% 的国内头等舱、公务舱旅客办理乘机手续排队等候时间应不超过 5 min。	
		国际旅客排队等候时间	经济舱旅客排队及办理时间	95% 的国际经济舱旅客乘机手续排队及办理时间应不超过 20 min。	
			头等舱、公务舱旅客排队及办理时间	95% 的国际头等舱、公务舱旅客办理乘机手续排队等候时间应不超过 4 min。	
			服务规范	a）应查验机票等旅行文件的有效性； b）应尽可能满足旅客对座位的需求； c）应按规定安排限制性旅客座位； d）应提示旅客按航空行李运输规定托运行李； e）应核实旅客目的地、行李件数； f）应规范拴挂行李牌、标志牌； g）应为特殊旅客提供适当服务； h）对要客及头等、公务舱旅客，行李应拴挂优先行李条，提示休息室服务； i）应告知旅客登机口、座位号等登机信息，指明安检和登机方向； j）应符合行业主管部门及承运人有关规定； k）应按规定向旅客提示禁止与限制携带物品要求信息。	

资料来源:《民用运输机场服务质量》标准 MH/T 5104-2013。

案例

值机服务新动向：全流程电子化乘机服务

自 2018 年 4 月 24 日 2 号航站楼开通全流程电子化乘机服务后，首都机场

3 座航站楼已全面进入电子化乘机新时代。今后，在首都机场乘坐中国国航、山东航空、南方航空、东方航空、厦门航空、海南航空承运北京至国内其他城市航班的旅客，选择“全流程电子化乘机”服务仅需三步即可轻松乘机。

第一步：登录各航空公司手机客户端（APP）、移动网站、微信公众号等官方渠道（具体以航空公司公布为准）办理选座值机，获取电子登机牌。

第二步：凭电子登机牌和有效身份证件前往安检通道进行安全检查。

第三步：凭电子登机牌完成登机口核验，乘坐飞机。

整个过程主要运用电子验讫等信息化手段为旅客提供高效便捷的手续办理服务，相比原来使用纸质登机牌的流程，至少可以为旅客节省约十分钟的时间，给旅客出行带来了极大的便利。需要注意的是，目前首都机场全流程电子化乘机服务仅支持国内始发航班无托运行李的普通旅客，有托运行李、携带婴儿、中转联程、无人陪伴及其他特殊旅客，仍然需要前往航空公司柜台办理相关手续。

2018 年，为使电子化乘机这项便捷服务惠及更广大的旅客，首都机场在前期完成试点运行和政策申报的基础上，一次性完成了 1 号、2 号航站楼国内 44 条安检通道的测试升级以及 40 个登机口的设备增补工作，同时积极协调驻场单位完成了地面服务及安检工作人员的业务培训。至此，首都机场 3 座航站楼已全面对标并圆满达成民航局对于电子化乘机的相关要求。

作为智慧机场建设的一部分，后续首都机场还将进一步升级电子化乘机流程，不断创新技术手段，并进一步考虑和推出国际区域的电子化乘机服务，让旅客在今后的出行中感受到更多便利。

（资料来源：王俊，匡婷 . 民航资源网 .）

思考题：

1. 什么情况下旅客可使用全流程电子化乘机服务？具体使用步骤如何？

2. 全流程电子化乘机服务对航空公司、值机服务人员和旅客分别带来什么样的影响？

项目小结

1. 熟悉值机服务的程序。

2. 值机人员应该按时开放值机柜台，一般规定200座以上的机型，在航班到站时间前120分钟上岗；200座以下的，提前90分钟上岗；100座以下的提前60分钟上岗；关闭值机柜台的时间为航班规定离站前30分钟。

3. 值机方式分为人工和自助值机，自助值机近年来发展较快。

4. 安排旅客座位应遵循一定的要求。

5. 航空公司的值机部门可分为国际值机、国内值机、外航值机和值机控制等；每个部门下可设置不同级别的服务岗位，即值机室主任、值机主任和值机员。

思考与练习

1. 试述值机服务的工作程序。

2. 值机柜台的开放和关闭时间是如何规定的？

3. 为什么要在航班起飞前30分钟结束办理乘机手续？

4. 出口座位旅客应具备哪些能力？

5. 不同服务岗位的值机人员岗位职责有何不同？

学习效果检测

扫描下方二维码，检测你的学习效果。

04

学习检测

05

课程思政

项目五 行李服务

项目导读

行李运输的一般知识、旅客和承运人的权利及其各自的义务，是从事航空服务工作的专业人员必须掌握的基础知识。本项目旨在培养学生在从事专业工作时对各种实际问题的处理能力，保证及维护旅客和承运人各自的权益。近年来各航空承运人行李运输的相关规则调整变化较多，学习时应特别注意相关变化。

学习目标

知识目标：熟悉我国民航关于行李运输的有关规定；掌握行李收运的流程；了解行李赔偿的相关规定。

技能目标：判断旅客运输的行李是否符合相关的运输规定；初步应用相关规定解决行李运输过程中出现的问题，培养理解、分析、处理问题的能力。

素质目标：理解以人为本提供人性化服务是构建和谐社会的重要内容之一，养成认真、仔细的工作态度以及在平凡岗位上坚守与奉献的价值取向。

任务一 行李的一般规定

一、行李的分类及其相关规定

行李（Baggage）是旅客在旅行中为了穿着、使用、舒适或方便的需要而携带的物品和其他个人财物。

（一）常见行李类型及相关规定

行李的分类有多种方法，可以按照运输责任将行李分为托运行李（Checked Baggage）和非托运行李（Unchecked Baggage）；可以按占座情况分为占座行李和非占座行李；还可以按照行李的性状分为普通行李和特殊行李。目前国内主要航空公司有关行李的具体规定不完全相同，实际工作中应注意遵循相关公司的最新规定。

常见的行李类型有：

1. 托运行李（Checked Baggage）

托运行李是指旅客交由承运人负责照管和运输并填开行李票的行李。承运人在收运行李时，必须在客票的行李栏内填写行李的件数及重量，并发给旅客作为认领行李用的行李牌识别联。

国内航空运输托运行李重量通常是每件不超过 50 千克，每件体积不能超过 40 厘米 ×60 厘米 ×100 厘米，有的航空公司还规定体积不能小于 5 厘米 ×15 厘米 ×20 厘米。超过上述规定的行李，须事先征得承运人的同意才能托运。

国内主要航空公司的国际或地区航空运输托运行李的体积和重量要求存在一定差异（见表 5-1）。

表 5-1　国内主要航空公司国际与地区航线托运行李规定

航空公司	托运行李重量限制	托运行李体积限制
东航	头等舱、豪华公务舱、公务舱每件≤ 32 千克	每件托运行李的三边之和≤ 158 厘米
	其他舱位每件≤ 23 千克	
南航	美国航线每件≤ 45 千克	每件托运行李的三边之和≤ 158 厘米
	非美国航线每件≤ 32 千克	
国航	2 千克≤每件行李重量≤ 32 千克	每件托运行李的三边之和≤ 158 厘米

2. 非托运行李（Unchecked Baggage）

除了交运行李以外的行李都可以统称为“非交运行李”。一般情况下还可以把非交运行李分为自理行李和随身携带物品。

自理行李是指经承运人同意由旅客自行负责照管的行李。如易碎物品、贵重物品、外交信袋等特殊物品可以作为自理行李由旅客带入客舱内，并要求能放入行李架内或座位底下，不妨碍客舱服务和旅客活动。经承运人同意的自理行李应与交运行李合并计重后，交由旅客带入客舱自行照管，并在行李上拴挂自理行李牌。

随身携带物品是指经承运人同意由旅客自行携带进入客舱的小件物品。随身携带物品有别于自理行李，是旅客在旅途中所需要或使用而携带的个人物品，如一定量食品、书报、照相机、大衣等。

非交运行李的重量、体积或件数都有限制，超过限制的物品应作为交运行李托运。

国内航空运输非托运行李重量、体积或件数规定可见表 5-2。

表 5-2　国内航空运输非托运行李规定

航空公司	舱位等级	重量上限	件数上限	体积限制（厘米）
东航	头等舱	10 千克 / 件	2 件	每件不超过 20 × 40 × 55
	豪华公务舱、公务舱、超级经济舱、经济舱	8 千克 / 件	1 件	
南航	头等舱	5 千克 / 件	2 件	每件长宽高之和≤ 115
	公务舱、明珠经济舱、经济舱		1 件	
国航	头等舱、公务舱	8 千克 / 件	2 件	每件不超过 20 × 40 × 55

国内主要航空公司的国际或地区航空运输非托运行李规定见表 5-3。

表 5–3 国内航空公司国际与地区运输非托运行李规定

航空公司	舱位等级	重量上限	件数上限	体积限制（厘米）
东航	头等舱	10 千克 / 件	2 件	每件不超过 25 × 45 × 56 且长宽高之和≤ 115
	豪华公务舱、公务舱、超级经济舱、经济舱	8 千克 / 件	1 件	
南航	头等舱	5 千克 / 件	2 件	每件长宽高之和≤ 115
	公务舱、明珠经济舱、经济舱		1 件	
国航	头等舱、公务舱	8 千克 / 件	2 件	每件不超过 20 × 40 × 55
	超级经济舱、经济舱	5 千克 / 件	1 件	

3. 占座行李

旅客在客舱中占用座位放置行李的（如易碎品、贵重物品等）为占座行李，每一座位放置行李的重量不得超过 75 千克，并且无免费行李额。

4. 声明价值行李

根据航空运输规定，旅客托运的行李在运输过程中发生损坏、灭失时，承运人按照每公斤最高赔偿限额赔偿。当旅客的托运行李每公斤实际价值超过承运人规定的每公斤最高赔偿限额时，旅客有权要求更高的赔偿金，但必须在托运行李时办理行李声明价值，并付清声明价值附加费。办理过声明价值的行李，如在运输途中由于承运人原因造成损失，承运人应按照旅客的声明价值赔偿。

在国际航线上，旅客的托运行李每公斤价值超过 20 美元，或自理行李价值超过 400 美元时，可以办理声明价值；在国内航线上，旅客的托运行李每公斤价值超过人民币 100 元，可以办理声明价值。

（1）承运人应按旅客声明价值中超过最高赔偿限额部分价值的 5‰收取声明价值附加费。

（2）声明价值附加费以元为单位，不足元者应进整为元。

（3）当旅客申报价值为外币，应按当日银行公布买入价折算成人民币。

（4）每一位旅客的行李声明价值最高限额为人民币 8000 元。行李的声明价值不得超过行李本身的价值，如承运人对声明价值有异议而旅客又拒绝接受检查时，承运人有权拒绝收运。

（5）非托运行李和小动物不办理行李声明价值。

（6）声明价值行李的计费重量为千克，不足千克者应进整。但实际重量应保留至小数点后一位。

（7）除与另一承运人有特别协议外，一般只能在同一承运人的航班上办理行李声明价值。

（8）办理声明价值的行李重量不计入免费行李额内，应另外收费。

（9）声明价值附加费的计算公式：

声明价值附加费 =［行李声明价值 -（规定每千克限额 × 办理声明价值行李的重量）］× 5‰

5. 轻泡行李

轻泡行李指那些重量低于每千克 6000 立方厘米的行李，也称为“低密度行李”，此类行李的重量按体积重量的标准进行计算。

轻泡行李的体积重量的计算方法如下：

（1）量出货物的最大长、宽、高的尺寸。

（2）进位。

如度量单位是厘米，按四舍五入的原则进行进位，

例：40.2 厘米 ×59.5 厘米 ×99.7 厘米 =40 厘米 ×60 厘米 ×100 厘米

（3）换算标准。

6000 立方厘米 =1 千克

（4）体积重量的进位按实际重量的进位方法。

如：318.15 千克 =318.5 千克

757.37 千克 =757.5 千克

（5）如旅客携带多件轻泡行李则应算出全部行李体积，再换算成体积重量。

（二）特殊行李及其相关规定

特殊行李是指旅客携带的行李物品超出了行李的定义范围，在一般情况下，承运人可拒绝运输的行李。但是，一些特殊行李物品经承运人同意，并按承运人要求，采取了适当措施或受一定条件限制后，可以成为运输的行李物品。

承运特殊行李必须符合国家的法律、法规和承运人的运输规定，在确保飞行安全、人身安全和地面安全的前提下方可承运。

1. 不得作为行李运输的物品

（1）国家规定的禁运物品、限制运输物品、危险品及具有异味或容易污损

飞机的其他物品，不能作为行李或放在行李内托运。

（2）旅客不得携带管制刀具乘机。管制刀具以外的利器或钝器应随托运行李托运，不能随身携带。

（3）旅客不得在托运行李内夹带重要文件和资料、外交信袋、证券、货币、汇票、贵重物品、易碎易腐物品以及其他需要专人照管的物品。航空公司对托运行李内夹带上述物品的遗失或损坏按一般托运行李承担赔偿责任。

2. 承运人有权拒绝运输的行李

符合下列条件之一的行李，承运人有权拒绝运输：

（1）承运人在收运行李前或在运输过程中，发现行李中装有不得作为行李或夹入行李内运输的任何物品，可以拒绝收运或随时终止运输。由于旅客携带以上物品引起对飞机或机上其他货物、行李的污染或损坏，应由旅客本人承担责任。

（2）承运人在收运行李时，发现行李的包装、重量和体积不符合行李的有关规定时，应请旅客加以改善。如旅客不能改善，承运人可以拒绝收运。

（3）承运人对未经安全检查的行李有权拒绝运输。承运人为了运输的安全，可以会同旅客对其行李开启包装，进行检查；必要时，可会同有关部门进行检查。如果旅客拒绝接受检查，承运人对该行李有权拒绝运输。

（4）在飞机载量不允许的情况下，承运人可以将旅客超出免费行李额的行李用后续航班运输。如果旅客不同意用后续航班运出，承运人拒绝收运。

3. 限制运输的行李物品

限制运输的行李物品是指旅客携带的某些行李物品，有可能危害人员和飞行安全或超出承运人的运输规定（如超过重量限制或超过体积限制），这些限制物品如采取一些必要措施或在特定的情况下，经承运人允许，可以承运。

（1）携带液态物品的规定

（具体内容可参看项目六任务四中相关规定。）

（2）携带药品、化妆品的规定

病残旅客所用的医用小型氧气瓶、氧气袋和假腿、假臂活动所需的小型二氧化碳压缩气体应事先取得承运人同意，每一病残旅客可携带两瓶。旅客旅途所需的医药、化妆品，如含酒精的药剂、润发剂、香水等，每一位旅客所携带的总重量（包括毛重）不得超过 2 千克或 2 升，每瓶的净重量不得超过 0.5 千克或 0.5 升。经承运人同意，每位旅客携带的放在需冷冻物品内的干冰不得超过 2 千克。

（3）携带电子设备的规定

旅客可以携带旅途所需的助听器、心脏起搏器等供人体功能使用的电子设备，也可以在空中使用，为了避免对飞机内电子领航器和通信设备发生干扰，旅客携带的手提无线电收发报机、电视机、收音机等电力设备不得在空中使用。

根据中国民用航局 2017 年 10 月第五次修订的《大型飞机公共航空运输承运人运行合格审定规则》和 2018 年 1 月《机上便携式电子设备（PED）使用评估指南》相关要求，国内航空公司大多已经允许便携式电子设备（PED）机上使用，旅客可以在飞机上使用笔记本电脑、平板电脑、电子书、手机、视频播放器和电子游戏机等设备，但是仍应遵守相关航空公司的规定，如手机应处于飞行模式。同时，旅客也必须随时听从机组人员的指导，如果机组一旦发现有任何干扰情况，将随时禁止手机的使用。

对于给手机等电子设备提供外部电源的锂电池移动电源，也就是通常所说的充电宝，民航局“关于民航旅客携带‘充电宝’乘机规定的公告”明确规定：①充电宝只能在手提行李中携带或随身携带，严禁在托运行李中携带；②充电宝额定能量不超过 100Wh，无须航空公司批准；额定能量超过 100Wh 但不超过 160Wh，经航空公司批准后方可携带，但每名旅客不得携带超过两个充电宝；③严禁携带额定能量超过 160Wh 的充电宝；严禁携带未标明额定能量同时也未能通过标注的其他参数计算得出额定能量的充电宝；④不得在飞行过程中使用充电宝给电子设备充电，对于有启动开关的充电宝，在飞行过程中应始终关闭充电宝。

需要说明的是：若充电宝上没有直接标注额定能量 Wh（瓦特小时），可通过充电宝上标称电压 V（伏特）和标称容量 Ah（安时）计算得到额定能量 Wh，公式为 $Wh=V\times Ah$（标称容量为毫安时 mAh 时，需除以 1000 化为安时）。

（4）携带利器的规定

旅客携带的利器，如菜刀、大剪刀、大型水果刀、工艺品刀、少数民族的佩刀、佩剑（不含凶器）以及一些容易被误认为凶器的物品等限制物品应放入托运行李内托运。

（5）携带枪支弹药的规定

按照承运人运输规定，旅客的随身物品和托运行李内不得夹带枪支弹药，但是，有关部门特别批准的、运动用小型武器、弹药，经承运人同意，可作为托运行李托运。

a. 一般情况下，旅客的随身行李和托运行李内不得夹带枪支弹药，对于无证携带枪支、子弹的旅客，交民航公安机关处理；

b. 有特殊警卫任务、并有警卫对象的警卫人员在证件和手续齐备的情况下可以将枪弹带入航空器（这种情况通常指专机）；

c. 其他公务人员需携带小型枪支的，需提前主动向航空公司申报，并获得有关安全部门批准的可作为托运行李托运，但要求必须枪弹分开；

d. 参加射击竞技活动或比赛的代表团需要携带枪支出入境时，必须经国务院体育行政主管部门批准后方可办理行李托运手续。

二、免费行李额

免费行李额是根据旅客所付运价、乘坐舱位等级和旅客乘坐的航线决定的。每位旅客的免费行李额（包括托运行李和非托运行李）规定如下：

（一）国内航线免费行李额

除部分低成本航空外，一般航空公司给予持成人或儿童票的旅客免费行李额为：

头等舱：40 千克（88 磅）；公务舱：30 千克（66 磅）；经济舱：20 千克（44 磅）。

持婴儿票的旅客通常无免费行李额，一般是允许免费带 1 辆全折叠的轻便婴儿车或手推车，也有航空公司如国航、南航给予婴儿票旅客 10 千克免费行李额。近年来一些航空公司针对不同类型的会员旅客还会额外增加一部分免费行李额。

（二）国际航线免费行李额

乘坐国际航线的旅客，免费行李额一般有计重制和计件制两种方式，不同的航空公司或同一航空公司的不同航线，其采用的免费行李额制度有可能不同。

1. 计重制免费行李额

所谓计重制，就是按照行李的重量规定免费行李额以及计算逾重行李费的一种行李制度。

计重制国际航线免费行李额规定相对比较简单，通常头等舱 40 千克（88 磅），公务舱 30 千克（66 磅），经济舱 20 千克（44 磅），持婴儿票旅客一般无免费行李额但会允许免费携带 1 辆全折叠的轻便婴儿车或手推车。

2. 计件制免费行李额

所谓计件制，就是按照行李的件数规定免费行李额以及计算逾重行李费的一种行李制度。

国内主要航空公司运行的国际与地区航线大多采用计件制。目前国内三大航空公司（国航、东航、南航）运营的国际与地区航线均采用计件制。鉴于每家航空公司的规定不尽相同，有的还十分复杂，而且可能会不定期调整，这里仅列出国航和东航两家公司的规定作为参考（见表 5-4、表 5-5）。

表 5-4　国航国际与地区航线计件制免费行李额规定

航线	成人 / 儿童			婴儿	在原免费行李额基础上，可额外增加的免费行李额		
	头等舱公务舱	悦享 / 超级经济舱	经济舱	所有舱位	凤凰知音终身白金卡、白金卡	凤凰知音金卡、银卡	星空联盟金卡
航线一	2 件，32 千克 / 件	2 件，23 千克 / 件	1 件，23 千克 / 件	1件，23千克/件。可额外免费托运一辆折叠式婴儿车或摇篮或婴儿汽车安全座椅	头等舱或公务舱：可额外免费托运 1 件行李，每件 32 千克；悦享经济舱 / 超级经济舱 / 经济舱：可额外免费托运 1 件行李，每件 23 千克		可额外免费托运 1 件行李，每件 23 千克
航线二	2 件，32 千克 / 件	2 件，23 千克 / 件	2 件，23 千克 / 件				

说明：

（1）航线一：夏威夷与美洲（除夏威夷）、加勒比地区、欧洲、非洲、中东、亚洲、西南太平洋之间的航线。欧洲、非洲与亚洲（除日本、巴基斯坦、新加坡、哈萨克斯坦外）之间的航线。亚洲内（除日本、巴基斯坦、新加坡、哈萨克斯坦外）之间的航线。其他未列明的航线。（注：亚洲含中国大陆及港澳台地区，不含中东、西南太平洋。）

（2）航线二：美洲（除夏威夷）、加勒比地区与欧洲、非洲、中东、亚洲、西南太平洋之间的航线。中东与欧洲、非洲、亚洲、西南太平洋之间航线。日本、巴基斯坦、新加坡、哈萨克斯坦、西南太平洋与欧洲、非洲、亚洲（除日本、巴基斯坦、新加坡、哈萨克斯坦外）之间的航线。

（3）每件一般托运行李的三边之和须大于等于 60 厘米（24 英寸）、小于等于 158 厘米（62 英寸）。超重、超尺寸、超件行李需支付超限额行李费用。

表 5–5　东航国际与地区航线计件制免费行李额规定

航线	美国、加拿大			欧洲（含俄罗斯、土耳其）			澳大利亚、新西兰			日韩			东南亚、南亚、中东、港澳台			每件重量限定
会员类型	A	B	C	A	B	C	A	B	C	A	B	C	A	B	C	
头等舱	2	3	3	3	4	4	3	4	4	3	4	4	2	3	3	≤ 32 千克
豪华公务舱	2	3	3	2	3	3	2	3	3	2	3	3				≤ 32 千克
公务舱	2	3	3	2	3	3	2	3	3	2	3	3	2	3	3	≤ 32 千克
超级经济舱	2	3	3*	2	3	3*	2	3	3*	2	3	3*	2	3	3*	≤ 23 千克
经济舱										2	3	3*				≤ 23 千克
Y 舱、B 舱	2	3	3*	1	2	2*	2	3	3*				1	2	2*	≤ 23 千克
灵活经济舱	2	3	3*	1	2	2*	2	3	3*				1	2	2*	≤ 23 千克
标准经济舱	2	3	3*	1	2	2*	2	3	3*				1	2	2*	≤ 23 千克
基础经济舱	1	2	2*	0	1	1*	1	2	2*				0	1	1*	≤ 23 千克

说明：

（1）会员类型 A 表示非会员及东方万里行星级会员，会员类型 B 表示东方万里行银卡会员、天合联盟精英及超级精英会员，会员类型 C 表示东方万里行金卡会员、会员东方万里行白金卡会员

（2）表中 * 表示可以额外增加 1 件重量不超过 32 千克。

（3）持不占座婴儿客票的旅客可免费托运 1 件、每件行李三边之和不超过 115 厘米、重量不超过 10 千克。每个婴儿可额外免费托运婴儿手推车一辆。

（4）每件托运行李的三边之和≤ 158 厘米。

（三）合并计算的免费行李额

对于搭乘同一飞机前往同一目的地或中途分程地点的两个或两个以上同行旅客或团体旅客，不论他们是否乘同一等级的座位，如同时在同一地点交运行李，其免费行李额可按人数和票价座位级别合并计算。

在同一航班，禁止不认识的两个或两个以上的旅客将免费行李额度合并计算，并且严禁旅客为不认识或不了解的人捎带行李。

（四）改变舱位等级的免费行李额

旅客自愿提高或降低座位等级时，免费行李额按照改变后的座位等级所规定的免费行李额办理。

旅客非自愿提高或降低座位等级时，在座位等级变更后，仍享受原客票座位等级所规定的免费行李额。

05

视频微课

三、逾重行李

逾重行李是指超过计重或计件免费行李额的部分。旅客携带逾重行李乘机，应当支付逾重行李费。

（一）实行计重制的国内和国际航线

实行计重制的国内和国际航线，应对托运行李和自理行李合计重量超过免费行李额的部分收取逾重行李费。逾重行李重量以千克为单位，不足一千克时尾数四舍五入。逾重行李费每千克的费率按照填开逾重行李票之日适用的单程成人经济舱公布票价的 1.5% 计算，保留两位小数，即每千克逾重行李费率 = 适用的单程成人经济舱公布票价 ×1.5%。逾重行李费 = 每千克逾重行李费率 × 行李的逾重部分重量。逾重行李费以元为单位，元以下四舍五入。

例如：某旅客张冰乘坐 MU5305 次航班从上海至广州，该旅客持 F 舱客票，托运行李 61KG。若上海至广州的经济舱公布票价为 1100.00 元人民币。计算逾重行李费。

解：逾重行李费率 =Y 舱票价 ×1.5%=1100.00×1.5%=16.50（元 / 千克）

该旅客所持 F 舱客票免费行李额为 40 千克

逾重行李重量 =61−40=21 千克

逾重行李费 =21×16.50=346.50 元 ≈347.00 元

（二）实行计件制的国际航线

各航空公司对实行计件制的国际航线逾重行李并无统一规定，通常依据具体航线区域给出收费标准。表 5-6 和表 5-7 列出了国航和东航的超限额行李收费标准。

表 5–6 国航国际与地区航线行李超限额收费标准（每件）

<table>
<tr><th>航线</th><th>超限类型</th><th>具体规格</th><th>人民币</th><th>外币 1</th><th>外币 2</th></tr>
<tr><td rowspan="7">区域一</td><td rowspan="2">超重不超尺寸</td><td>23KG < W ≤ 28KG；60CM ≤ S ≤ 158CM</td><td>380CNY</td><td>60USD</td><td></td></tr>
<tr><td>28KG < W ≤ 32KG；60CM ≤ S ≤ 158CM</td><td>980CNY</td><td>150USD</td><td></td></tr>
<tr><td>不超重超尺寸</td><td>2KG ≤ W ≤ 23KG；158CM < S ≤ 203CM</td><td>980CNY</td><td>150USD</td><td></td></tr>
<tr><td>超重且超尺寸</td><td>23KG < W ≤ 32KG；158CM < S ≤ 203CM</td><td>1400CNY</td><td>220USD</td><td></td></tr>
<tr><td rowspan="3">超件</td><td>超出的第一件行李</td><td>1400CNY</td><td>220USD</td><td></td></tr>
<tr><td>超出的第二件行李</td><td>2000CNY</td><td>310USD</td><td></td></tr>
<tr><td>超出的第三件行李</td><td>3000CNY</td><td>460USD</td><td></td></tr>
<tr><td rowspan="7">区域二</td><td rowspan="2">超重不超尺寸</td><td>23KG < W ≤ 28KG；60CM ≤ S ≤ 158CM</td><td>280CNY</td><td>40USD</td><td>35EUR</td></tr>
<tr><td>28KG < W ≤ 32KG；60CM ≤ S ≤ 158CM</td><td>690CNY</td><td>100USD</td><td>85EUR</td></tr>
<tr><td>不超重超尺寸</td><td>2KG ≤ W ≤ 23KG；158CM < S ≤ 203CM</td><td>690CNY</td><td>100USD</td><td>85EUR</td></tr>
<tr><td>超重且超尺寸</td><td>23KG < W ≤ 32KG；158CM < S ≤ 203CM</td><td>1100CNY</td><td>160USD</td><td>140EUR</td></tr>
<tr><td rowspan="3">超件</td><td>超出的第一件行李</td><td>1100CNY</td><td>160USD</td><td>140EUR</td></tr>
<tr><td>超出的第二件行李</td><td>1100CNY</td><td>160USD</td><td>140EUR</td></tr>
<tr><td>超出的第三件行李</td><td>1590CNY</td><td>230USD</td><td>200EUR</td></tr>
<tr><td rowspan="5">区域三</td><td>超重或超尺寸</td><td>23KG < W ≤ 32KG
或 158CM < S ≤ 203CM</td><td rowspan="2">520CNY</td><td rowspan="2">75USD</td><td rowspan="2">100CAD</td></tr>
<tr><td>超重且超尺寸</td><td>23KG < W ≤ 32KG；158CM < S ≤ 203CM</td></tr>
<tr><td rowspan="3">超件</td><td>超出的第一件行李</td><td rowspan="2">1170CNY</td><td rowspan="2">170USD</td><td rowspan="2">225CAD</td></tr>
<tr><td>超出的第二件行李</td></tr>
<tr><td>超出的第三件行李</td><td>1590CNY</td><td>230USD</td><td>300CAD</td></tr>
<tr><td rowspan="7">区域四</td><td rowspan="2">超重不超尺寸</td><td>23KG < W ≤ 28KG；60CM ≤ S ≤ 158CM</td><td>690CNY</td><td>100USD</td><td></td></tr>
<tr><td>28KG < W ≤ 32KG；60CM ≤ S ≤ 158CM</td><td>1040CNY</td><td>150USD</td><td></td></tr>
<tr><td>不超重超尺寸</td><td>2KG ≤ W ≤ 23KG；158CM < S ≤ 203CM</td><td>1040CNY</td><td>150USD</td><td></td></tr>
<tr><td>超重且超尺寸</td><td>23KG < W ≤ 32KG；158CM < S ≤ 203CM</td><td>2050CNY</td><td>300USD</td><td></td></tr>
<tr><td rowspan="3">超件</td><td>超出的第一件行李</td><td>1380CNY</td><td>200USD</td><td></td></tr>
<tr><td>超出的第二件行李</td><td>1380CNY</td><td>200USD</td><td></td></tr>
<tr><td>超出的第三件行李</td><td>1590CNY</td><td>230USD</td><td></td></tr>
</table>

续表

航线	超限类型	具体规格	人民币	外币 1	外币 2
区域五	超重不超尺寸	23KG ＜ W ≤ 28KG；60CM ≤ S ≤ 158CM	210CNY	30USD	
		28KG ＜ W ≤ 32KG；60CM ≤ S ≤ 158CM	520CNY	75USD	
	不超重超尺寸	2KG ≤ W ≤ 23KG；158CM ＜ S ≤ 203CM	520CNY	75USD	
	超重且超尺寸	23KG ＜ W ≤ 32KG；158CM ＜ S ≤ 203CM	830CNY	120USD	
	超件	超出的第一件行李	830CNY	120USD	
		超出的第二件行李	1100CNY	160USD	
		超出的第三件行李	1590CNY	230USD	

说明：

（1）关于航线区域的界定。区域一：美洲（除美国 / 加拿大外）/ 加勒比海地区与欧洲 / 非洲 / 中东 / 亚洲 / 西南太平洋之间的航线；区域二：欧洲 / 中东与非洲 / 亚洲 / 西南太平洋之间航线；日本与西南太平洋之间航线；日本 / 西南太平洋与亚洲（不含日本及西南太平洋）/ 非洲之间航线；区域三：加拿大与美洲（除美国 / 加拿大外）/ 加勒比海地区 / 欧洲 / 非洲 / 中东 / 亚洲 / 西南太平洋之间航线；区域四：美国（含夏威夷）与美洲（除美国外）/ 加勒比海地区 / 欧洲 / 非洲 / 中东 / 亚洲 / 西南太平洋之间航线；区域五：非洲与亚洲（除日本外）之间航线；欧洲与中东之间航线；亚洲（除日本）内航线；美洲（除美国 / 加拿大）及加勒比海地区内航线；上述未列明的航线；

（2）关于超件行李收费。重量：头等舱 / 公务舱 ≤ 32KG，悦享经济舱 / 超级经济舱 / 经济舱 ≤ 23KG。尺寸：60CM ≤ S ≤ 158CM（超尺寸或超重量需另行支付并叠加计算费用）。

（3）关于超限行李收费的货币适用问题。①人民币适用于在中国境内始发航站的行李托运；②欧元适用于在欧元区始发航站的行李托运；③加元适用于在加拿大始发航站的行李托运；④美元适用于所有非上述国家的行李托运，境外非美元销售单位在收取超限额行李费时，应按照当日汇率将美元转换成当地货币收取。

表 5–7　东航国际与地区航线行李超限额收费标准（每件）

航线	超限类型	具体规格	收费（元）	限制条件
美国、加拿大	超件		1300	
	超重	23KG ＜ W ≤ 32KG	1000	加拿大航线不超 32 千克 / 件 其他北美不超 45 千克 / 件
		32KG ＜ W ≤ 45KG	2700	
	超大	158CM ＜ S ≤ 203CM	1000	
		S ≥ 203CM	2700	征得东航批准
	超大、超重、超件		累加计收	

续表

航线	超限类型	具体规格	收费（元）	限制条件
澳大利亚、新西兰	超件	超出的第一件	1100	
		超出的第二件起	2000	
	超重	23KG ＜ W ≤ 32KG	1000	不超 32 千克 / 件
	超大	158CM ＜ S ≤ 203CM	1000	
		S ≥ 203CM	2000	征得东航批准
	超大、超重、超件		累加计收	
欧洲、日韩	超件	超出的第一件	1000	
		超出的第二件起	2000	
	超重	23KG ＜ W ≤ 32KG	1000	不超 32 千克 / 件
	超大	158CM ＜ S ≤ 203CM	1000	
		S ≥ 203CM	2000	征得东航批准
	超大、超重、超件		累加计收	
港澳台地区	超件	超出的第一件	800	
		超出的第二件起	1000	
	超重	23KG ＜ W ≤ 32KG	1000	不超 32 千克 / 件
	超大	158CM ＜ S ≤ 203CM	1000	
		S ≥ 203CM	2000	征得东航批准
	超大、超重、超件		累加计收	
东南亚、南亚、中东	超件	超出的第一件	800	
		超出的第二件起	1200	
	超重	23KG ＜ W ≤ 32KG	1000	不超 32 千克 / 件
	超大	158CM ＜ S ≤ 203CM	1000	
		S ≥ 203CM	2000	征得东航批准
	超大、超重、超件		累加计收	

（三）其他相关规定

（1）混合等级客票的逾重行李费，应按各航段票价级别规定的免费行李额分别计算。

（2）根据旅客要求，可以收取从始发地点经中途分程地点到目的地点全航程的逾重行李费，也可收取从始发地点到中途分程地点的逾重行李费，但要求旅客必须在其中途分程地点提取行李。

（3）对于收取全航程费用的逾重行李或收取到中途分程地点费用的逾重行李，如旅客在途中增加行李或重新托运行李，都必须另行加收或重新计算逾重行李费并填开逾重行李票。

任务二　行李运输流程

一、行李的包装

行李的包装在保证行李运输质量和飞行安全中起到非常重要的作用，因此，承运人对旅客的行李包装要求制定了具体的规定。在收运行李时，应严格检查行李包装，对不符合包装要求的行李，应要求旅客改善行李包装或拒绝收运。

（一）托运行李的包装要求

托运行李必须包装完善、锁扣完好、捆扎牢固，能承受一定的压力，能够在正常的操作条件下安全装卸和运输，并符合下列条件：

（1）旅行箱、旅行袋和手提包等必须加锁。

（2）两件以上的包件不能捆为一件。

（3）行李上不能附插其他物品。

（4）竹篮、网兜、草绳、草袋等不能作为行李的外包装物。

（5）行李包装内不能用锯末、谷壳、草屑等作衬垫物。

（6）行李上应写明旅客的姓名、详细地址、电话号码。

（二）非托运行李的包装要求

由旅客带进客舱的随身携带物品，虽然由旅客自行照管，但承运人对其包装仍有具体的要求，规定随身携带物品应符合下列条件：

（1）草绳、网兜、草袋等不能作为随身携带物品的外包装物。

（2）外包装整洁，不容易渗溢，没有污染。

（3）运动器材、乐器等要求有外包装物。

（4）外交信袋、银行特别用箱等必须加有封条。

二、行李的收运

收运行李工作是整个行李运输工作流程的第一道工序，是行李运输中最重要的工作环节。收运行李工作的好坏将直接影响到整个行李运输工作的正常开展和行李运输质量。收运行李工作的特点是时间紧迫、工作量集中，因此必须认真做好行李收运前的准备，严格遵守行李运输规定，加强复核、交接，确保行李运输质量。

（一）收运行李工作的要求

（1）承运人应在航班离站当日办理乘机手续时收运行李，如团体旅客的行李过多，或因其他原因需要提前托运时，可与旅客约定时间、地点收运。

（2）旅客必须凭有效客票托运行李，托运行李的目的地应该与客票所列明的经停地或目的地相同。

（3）清除托运行李上的旧行李牌。

（4）检查行李的包装、体积和重量是否符合要求。如不符合要求，应请旅客改善包装；如因时间或条件限制无法改善包装，旅客坚持要求运输，可视具体情况决定可否收运。收运时应拴挂免除责任行李牌，免除相应的运输责任。

（5）超过免费行李额的行李，应收取逾重行李运费，并填开逾重行李票。

（6）行李过磅应准确，以免影响飞机的载重平衡。

（7）不属行李的物品，应按货物托运，不能作为行李托运。

（二）行李收运的注意事项

（1）了解行李的内容是否属于行李的范围，行李内有无夹带禁运、限制携带物品或危险物品。

（2）了解行李是否属于声明价值行李，是否应请旅客办理声明价值行李运输手续。

（3）托运行李必须经过行李安全检查后方可收运。

（4）乘坐国际航班的旅客，其托运行李必须事先办妥海关手续方可收运。

（5）旅客托运的行李一般应随旅客同机运出，如果逾重行李过多，受载量条件的限制无法做到同机运出，应向旅客说明，在后续班机上运出，并将行李重量、件数、行李牌号发电报通知到达站。

（6）不属于行李范围内的物品，应按货物托运，不能作为行李托运。

（三）行李牌及行李标贴

行李牌（Baggage Tag）是承运人运输行李的凭证，也是旅客领取行李的凭证之一。行李牌按其用途可分为直达运输行李牌和联程运输行李牌两种，按其式样又分为粘贴式和拴挂式。粘贴式的行李牌是目前承运人使用最多的一种，它具有防止行李牌脱落的功能。

承运人对旅客托运的每件行李应拴挂行李牌，并将其中的识别联交于旅客。经承运人同意的自理行李，应与托运行李合并计重后，交由旅客带入客舱自行照管，并在行李上拴挂自理行李牌。

为了防止行李运输出现差错和方便寻找行李，一些承运人还将粘贴式行李牌的联数增至五联。其用途为：

第一联：粘贴在托运行李把手上，便于识别。

第二联：粘贴在行李包装上，当第一联灭失时用以核查行李。

第三联：粘贴在撕下的乘机联上，以备个别旅客由于某种原因没有登机，迅速找出旅客的托运行李牌号码，通知装卸人员将其托运行李卸下。

第四联：粘贴在客票旅客联上，供旅客在到达站领取托运行李时用。

第五联：粘贴在装运该件行李的集装箱上，供拉卸行李时准确、快速地找出该件行李。

常见行李牌的种类有：

1. 直达运输行李牌

适用于在一个航班上运输的托运行李。

2. 联程运输行李牌（或称联运行李牌）

适用于在两个以上航班运输的托运行李。但在下列情况下不能使用：

（1）在某些机场，旅客需提取托运行李办理海关手续。

（2）某些国家或某些机场不办理行李联运。

（3）我国国内航线不办理行李联运。

3.“重要旅客”行李标志牌

重要旅客的托运行李，除拴挂行李牌外，还应拴挂“重要旅客”行李标志牌，以保证重要旅客的托运行李安全、迅速地运达目的地，立刻交付给旅客。对拴挂“重要旅客”行李标志牌的行李，要求严加保管、后装先卸。

4.“优先等级”行李标志牌

为提高运输服务质量，对于不愿意透露身份的重要旅客以及头等舱旅客和在经停站立刻转换飞机的中转旅客的托运行李，除拴挂行李牌外，还应拴挂“优先等级”行李标志牌，以便这些旅客的托运行李在目的地或中转站迅速卸下飞机。挂有“优先等级”行李标志牌的行李应后装先卸，装在货舱门口处。

5. 旅客名牌

在行李运输中，由于种种原因，行李牌有时会脱落，造成行李错运、丢失。为了便于寻找旅客丢失的行李，承运人要求旅客在托运行李前，在每一件行李上拴挂旅客名牌。承运人在旅客购票或办理乘机手续时，发给旅客“旅客名牌”。旅客应按承运人要求预先填妥旅客名牌上的旅客姓名、电话号码、地址，并在每一件托运行李上拴挂或粘贴旅客名牌。承运人在收运行李时，应检查旅客的托运行李有无旅客名牌。

6. 易碎物品标签

承运人为了提高行李运输质量，对旅客托运的易碎物品，除拴挂行李牌外，还应粘贴易碎物品标签，以便于装卸人员识别。在装卸时轻拿、轻放，确保行李运输质量。

7. 速运行李牌

当行李发生迟运或错运时，为了尽快将行李运往旅客的目的地，承运人运送迟运、错运行李时，应使用速运行李牌。

8. 免除责任行李牌

在收运行李时，发现下列情况之一者应拒绝收运，如旅客仍坚持要托运，则必须拴挂免除责任行李牌，免除承运人的相应责任。

（1）精密仪器、易碎物品或包装不符合要求；

（2）柜台关闭后收运的行李；

（3）行李有破损；

（4）无锁或锁已失效；

（5）行李超重或超大；

（6）鲜活物品或动物。

免除责任行李牌填写时应根据具体情况，在不符合条件的框内打“×”。如果在免除责任行李牌上打“×”的部分发生损失，承运人不承担责任。除此之外的其他项目发生损失或行李延误运输、丢失，承运人仍应承担相应的责任。

三、行李退运

旅客的托运行李由承运人收运后，由于某种原因旅客要求退还，可按照如下规定办理：

（1）旅客在始发站要求退运行李，必须在行李装机前提出。如旅客退票，已托运的行李也必须同时退运，还应退还已收逾重行李运费。

（2）旅客在经停地退运行李，该航班未使用航段的已收逾重行李运费不退。

（3）办理声明价值的行李退运时，在始发地退还已交付的声明价值附加费，在经停地不退已交付的声明价值附加费。

（4）行李退运的其他规定参照行李运输有关规章办理。

四、特殊行李的收运

（一）小动物的收运

小动物是指家庭驯养的狗、猫、鸟等小动物。野生动物和具有怪异形体或易于伤人等特性的动物如蛇等，不属于小动物范围，不能作为行李运输。

旅客要求携带小动物乘机，必须在订座时提出申请，并同意遵守承运人运输小动物的有关规定，在征得承运人同意后方可携带。

1. 运输小动物的包装要求

（1）适合小动物的坚固的金属或木制容器；

（2）能防止小动物破坏、逃逸和伸出容器以外损伤人员、行李或货物；

（3）保证空气流通，不致使小动物窒息；

（4）防止粪便渗透，以免污染飞机和其他物品；

（5）方便喂食和加水；

（6）容器的体积适合货舱装卸。

2. 小动物的运输条件

（1）旅客携带小动物乘机，须在订座或购票时提出，经承运人同意方可托运。

（2）小动物的包装必须符合承运人的要求。

（3）属国际运输的小动物应具备出境、入境有关国家的必要证件，证件包括健康证明、注射预防针免疫证明、出境 / 入境许可证明和动物检疫证明等。

（4）旅客携带小动物应当在乘机之日按照承运人指定的时间办理托运手续，不得迟于航班离站时间前 2 小时。

（5）小动物途中喂食、加水由旅客负责。

（6）因不符合承运人要求或不符合出入境国家有关规定而被拒绝承运或被拒绝出境、过境、入境以及在运输途中发生逃逸、死亡等一切损失，承运人不承担任何责任和赔偿。

（7）旅客携带的小动物及食物的重量不得计算在免费行李额内，所有重量按适用的逾重行李费率计收运费。

（8）除非经承运人特别允许外，旅客携带的小动物一律不能放在客舱内运输，只能作为托运行李托运，装在货舱内。

（9）如果旅客要求办理联运，必须征得续运承运人的同意方可联运。

3. 携带小动物进入客舱的条件

只有经济舱的飞机，每一航班只允许一只小动物作为客舱行李；有头等舱 / 公务舱的飞机，每一航班只允许一只小动物作为客舱行李放在头等舱 / 公务舱，还允许一只小动物作为客舱行李放在经济舱；容器体积不超过 31 厘米 ×31 厘米 ×41 厘米；小动物必须放在主人的座位下面。

（二）导盲犬和助听犬的收运

导盲犬或助听犬是指经过专门训练为盲人导盲或为聋人助听的犬类，而盲人或聋人旅客在旅途中必须依靠它们的帮助。携带导盲犬或助听犬的盲人或聋人旅客需持有医生证明，并按照下列规定办理：

经承运人同意携带的导盲犬或助听犬，可以免费运输，且不计算在旅客的免费行李内。由盲人或聋人旅客带进客舱或装在货舱内。导盲犬或助听犬带进客舱运输时，必须在上机前戴上口罩和系上牵引绳索，不得占用座位及妨碍旅客的正常旅行和客舱服务；如果装在货舱内运输，必须按照小动物收运的规定办理。在长距离飞行中途不着陆的航班或某种机型，不适宜运输导盲犬或助听犬时，承运人可以拒绝运输。

（三）外交信袋的收运

由外交信使携带的外交信袋装有国家的外交机密文件，在大使馆与领事馆之间以及领事馆与本国外交部之间传送运输。外交信袋运输工作关系到国家与国家之间的外交关系。因此，承运人对运输外交信袋必须给予高度重视。

外交信袋可由外交信使随身携带，自行保管。但是，当外交信袋数量较多时，可根据外交信使的要求，按照托运行李办理，但只承担一般托运行李的责任。外交信袋运输需要占座位时，必须在订座时提出，并经承运人同意。外交信袋占用座位时，重量限额不得超过 75 千克，每件体积的限制与行李相同。

外交信袋与信使的行李可以合并计重或计件，超过免费行李额的部分，按照逾重行李的规定办理。占用座位的外交信袋没有免费行李额，运费按下列两种办法计算，取其较高者：根据占用座位的外交信袋实际重量，按照逾重行李费率计算的运费；根据外交信袋占用的座位数，按照运输起讫地点之间，与该外交信使所持客票票价级别相同的票价计算的运费。

外交信使随身携带的外交信袋较多，要求提供候机室与停机坪之间的地面运输时，可以免费协助提供。班机在中途站停留时，如果外交信使要求留在机上照管外交信袋，在机上留有民航工作人员的情况下，应允许并提供方便。

（四）运动器械器具的收运

05

延伸阅读

运动器械器具包括高尔夫球包、保龄球、滑翔伞 / 降落伞、滑雪 / 滑水用具、轮滑 / 滑板用具、潜水用具、射箭用具、曲棍球用具、冰球用具、网球用具、登山用具、自行车、皮划艇 / 独木舟、悬挂式滑翔运动用具、雪橇 / 水橇。冲浪板、风帆冲浪用具、橡皮艇或船、撑杆、标枪、单独包装的划船用具或浆、骑马用具等。

不同的航空公司对运动器械器具收运有着不同的要求，包括运动器械器具小类的划分 \ 是否计入免费行李额、重量或尺寸限制、每个小类的收费标准等，实际工作中应以各航空公司的具体规定为准。

（五）放射性同位素行李的收运

托运人航空运输放射性同位素必须办理如下手续：

（1）托运人航空托运放射性同位素应向民航部门填交货物托运单，并应提供当地卫生防疫部门和主管单位检查盖章的“放射性货物剂量检查证明书”。

（2）填写托运书时，要写清收货单位名称、地址及电话，以便到达航站及时与收货单位联系，托运书的右上角加盖或注明“放射性同位素”戳记或字样。

（3）放射性同位素的包装必须符合要求，包装物两侧应粘贴规定的包装标志。

（4）办妥托运手续后，应通过电报或电话将托运的放射性同位素的数量、等级、班机到达时间等通知收货单位到机场提取。

（5）托运人应于飞机起飞前一天与承运人联系，以预留吨位；班机当日起飞前 1 小时 30 分钟内自送至机场。

（6）包机托运的放射性同位素，需派专人押运。

（六）化学危险品的收运

（1）托运人托运化学物品，应当在托运单上准确地填明物品的具体化学品名称和性状，必要时还应当提供生产技术部门出具的技术说明书。

（2）化学物品必须有与其相适应的完整包装，尤其是气体、粉末、液体状态的化学物品，其包装和重量必须符合安全运输的要求。

（3）除放射性同位素和国际联运货物可以按照有关规定负责承运外，化学物品中属于爆炸、易燃、自燃、有毒、腐蚀等性质的危险品，一律不负责承运。

（4）为确保化学物品的安全运输，应按中国民用航空局制定的“化学物品运输规定”办理。

（七）限制物品的收运

无托运行李或因时间紧来不及放入托运行李内，旅客应主动将限制品交安全检查部门装入“限制物品保管袋”内。送交乘务长保管，待飞机到达后，交还本人。安全检查部门接受限制物品时，应会同旅客填写“限制物品交接单”，一式三联：第一联为旅客联，交给旅客；第二联为存根联，始发站留存；第三联为到达站联，随限制物品保管交乘务长。旅客收到限制物品后交回“限制物品交接单”的旅客联。如果旅客未领取限制物品，乘务长应将限制物品转交于到达站行李查询部门保管。

任务三　行李不正常运输

行李不正常运输是指行李在运输过程中，由于承运人工作疏忽、过失或其他原因造成的行李运输差错或行李运输事故，如行李迟运、错运、错卸、漏卸、错发、损坏、遗失等。行李运输发生不正常情况时，应及时、迅速、认真、妥善地处理，尽量避免或减少因行李不正常运输造成的损失。

PIR 是行李运输事故记录的英文简称，它是少收行李、多收行李、行李破损及行李内物被盗等行李运输不正常情况的原始记录，也是行李查询与赔偿工作的依据。

国际行李查询部门（代号 LL）是负责处理国际行李不正常运输工作的部门；国内行李查询部门（代号 LN）是负责处理国内行李不正常运输工作的部门。一些航空公司还设立专门的行李查询中心（代号 LZ），协助各地查询及处理本航空公司的行李查询工作和行李赔偿工作。

一、迟运行李

迟运行李指本次航班应载运但未予装机的应与旅客同机的行李。

（一）迟运行李的原因

（1）行李上拴挂的行李牌脱落导致无法识别行李的目的站。

（2）旅客办理登机手续时间较晚，来不及当班运出，为了保证航班正点，行李装在下一个航班上。

（3）出发站行李传动带出现分拣或传输等机械故障。

（4）当班行李来不及装载等。

（5）航班因载量问题而被临时拉下。

（6）由于工作人员疏忽将行李牌拴挂到其他航站。

（二）迟运行李的处理程序

（1）在行李不正常运输登记表上编号、登记。

（2）安排后续航班将迟运行李运至目的地。

（3）拍发运送行李电报给行李目的站。

（4）行李牌上识别联脱落无法确定行李的目的站的迟运行李，应等待其他航站发来的查询电报，确定行李的目的地后，安排后续航班运往行李目的地。

（5）行李运出前，应填写并拴挂速运行李牌。

（6）代理其他承运人处理迟运行李时，应通知该航空公司驻本站代表。

（7）中转站收到迟运行李后，按照速运行李牌上列明航班号 / 日期转运。

（8）到达站收到迟运行李后，立即通知旅客提取。迟运行李提取后，将收到日期和交付日期用电报通知迟运行李的中转站和到达站。

二、少收行李

航班到达站没有收到按照规定应该随旅客同机运达的托运行李，称为“少收行李”。

（一）少收行李的原因

（1）始发站行李漏装。

（2）始发站行李错装。

（3）中途站错卸行李。

（4）到达站漏卸行李。

（5）行李牌脱落无法辨认行李的目的地而没有装上飞机。

（二）少收行李的处理程序

1. 进行本站查询

（1）查看行李到达大厅与行李传送带周围有无遗留行李。

（2）通知行李装卸队检查货舱、集装箱内（必要时还可检查客舱）是否有漏卸行李，并检查行李仓库。

（3）向货运仓库询问有无误将行李卸到货物仓库内。

（4）沿到达行李的运输路线查找。

2. 查验旅客的客票和行李牌识别联

请旅客交验客票及行李牌识别联，记录旅客姓名、旅行路线的客票上填写的托运行李的件数、重量以及行李牌识别联上的目的地，有无改变航程、客票签转等情况。

3. 弄清少收行李的特征

包括外包装形状颜色和制作材料等，如是联程行李，还要向旅客询问行李的转运情况，最后看见行李的地点，是否已在联运站发现短少行李。

4. 查看多收行李记录、外站发来的多收行李和运送行李电报

5. 填写“行李运输事故记录”（Property Irregularity Report，PIR）

它是少收行李、多收行李、行李破损及行李内物被盗等行李运输不正常情况的原始记录。由于“行李运输事故记录”是行李查询与赔偿工作的依据，在填制时，应力求做到准确、详尽。

6. 填写“少收行李处理登记表”

7. 根据具体情况预付旅客适当的临时生活用品补偿费

8. 拍发有关少收行李查询电报

9. 填写“遗失物件问卷”

将由确实已丢失行李的旅客填写的“遗失物件问卷”，附在“行李运输差错处理记录”上，在办理赔偿时，作为赔偿金额的依据之一。

10. 少收行李结案

三、多收行李

多收行李指在每一次航班行李交付工作已经完毕，航班到达 24 小时后，仍无人领取的行李。

（一）多收行李的原因

（1）错运行李，挂有目的站为非本站的行李牌错运到本站的行李。

（2）速运行李，挂有速运行李牌需要中转至目的站的行李。

（3）无人认领行李，挂有目的地为本站的行李牌的行李，但无人认领。

（4）无行李牌行李。

（二）多收行李的处理程序

1. 填写记录卡

填写“多收行李记录卡”，并拴挂在多收行李上，入库备查。

2. 在多收行李处理登记表上编号、登记

（1）登记时仔细查看行李外包装是否完整无损、有无上锁；行李上如果有旅客姓名、地址、电话号码，应尽量详细地做好记录。

（2）对破损和无锁的行李进行包扎或上铅封后过磅重量，并做好记录。

3. 核对登记本

将多收行李登记本与少收行李登记本上记录的情况进行对照分析，从中找出少收的行李。

4. 拍发多收行李电报

5. 错运行李的处理

（1）属他站错运至本站的多收行李，可按原行李牌上的目的地，选择合理的运输路线和航班运往行李的目的地。

（2）拍发运送行李电报至行李目的地或有关中转站，并在电报最后注明是错运行李。

（3）如果本站没有至行李目的站的航班，也无法通过其他航班中转，可将行李退回原发运站。

（4）填写和拴挂速运行李牌，保留原行李牌。

6. 无人认领和无行李牌行李的处理

（1）核对其他站发来的少收行李查询电报或到达站的旅客名单表（TPM）。

（2）查看行李上的旅客姓名、地址、电话标贴牌或其他能识别旅客姓名、地址的标志和行李颜色、类型等。必要时，经领导同意后，可以开启包装查看行李内物品（必须两人以上在场），以便从中得到有关线索，设法与旅客本人或单位有关人员联系。

（3）如果暂时无法找到失主，应在多收行李报告表上登记运达航班号、日期、行李颜色、形状、行李的内容等，并拴挂多收行李记录卡、过磅入库。

（4）在航班到达后 4 小时内向运达航班的始发站、中途站或终点站拍发多收行李电报（OHD），最迟不得超过飞机到达后的第二天中午 12 时。

（5）多收行李在航班到达 72 小时后仍无人认领或没有找到失主，应向有关航站和行李查询中心拍发 SHL 电报。

（6）去函与失主联系，并请旅客提供以下情况：

a. 乘坐航空公司、航班号、日期。

b. 行李颜色、类型和行李物品。

c. 是否属于托运行李。

d. 是否已向承运人报失，在哪里报失的。

（7）找到失主之后，应通知失主前来领取。如果失主在外地，可按照速运行李的运送要求处理。

（8）多收行李从开始保管之日起，超过 90 天，可按无法交付行李处理。

多收行李、旅客遗留的自理行李和随身携带物品，以及由于安全原因禁止携带的物品，这些行李、物品经过多方查找仍无法找到失主、保管期又超规定时限 90 天，可以作为逾期无人领取行李、物品（无法交付行李）。

a. 行李查询部门负责逾期无人领取行李、物品的处理工作。在处理前要认真做好清点、登记工作，并上报有关部门批准；属于国际运输的无法交付行李还应会同当地海关进行处理。

b. 无法交付行李交给海关时，要求逐件列单，与海关经办人员办理交接手续。

c. 如属军用品、违禁品、文物、金银珠宝以及其他重要文件、资料等应向有关部门办理无价移交，不得擅自处理。

d. 属于行李运输事故，并已由承运人做出赔偿的行李，可以变卖，所得款项全部归做出赔偿的承运人所有。

e. 对逾期无人领取行李、物品，任何单位或个人不得私自挪用或变卖、购买和违章处理。

f. 处理所得金额应扣除行李保管费、处理费、关税后，余额交财务部门。逾期无人领取行李、物品在处理之日起 30 天内旅客前来认领，经确认后可将余款交还失主。

（9）其他承运人航班运来的无主行李，可以移交给其承运人处理。

7. 多收行李结案

多收行李电报发出后，行李已被认领，应立即向有关行李查询部门或行李查询中心拍发多收行李结案电报（CFI）。

四、速运行李的运送与交付

速运行李是指行李发生不正常运输（如迟运、多收等）后，需要迅速将行李运抵行李的目的地。

速运行李的处理程序：

（1）运送速运行李必须按照速运行李牌的要求详细填写有关项目，并拴挂在行李上，保留原行李牌。

（2）可利用本航空公司或其他承运人的最近一次班机免费运送。尽可能使用原航空公司航班运送。

（3）其他承运人的速运行李，如果行李包装不符合运输规定，可拒绝接受。运送其他承运人的速运行李，如果发生损坏、丢失，承运人不负赔偿责任。

（4）本航空公司的速运行李委托其他航空公司运送，应办理交接手续。

（5）海关监管的速运行李，运送时需办理海关手续。

（6）速运行李发运前，应拍发运送行李电报给到达站行李查询部门以及有关中转站。

必要时，还应给遗失行李的旅客挂电话、写信或发电报，通知旅客行李的运送航班、日期和目的地。

五、行李破损

破损行李是指在运输过程中，旅客交运的行李外部受到损伤，因而使行李的外包装和/或内装物品遭受损失。行李破损分为明显破损和不明显破损。明显破损是指行李外包装有明显的破损痕迹或外包装变形。不明显破损是指行李外包装完好或看不出有破损的痕迹，但是内物受损。

（一）行李破损的原因

（1）行李运输设备、箱子的自身质量较差。

（2）行李箱内物品放置得过多。

（3）机场搬运工野蛮装卸。

（4）飞机起降过程中受重力影响，行李也有可能发生破损。

发生行李破损，应立即查明行李破损的原因，明确责任。如果属于在运输过程中的正常现象，应向旅客解释，因为在正常的行李运输过程中，行李箱包也会受到一定损耗，例如轻微的摩擦、凹陷或表面沾染少量的污垢等。这些轻微擦碰，承运人不负运输责任。

（二）行李破损的处理

（1）在装卸或传送行李时发生或发现行李破损，应会同行李装卸人员填制行李事故签证单，并采取必要的补救措施。行李破损发生在始发站，一般要求将破损的行李修复后运输；如果一时无法修复，在运出时，应拍发行李破损电报（DMG），通知行李目的站和有关转运站。

（2）旅客提取行李时，提出行李破损，应会同旅客检查行李外包装和内物的破损或遗失情况，尽可能明确责任。

（3）属于承运人责任的行李破损应会同旅客填制“行李运输事故记录”（PIR），一式两份，一份交旅客收执，作为索赔的依据，另一份留行李查询部门存查。代理其他航空公司业务时，增加一份交该航空公司。

（4）如果行李的外包装完好无损，旅客提出行李内物破损，并要求赔偿，除非旅客能提出证实是承运人的过失所造成外，承运人可不负赔偿责任。

（5）如代理其他承运人处理破损时，填妥“行李运输事故记录”（PIR）后，可由其承运人驻本站代表直接处理。

（6）挂有“免除责任行李牌”的行李发生破损，应查对“免除责任行李牌”上打“×”的项目，如果属于免除责任的破损，承运人可不负赔偿责任。

（7）行李破损登记：发生或发现行李破损，应立即填写“行李装卸事故签证”或“行李运输事故记录”，并根据破损行李赔偿标准的有关规定办理赔偿。每月终了填写行李损坏登记表。

六、托运行李内物被盗或丢失

（一）托运行李内物被盗或丢失的原因

根据航空运输的特点，旅客的行李在运输过程中，要经过多个部门协作装卸飞机，发生内物丢失的原因有可能因为行李箱没有锁好或者内装物品过多，在始发站、经停站或目的站搬运时，致使行李箱受挤压的影响打开过等。

（二）托运行李内物被盗或丢失的处理程序

（1）旅客在提取行李时，提出所托运的行李内物部分被盗或丢失，并要求承运人赔偿。因一时难以明确责任，承运人应详细询问旅客，并请旅客书面提出被盗或丢失的物品和价值。如果属于承运人责任，应负责赔偿。

（2）旅客在领取行李时，如果没有提出异议，即为托运行李已经完好交付。事后旅客又提出行李内物被盗或丢失，承运人应协助旅客查找，除非旅客能提供证明属承运人的过失所造成外，承运人可不承担任何责任。

（3）旅客在托运行李内夹带现金、贵重物品等，一旦丢失或被盗，如属于承运人责任，按一般托运行李承担赔偿责任。

（4）发现托运行李内物短缺，应立即通知装卸部门和运输部门的值班领导到现场查看情况，检查该航班到达行李的交付过程，记录卸机、运送行李和交付行李的经办人员名单，尽可能找到疑点。短缺严重的要向公安部门或保卫部门报案。

（5）会同旅客填制“行李运输事故记录”（PIR），一式两份，一份交旅客作为赔偿凭证；一份交查询部门存查。如承运人责任已解决，仅填制一份作存查之用。

（6）填制行李内物短缺报告。

（7）填制行李内物短缺赔偿工作表。

（8）向有关航站行李查询部门拍发托运行李内物被盗或丢失电报（P/LOST）。

（9）托运行李被盗或丢失一旦找到后，应当面交付旅客。旅客提取时，需办理签收手续。

（10）有关站收到查询电报后，应立即协助查找。若找到，可按“速运行李”运送到查询站。贵重物品、易碎物品或小件物品应交乘务长带到目的站。

七、遗失/遗留自理行李、随身携带物品

自理行李、随身携带物品是指经承运人同意由旅客自行负责照管的行李物品。这些行李物品的遗失不属于承运人的运输责任范围，但承运人可根据旅客提供的情况和线索，协助旅客查找。找到后，通知旅客前来提取。旅客遗留的自理行李、随身携带物品应尽快找到失主；一时无法找到失主，应交由行李查询部门保管和处理。

（一）遗失自理行李和随身携带物品的处理

（1）根据旅客提供的情况和线索，协助旅客查找。

（2）与有关的机务人员、乘务人员、机上清洁人员、候机室服务人员和海关、安检、边防部门联系。

（3）请旅客留下姓名、地址、遗失物品名称、数量、牌号及型号等。

（4）不填写“行李运输事故记录”，但要根据旅客提供的情况做好记录、编号、登记。

（5）向有关站发查询电报。

（二）遗留自理行李和随身携带物品的处理

旅客遗留的物品（包括自理行李、随身携带物品等）应交由行李查询部门保管和处理。

（1）旅客的遗留物品应做好交接手续，进行编号、登记、拴挂多收行李记录卡、过磅，并上铅封入库。

（2）查看物品，并对其内容列出清单。如果发现失主姓名、地址，应通知失主认领。

（3）向有关站拍发多收行李电报（OHD）。

（4）有关站回电或来电查询，应认真查对，并将遗留行李物品按多收行李处理。如找到失主，应将遗留的行李物品拴挂速运行李牌运送到离失主最近的航站。

（5）如果找不到失主，旅客遗留的行李物品保管 90 天后，作为无法交付行李处理。但鲜活易腐物品不受上述时间限制，可根据具体情况经请示领导后及时处理。

（6）代理其他承运人的班机上发现旅客遗留的行李物品，可转交给其承运人驻本站代表处理。

任务四　行李的赔偿

在运输的过程中，由于承运人的过失使旅客的行李全部或部分遭受损坏、丢失、短缺或延误运输，承运人应负赔偿责任。旅客的自理行李、随身携带物品经承运人同意由旅客自行负责照管，除非旅客能提出证明是承运人的过失造成损失外，承运人不负赔偿责任。

因承运人原因致使旅客的托运行李未能与旅客同机到达，造成旅客旅途生活不便，在经停地或目的地应给予旅客适当的临时生活用品补偿费。

一、遗失行李的赔偿

（1）属国内运输的托运行李发生遗失，赔偿金额每千克不超过人民币 100 元。如行李价值每千克低于 100 元时，按实际价值赔偿。已收逾重行李费退还。由于发生在上、下航空器期间或航空器上的事件造成旅客的自理行李和随身携带物品灭失，航空公司负担的最高赔偿金额每位旅客不超过人民币 3000 元。

（2）属于国际运输（包括构成国际运输的国内航段）符合《华沙公约》缔约国条件的运输，每千克 17 特别提款权，非托运行李最高限额 332 特别提款权；符合《蒙特利尔公约》缔约国条件的运输，托运行李和非托运行李最高限额为 1131 特别提款权①。

（3）旅客丢失行李的重量按照实际托运的重量计算，当无法确定重量时，每位旅客的丢失行李最多只能按照旅客享受的免费行李额赔偿。旅客的丢失行李如已办理行李声明价值，应按声明的价值赔偿，声明价值附加费不退。行李的声明价值高于实际价值时，应按实际价值赔偿。

（4）对于交由承运人保管的客舱管制物品的遗失，应按照一般托运行李的赔偿规定办理。

（5）已赔偿的旅客丢失行李找到后，承运人应迅速通知旅客领取，旅客应将自己的行李领回，退还全部赔款。临时生活用品赔偿费不退。但如果发现旅客有明显欺诈行为，承运人有权追回全部赔款。

① 特别提款权（SDR）：是指由国际货币基金组织创设的一种储备资产和记账单位，由于其只是一种记账单位，不是真正货币，使用时必须先换成其他货币，不能直接用于支付。也就是说航空公司实际赔付时需要转换为具体货币。国际货币基金组织负责公布特别提款权与美元的比价，该比价是浮动的。以 2019 年 1 月 2 日为例，1 USD=SDR 0.719091。根据国际航协对各国航空承运人的建议，承运人应该在不违背所参与的国际公约的情况下，根据各国和各承运人自己的条件以及情况，自行制定适合各承运人条件的承运人“规则”或“运输总条件”。因此实践中各承运人的具体规定可能不完全相同。

（6）如遇快递公司无法运送行李或因其他原因需要旅客自行提取行李，承运人应考虑报销其车费。

二、破损或内物短少行李的赔偿

（1）属国内运输的托运行李发生遗失，赔偿金额每公斤不超过人民币 100 元。如行李价值每千克低于 100 元时，按实际价值赔偿。已收逾重行李费退还。由于发生在上、下航空器期间或航空器上的事件造成旅客的自理行李和随身携带物品灭失，航空公司负担的最高赔偿金额每位旅客不超过 3000 元人民币。

（2）属于国际运输（包括构成国际运输的国内航段）符合《华沙公约》缔约国条件的运输，每千克 17 特别提款权，非托运行李最高限额 332 特别提款权；符合《蒙特利尔公约》缔约国条件的运输，托运行李和非托运行李最高限额为 1131 特别提款权。

（3）旅客的托运行李部分遭受损失，不管其损失价值如何，只能按占损失行李全部重量中的比例赔偿。但是由于部分损失影响同一件或同一批行李的其他物品价值时，应当将受影响的物品的重量一并计算入行李赔偿重量。

（4）行李损坏时，按照行李降低的价值赔偿（每年 20% 的折旧率）或负担修理费用。

（5）旅客的丢失行李如果已办理行李声明价值，应按照声明的价值赔偿，最高不超过人民币 8000 元，声明价值附加费不退。行李的声明价值高于实际价值时，应按照实际价值赔偿。

声明价值附加费 =（行李声明价值 −50（每千克最高赔偿额）× 实际重量）× 0.5%

（6）损失的部分行李物品在弄不清实际重量时，可使用 IATA 规定的物品重量表计算重量。

（7）对于交由承运人保管的客舱管制物品的破损、污染或内物短少，应按照一般托运行李的赔偿规定办理。

三、临时生活用品补偿费

因承运人原因造成旅客的托运行李未能与旅客同机到达，使旅客的生活发生不便，承运人应根据实际情况在经停地或目的地等候行李期间，向旅客一次性支付临时生活用品补偿费，作为购买洗漱用具和换洗衣裤等生活日用品的费用。

（1）一次性发给的临时生活用品补偿费一般标准为人民币 100 元，承运人也可参照当地物价做出本航空公司的补偿费标准。

例如，中国东方航空公司关于临时生活用品补偿费的规定：

国际航班：头等舱旅客——人民币 500 元；公务舱旅客——人民币 400 元；经济舱旅客——人民币 300 元；

国内航班：头等舱旅客——人民币 300 元；公务舱旅客——人民币 200 元；经济舱旅客——人民币 100 元。

（2）支付临时生活用品补偿费时，填写“日用品补偿费收据”（一式三份），请旅客签收；旅客联交旅客；存根联附在“行李运输事故记录”上；财务联作报销用，交财务部门。在“行李运输事故记录”上注明已付临时生活用品费金额。办理托运行李丢失赔偿时，应扣除已付给的临时生活用品补偿费。如果丢失的托运行李已找到，旅客不需偿还。代理其他航空公司处理行李不正常时，除非与承运航空公司有协议外，一般不代其支付临时生活用品补偿费，而是请旅客直接与承运人联系。

（3）下列情况，航空公司不提供临时生活用品补偿费：旅客乘坐航空公司航班到达本站，但行李在外站已遗失且在本站申报遗失前，行李并非该航空公司承运；行李用当天的后续航班运达；行李贴挂有免除责任行李牌，其免责项目为“旅客晚交运行李”；行李系逾重行李，因载量不足而被撤下；旅客的永久或长期地址为托运行李的目的地。

表 5–8　临时生活日用品付款单

MISHANDLED BAGGAGE CASH ADVANCE

兹有我（签名人）在乘坐（承运人名称）航班旅行时，未收到我的托运行李，愿接受（承运人名称）支付的如下金额以购买临时生活必需品。我理解并同意将来如找不到我的行李，如下金额将计算入（承运人名称）对我的赔偿款项内。 I, THE UNDERSIGNED, ACKNOWLEDGE OF THE FOLLOWING SUM BEING AN ADVANCE MADE TO ME BY（×× AIRLINES）AT（PVG）（STATIONS）IN RESPECT OF INCIDENTAL EXPENSES BY ME AS A RESULT OF MY BAGGAGE BEING MISHANDLED. THE FOLLOWING SUM REFERRED TO WILL BE DEDUCTIBLE FROM ANY FULL AND FINAL SETTLEMENT WHICH MAY AGREE AT A LATTER DATE.

旅客姓名 Name of Passenger	护照号码 Passport No.
地址 Address	
航班 / 日期 Fight/Date	客票号码 Tickets No.
行李牌号码 Baggage Tag No.	
金额 The Sum of	
旅客签字 Passenger's Signature	日期 Date
经手人 Handling Agent	批准人签字 Authorized by

四、承运人的赔偿责任

下列情况造成的行李物品损失，承运人不负赔偿责任：

（1）自然灾害和其他无法控制的原因（战争或者武装冲突）。

（2）由于遵守国家的法律、规章、命令和运输规定，或旅客未遵守这些规定。

（3）旅客托运行李或非托运行李由于行李本身的自然属性、质量或者缺陷造成的损失，承运人不承担责任。

（4）行李内装有承运人规定不能夹带在托运行李内运输的物品，如易碎物品、易腐物品、贵重物品、文件、证件、有价证券、金银首饰、现金等，不论承运人是否了解都不负赔偿责任。

（5）行李外包装完好无损，除非能证明是由承运人的过失造成外，对行李内物发生损坏不负赔偿责任。

（6）旅客收受托运行李时，未提出异议，也未填写“行李运输事故记录”和“行李破损记录”，承运人不负赔偿责任。

（7）逾重行李，而旅客未支付逾重行李费，承运人不负逾重部分的赔偿责任。

（8）由行李损失而引起的间接损失不负赔偿责任。

（9）拴挂“免除责任行李牌”的托运行李，可免除行李牌上标明的项目的运输责任。

（10）行李在航空运输中因延误造成的损失，承运人应当承担责任，但是，承运人证明本人或者其受雇人、代理人为了避免损失的发生，已经采取一切必要措施或者不可能采取此种措施的，不承担责任。

五、受理赔偿的地点

一般情况下，受理旅客行李赔偿的地点为旅客的目的站或事故发生的航站。特殊情况下，航班的始发站也可受理赔偿，但是，必须事先与原处理不正常行李运输的航班取得联系，并且得到该航站正式委托以后才能受理。

表 5–9　行李赔偿费收据

FINAL SETTLEMENT/RELEASE AND INDEMNITY

旅客姓名 Name of Passenger	护照号码 Passport No.
航班 / 日期 Fight/Date	航程 Routing
客票号码 Tickets No.	行李牌号码 Baggage Tag No.
赔偿原因 Type of Compensation	

续表

事故主要情况 Details of the Accident
赔偿金额 The Sum of
经手人 批准人签字 Handling Agent Authorized by
解除责任声明 兹有我（签名人）收到（承运人名称）所支付给我的上述赔偿款。今后对该行李的损失，不再向（承运人名称）或其代理人提出任何索赔要求。 RELEASE I, THE UNDERSIGNED, HAVE RECEIVED FROM（××AIRLINES）AT THE ABOVE SUM IN FULL, FINAL AND COMPLETE SETTLEMENT OF ALL CLAIMS OF WHATSOEVER NATURE ARISING OUT OF OR IN CONNECTION WITH THE LOSS/DAMAGE ABOVE REFERRED TO. AND IN CONSIDERATION OF THE SAID PAYMENT, I AGREE TO INDEMNIFY（××AIRLINES）, ITS SERVANTS AND AGENTS FROM AND AGAINST ALL FURTHER CLAIMS BY WHOMSOEVER MADE IN RESPECT OF THE SAID LOSS AND/OR DAMAGE. I ACCEPET THAT THE SAID PAYMENT IS MADE WITHOUT PREJUDICE AND WITHOUT ANY ADMISSION OF LIABILITY.
旅客签字 日期 Passenger's Signature Date
收款金额 The Sum Received

六、提出异议的时限和诉讼办理

如果旅客提取行李并离开承运人照管的区域后，向承运人或授权代理人报行李遗失、破损或内物短少，旅客必须出具证据证明行李运输事故是由承运人造成的。

托运行李发生损失的，旅客应当在发现损失后向承运人提出异议，最迟应当自收到托运行李之日起 7 日内提出；托运行李发生延误的，最迟应当自托运行李交付旅客处置之日起 21 日内提出。除承运人有欺诈行为外，旅客未在上述规定的期限内提出异议的，不能向承运人提出索赔诉讼。

托运行李的毁灭、遗失、损坏或者延误，旅客有权对第一承运人提起诉讼，旅客有权对最后承运人提出诉讼，旅客均可对发生毁灭、遗失、损坏或者延误的运输区段的承运人提出诉讼。上述承运人应当对旅客承担连带责任。

航空运输的诉讼时效期限为两年。自民用航空器到达目的地点、应当到达目的地点或者运输终止之日起计算。

案例

坐飞机遗失贵重物品诉请赔偿 11 万元，判赔 180 元

旅客刘先生坐飞机遗失一件重 1.8 公斤、装有贵重物品的托运行李，为此将航空公司告上法庭，要求赔偿各项损失近 11 万元。

据悉，刘先生一家搭乘某航空公司航班由郑州飞往上海。到达虹桥机场后，刘先生发现托运的四件行李中，一个装有贵重物品的纸箱不见了，遂办理了行李遗失登记手续。

在之后与航空公司交涉过程中，双方发生纠纷，刘先生向法院提起诉讼。

刘先生认为，航空公司没有积极查找遗失行李，并对其查看监控视频的要求拖延、搪塞，在事发一周后才派人陪他向机场派出所报案，以致无法提供相关视频导致警方不予立案。

刘先生主张，遗失的纸箱内存放有价值 7 万余元的名贵手表和金银饰品，另有 2 万元的借据以及学历证明等重要证件，要求航空公司赔偿上述经济损失及因补办证件发生的差旅费、误工费 1.9 万余元，共计近 11 万元。

航空公司不同意刘先生的诉讼请求，辩称：刘先生将贵重物品和重要证件放入一次性使用的纸箱打包托运，做法不妥，真实性存疑。如果刘先生确实这样做了，就存在重大过失，后果应当自负，因为民航客运规则规定：乘客托运贵重物品应当进行申报。航空公司在履行承运义务时没有故意和重大过错，刘先生遗失行李，根据行业规定按照行李重量以每公斤 100 元的标准赔偿。

法院经两次公开开庭审理对案件做出一审判决：被告航空公司应按每公斤 100 元的行业标准，赔偿原告刘先生 180 元；驳回刘先生其余诉讼请求。

（资料来源：陈伊萍 . 澎湃新闻 .）

思考：本例中，法院判决的主要依据是什么？对于携带贵重物品的旅客，你认为旅客应该如何处理？

项目小结

1. 常见行李可分为托运行李和非托运行李，不同航空公司对不同类型行李的重量、体积、件数有不同要求。

2. 免费行李额有计重制和计件制两种制度，国内航线、国际航线、不同航空公司对免费行李额具体规定可能不同。

3. 行李的包装、收运、退运等都应该遵循一定的流程。

4. 行李运输不正常包括迟运行李、少收行李、多收行李、速运行李、行李破损、行李内物丢失和遗失 / 遗留行李。

5. 行李遗失、破损或内物短少可按规定予以赔偿。

思考与练习

1. 试比较国内三大航空公司国际与地区航线托运行李规格要求（重量、体积等）。

2. 什么是声明价值行李？办理声明价值应符合什么条件？

3. 什么是免费行李额？除部分低成本航空外，通常航空公司国内航线免费行李额是多少？

4. 收运行李时，什么情况下必须拴挂免除责任行李牌？

5. 简述少收行李的原因和处理程序。

6. 承运人遗失旅客行李应如何赔偿？

学习效果检测

扫描下方二维码，检测你的学习效果。

05

学习检测

06

课程思政

项目六 安检服务

项目导读

民航运输企业向旅客提供的服务首先应该是安全的，安检是确保这种服务安全最重要的基础。“9·11”事件后，安检服务在全世界范围内都得到了进一步的重视和提高。本项目介绍安检服务涉及的证件、人身、物品等检查以及飞机与隔离区监护，其根本目的是防止机场和飞机遭到袭击，防止运输危险品引起事故，确保乘客的人身和财产安全。

学习目标

知识目标：熟悉民航安检的规章制度，特别是《中国民用航空安全检查规则》；熟悉有效证件的种类；了解人身检查的岗位设置与职责；明确物品检查的范围和禁止携带的物品种类；了解飞机与隔离区监护知识。

技能目标：掌握检查证件的程序与方法；掌握人身检查的要领、程序和方法；掌握物品检查的方法。

素质目标：培养严谨细致、一丝不苟的职业精神；培养甘心默默无闻，当好人民群众的安全守护者的理想情怀。

任务一　民航安检的规章制度

一、安检服务的定义

安检是安全技术检查的简称，它是指在民航机场实施的为防止劫（炸）机和其他危害航空安全事件的发生，保障旅客、机组人员和飞机安全而采取的一种强制性的技术性检查。

安检服务十分必要，它是民航企业提供高质量旅客服务最重要的基础。“9·11”事件后，安检服务在全世界范围内都得到了进一步的重视和提高。安检服务的根本目的是：防止机场和飞机遭到袭击；防止运输危险品引起的事故；确保乘客的人身和财产安全。因此，作为旅客应积极配合安检服务人员的工作，真正享受安检服务带来的旅行安全保障。

二、民航安检的相关制度

民航安检制度是一系列相关法律法规的总称，主要包括：

（1）有关航空安全保卫的国际公约；

（2）《中华人民共和国民用航空法》；

（3）《中华人民共和国民用航空安全保卫条例》；

（4）《中国民用航空安全检查规则》；

（5）《中国民用航空危险品运输管理规定》。

其中《中国民用航空安全检查规则》是由民航局制定的具有可操作性的行业规章制度，对于我们学习和了解安检服务十分重要。

06

延伸阅读

三、《中国民用航空安全检查规则》简介

（一）安检服务总则的主要内容

（1）民用航空安全检查部门（以下简称安检部门），依照有关法律、法规和本规则，通过实施安全检查工作（以下简称安检工作），防止危及航空安全的危险品、违禁品进入民用航空器，保障民用航空器及其所载人员、财产的安全。

（2）安检工作包括对乘坐民用航空器的旅客及其行李、进入候机隔离区的其他人员及其物品，以及空运货物、邮件的安全检查；对候机隔离区内的人员、物品进行安全监控；对执行飞行任务的民用航空器实施监护。

（3）民航公安机关对安检部门的业务工作进行统一管理和检查、监督。从事民用航空活动的单位和人员应当配合安检部门开展工作，共同维护民用航空安全。

（4）对于本规则规定的危及民用航空安全的行为，安检部门应当予以制止并交由民航公安机关审查处理。

（5）乘坐民用航空器的旅客及其行李，以及进入候机隔离区或民用航空器的其他人员和物品，必须接受安全检查。但是，国务院规定免检的除外。

（二）安检部门及其人员

（1）设立安检部门应当经中国民用航空局（以下简称“民航局”）审核同意并颁发“民用航空安全检查许可证”；民航地区管理局在民航局授权范围内行使审核权。未取得“民用航空安全检查许可证”，任何部门或者个人不得从事安检工作。“民用航空安全检查许可证”有效期为五年，到期由颁证机关重新审核换发。

（2）申请设立安检部门的单位应当向民航局提出书面申请，并附书面材料证明具有下列条件：

①有经过培训并持有“安检人员岗位证书”的人员，且其配备数量符合《民用航空安检人员定员定额标准》。

②有从事安检工作所必需的经民航局认可的仪器、设备。

③有符合《民用航空运输机场安全保卫设施建设标准》的工作场地。

④有根据本规则和《民用航空安全检查工作手册》制定的安检工作制度。

⑤民航局要求的其他条件。

（3）从事安检工作的人员应当符合下列条件：

①遵纪守法，作风正派，品质良好。

②未受过少年管教、劳动教养或刑事处分。

③具有高中以上文化程度，志愿从事安检工作。

④招收的人员年龄不得超过25周岁。

⑤身体健康，五官端正，男性身高在1.65米以上，女性身高在1.60米以上；无残疾，无重听，无口吃，无色盲、色弱，矫正视力在5.0以上。

（4）安检人员实行岗位证书制度。没有取得岗位证书的，不可单独作为安检人员上岗执勤；对不适合继续从事安检工作的人员，应当及时调离或辞退；安检人员执勤时应当着制式服装，佩戴专门标志；在X射线区域工作的安检人员应当得到健康保护。

（三）安检工作勤务

1. 旅客及行李、货物、邮件的检查

（1）对国内航班旅客应当核查其有效乘机身份证件、客票和登机牌。有效乘机身份证件的种类包括：中国籍旅客的居民身份证、临时身份证、军官证、武警警官证、士兵证、军队学员证、军队文职干部证、军队离退休干部证和军队职工证，港、澳地区居民和台湾同胞旅行证件；外籍旅客的护照、旅行证、外交官证等民航局规定的其他有效乘机身份证件。对16岁以下未成年人，可凭其学生证、户口簿或者户口所在地公安机关出具的身份证明放行。对核查无误的旅客，应在其登机牌上加盖验讫章。

（2）对旅客实施安检时，安检人员应当引导旅客逐个通过安全门；对通过时安全门报警的旅客，应当重复过门检查或使用手持金属探测器或手工人身检查的方法进行复查，排除疑点后方可放行；手工人身检查一般应由同性别安检人员实施；对女旅客实施检查时，必须由女安检人员进行；对经过手工人身检查仍有疑点的旅客，经安检部门值班领导批准后，可以将其带到安检室从严检

查，检查应当由同性别的两名以上安检人员实施。

（3）旅客的托运行李和非托运行李都必须经过安全检查仪器检查；发现可疑物品时应当开箱（包）检查，必要时也可以随时抽查；开箱（包）检查时，可疑物品的托运人或者携带者应当在场。

（4）空运的货物应当经过安全检查或存放 24 小时，或者采取民航局认可的其他安全措施；对空运的急救物品、鲜活货物、航空快件等有时限的货物，应当及时进行安全检查；对特殊部门交运的保密货物、不宜检查的精密仪器和其他物品，按规定凭免检证明予以免检；航空邮件应当经过安全检查，发现可疑邮件时，安检部门应当会同邮政部门开包查验处理。

2. 候机隔离区安全监控

经过安全检查的旅客进入候机隔离区之前，安检部门应当对候机隔离区进行清场；安检部门应当派人员在候机隔离区内巡视，对重点部位加强监控；经过安全检查的旅客应当在候机隔离区内等待登机，如遇航班延误或其他特殊原因离开候机隔离区的，再次进入时应当重新经过安全检查；因工作需要进入候机隔离区的人员，必须佩戴民航公安机关制发的候机隔离区通行证件；上述人员及其携带的物品，应当经过安全检查；安检部门应当在候机隔离区工作人员通道口派专人看守，检查进出人员；候机隔离区内的商店不得出售可能危害航空安全的商品。商店运进商品应当经过安全检查，同时接受安检部门的安全监督。

3. 民用航空器监护

执行航班飞行任务的民用航空器在客机坪短暂停留期间，由安检部门负责监护。

对出港民用航空器的监护，从机务人员将民用航空器移交监护人员时开始，至旅客登机后民用航空器滑行时止；对过港民用航空器的监护从其到达机坪时开始，到滑离（或拖离）机坪时止；对执行国际、地区及特殊管理的国内航线飞行任务的进港民用航空器的监护，从其到达机坪时开始至旅客下机完毕机务人员开始工作为止。

空勤人员登机时，民用航空器监护人员应当查验其“中国民航空勤登机证”。加入机组执行任务的非空勤人员，应当持有“中国民航公务乘机通行证”和本人工作证（或学员证）；对上述人员携带的物品，应当查验是否经过安全检查，未经过安全检查的，不得带上民用航空器。

在出、过港民用航空器关闭舱门准备滑行时，监护人员应当退至安全线以外，记载飞机号和起飞时间后，方可撤离现场；民用航空器监护人员接受和移交航空器监护任务时，应当与机务人员办理交接手续，填写记录，双方签字。

任务二　证件检查

安检服务人员负责检查乘机旅客的有效身份证件、客票、登机牌，识别涂改、伪造、冒名顶替及其他无效证件。

一、证件的种类

（一）乘机有效身份证件

按照公安部、民航局的有关规定，乘机有效证件可归纳为四大类：居民身份证件、军人类证件、护照类证件和其他可以乘机的有效证件。

1. 居民身份证件

国内大陆地区的居民身份证和临时居民身份证。

2. 军人类证件

军官证、武警警官证、士兵证、军队文职干部证、军队离（退）休干部证、军队职工证、学员证。

3. 护照类证件

护照、港澳同胞回乡证、港澳居民往来内地通行证、中华人民共和国往来港澳通行证、台湾居民往来大陆通行证、大陆居民往来台湾通行证、外国人居留证、外国人出入境证、外交官证、领事官证、海员证等。

其中护照还可以分为：

（1）中国护照。包括外交护照（封皮红色）、公务护照（封皮墨绿色）、因公普通护照（封皮深棕色）、因私普通护照（封皮红棕色）。

（2）外国护照。包括外交护照、公务护照、普通护照等。

4. 其他可以乘机的有效证件

本届全国人大代表证、全国政协委员证、出席全国或省、自治区、直辖市的党代表、人代会、政协会，工、青、妇代表会和劳模会的代表，凭所属县、团级（含）以上党政军主管部门出具的临时身份证明；年龄已高的老人，凭接待单位、本人原工作单位或子女、配偶工作单位（县、团级及以上）出具的临时身份证明；16 岁以下未成年人凭学生证、户口簿或者户口所在地公安机关出具的身份证明等。

（二）机场控制区通行证件

1. 人员使用的证件

全民航统一的证件：空勤登机证、公务乘机通行证、航空安全员执照、特别工作证。

民航各机场制作的证件：民航工作人员通行证、联检单位人员通行证、外部人员通行证、专机工作证、包机工作证。

其他证件：押运证、军事运输通行证、侦察证。

2. 车辆通行证

包括机场控制区工作专用车辆通行证和其他进入机场控制区的车辆通行证。

二、检查证件的程序与方法

（一）检查证件的程序

1. 人、证对照

验证检查员接证件时，就要注意观察持证人的五官特征，再看证件上的照片与持证人五官是否相符。

2. 核对“三证”

一是核对证件上的姓名与机票上的姓名是否一致；二是核对机票是否有

效，有无涂改痕迹；三是核对登机牌所注航班是否与机票一致；四是查看证件是否有效，同时查对持证人是否属查控对象。

3. 盖章放行

查验无误后，按规定在登机牌上加盖验讫章放行。

（二）证件检查的方法

证件检查应采取检查、观察和询问相结合的方法。可以总结为“一看”“二对”“三问”。

“一看”就是对证件进行检查，要注意甄别证件的真伪、认真查验证件的外观式样、规格、塑封、暗记、照片、印章、颜色、字体、印刷以及编号、有效期限等主要识别特征是否与规定相符，有无变造、伪造的疑点。注意查验证件是否过期失效。

“二对”就是观察辨别持证人与证件照片的性别、年龄、相貌特征是否吻合，有无疑点。

“三问”就是对有疑点的证件，通过简单询问其姓名、年龄、出生日期、生肖、单位、住址等，进一步加以核实。

（三）涂改、伪造、冒名顶替证件的识别

（1）要注意甄别证件的真伪，认真检查证件的外观式样、规格、塑封、印刷和照片等主要识别特征是否与规定相符，有无变造、伪造的疑点。

（2）检查中要注意看证件上的有关项目是否有涂改的痕迹。

（3）检查中还要注意查处冒名顶替的情况，注意观察持证人的外貌特征是否与证件上的照片相符。发现可疑情况，应对持证人仔细查问，弄清情况。

（4）可通过专用仪器进行识别。

（四）居民身份证的有效期和编码规则

1. 居民身份证的期限

居民身份证的期限分为三种：10 年（16~25 周岁）；20 年（26~45 周岁）；长期（46 周岁以上）。

2. 居民身份证的编码规则

15 位编码的居民身份证：1~6 位为行政区划代码；7~12 位为出生日期代码；13~15 位为分配顺序码。

18 位编码的居民身份证：1~6 位为行政区划代码；7~14 位为出生日期代码；15~17 位为分配顺序码；18 位为识别码。

临时身份证明应贴有本人近期照片，写明姓名、性别、年龄、工作单位、有效日期，并在照片下方加盖公章。

（五）证件检查的处理

1. 涂改、伪造、冒名顶替证件的处理方法

旅客持伪、假证件或冒用他人证件乘机是违法行为，发现后，立即报告值班领导，做好登记，移交民航机场公安机关审查处理。如果是境外人员非法持有国内居民身份证件时，应将其移交公安机关处理。但如果上述旅客年龄已高（按法定离退休年龄掌握）、经公安机关查明真实身份且无前科的情况下，在收缴其非法证件并依法处罚后，可视情况由安检部门对其实施严格的安全检查，准予乘机。

2. 过期身份证件的处理方法

旅客所持居民身份证过期时间不到 6 个月的，可予以放行；超过 6 个月的不予放行；旅客所持临时居民身份证过期，15 天以内经站值班领导批准放行，超过 15 天的不予放行。

3. 发现查控对象时的处理方法

发现查控对象时，要沉着冷静、不露声色，待其进入安检区后，按预订方案处置，同时报告值班领导，尽快与布控单位取得联系；将嫌疑人移交布控单位时，要做好登记，填写移交清单并双方签字。对同名同姓的旅客在没有十分把握的情况下交公安机关处理。

任务三　人身检查

一、人身检查的岗位设置与职责

人身检查由安全门检查员、前传和引导检查员负责实施。

（一）人身检查员的职责

人身检查岗位一般设引导和安全门检查两个具体岗位。其基本职责是：

（1）引导旅客有秩序地通过安全门。

（2）检查旅客自行放入盘中的物品。

（3）对旅客人身进行仪器或手工检查。

（4）准确识别并根据有关规定处理违禁物品。

（二）前传、维序检查员职责

（1）维持待检区秩序并通知旅客准备好身份证件、机票和登机牌。

（2）开展调研工作。

（3）在安全检查仪器传送带上正确摆放受检行李物品。

二、人身检查的方法

对旅客进行人身检查有两种方法：仪器检查和手工检查。在现场工作中通常可采用仪器与手工相结合的检查方法。

仪器检查指安检人员按规定的方法对旅客通过安全门或采取手持金属探测器等检查发现危险品、违禁品。现阶段我国各大机场的人身检查普遍使用安全门检查和手持金属探测器检查两种仪器检查方法。

手工人身检查是指安全检查人员按规定的方法对旅客身体采取摸、按、压等检查方法发现危险品、违禁品。

（一）安全门检查的方法

所有乘机旅客都必须通过安全门检查（政府规定的免检者除外）。旅客通过安全门之前，安全门前的引导员应首先让其取出身上的金属物品，然后引导旅客按次序逐个通过安全门。如发生报警，应使用手持金属探测器或手工人身检查的方法进行复查，彻底排除疑点后才能放行。

对旅客放入盘中的物品，注意采用摸、掂、试等方法检查是否藏匿违禁品。

（二）手工人身检查的方法

检查人员面对旅客，先从旅客的前衣领开始，至双肩、前胸、腰部止；再请旅客转身，从后衣领起，至双臂外侧、内侧、腋下、背部、后腰部、裆部、双腿内外侧和脚部止。冬季着装较多时，可请旅客解开外衣，对外衣也必须进行认真的检查。对女性旅客实施检查须由女性检查员进行。

三、人身检查的要领和程序

（一）手持金属探测器检查的程序

检查人员站在旅客右前侧，按以下程序进行：头部—右手—左手—胸部—腹部及躯干两侧—右腿—左腿。然后请旅客转身，再对旅客身后从上到下进行检查。

（二）手工人身检查

手工人身检查遵循由上到下，由里到外，由前到后的程序。检查要领主要是顺身体的自然形状，通过摸、按压、拍打，用手来感觉出藏匿的物品。

四、人身检查的重点对象

（1）精神恐慌、言行可疑、伪装镇静者。

（2）冒充熟人、假献殷勤、接受检查过于热情者。

（3）表现不耐烦、催促检查或者言行蛮横、不愿接受检查者。

（4）窥视检查现场、探听安全检查情况等行为异常者。

（5）本次航班已经开始登机、匆忙赶到安检现场者。

（6）公安部门、安全检查站掌握的嫌疑人和群众提供的有可疑言行的旅客。

（7）上级或有关部门通报的来自恐怖活动频繁的国家和地区的人。

（8）着装与其身份不相符或不合时令者。

（9）检查中发现的其他可疑者。

任务四　物品检查

一、物品检查的范围

物品检查的范围主要包括三个方面：一是对旅客、进入隔离区的工作人员随身携带的物品的检查；二是对随机托运行李物品的检查；三是对航空货物和邮件的检查。

二、民航旅客禁止随身携带和托运的物品

（一）枪支等武器（包括主要零部件）

能够发射弹药（包括弹丸及其他物品）并造成人身严重伤害的装置或者可能被误认为是此类装置的物品，主要包括：①军用枪、公务用枪，如手枪、步枪、冲锋枪、机枪、防暴枪；②民用枪，如气枪、猎枪、射击运动枪、麻醉注射枪；③其他枪支，如道具枪、发令枪、钢珠枪、境外枪支以及各类非法制造的枪支；④上述物品的仿真品。

（二）爆炸或者燃烧物质和装置

能够造成人身严重伤害或者危及航空器安全的爆炸或燃烧装置（物质）或者可能被误认为是此类装置（物质）的物品，主要包括：①弹药，如炸弹、手榴弹、照明弹、燃烧弹、烟幕弹、信号弹、催泪弹、毒气弹、子弹（铅弹、空包弹、教练弹）；②爆破器材，如炸药、雷管、引信、起爆管、导火索、导爆索、爆破剂；③烟火制品，如烟花爆竹、烟饼、黄烟、礼花弹；④上述物品的仿真品。

（三）管制器具

能够造成人身伤害或者对航空安全和运输秩序构成较大危害的管制器具，主要包括：①管制刀具，如匕首、三棱刮刀、带有自锁装置的弹簧刀或跳刀、其他相类似的单刃双刃三棱尖刀以及其他刀尖角度大于 60 度刀身长度超过 220 毫米的各类单刃、双刃、多刃刀具（具体规格以相关规定为准）；②军警械具，如警棍、警用电击器、军用或警用的匕首、手铐、拇指铐、脚镣、催泪喷射器；③其他属于国家规定的管制器具，如弩。

（四）危险物品

能够造成人身伤害或者对航空安全和运输秩序构成较大危害的危险物品，主要包括：①压缩气体和液化气体，如氢气、甲烷、乙烷、丁烷、天然气、乙烯、丙烯、乙炔（溶于介质的）、一氧化碳、液化石油气、氟利昂、氧气、二氧化碳、水煤气、打火机燃料及打火机用液化气体；②自燃物品，如黄磷、白磷、硝化纤维（含胶片）、油纸及其制品；③遇湿易燃物品，如金属钾、钠、锂、碳化钙（电石）、镁铝粉；④易燃液体，如汽油、煤油、柴油、苯、乙醇（酒精）、丙酮、乙醚、油漆、稀料、松香油及含易燃溶剂制品；⑤易燃固体，如红磷、闪光粉、固体酒精、赛璐珞、发泡剂；⑥氧化剂和有机过氧化物，如高锰酸钾、氯酸钾、过氧化钠、过氧化钾、过氧化铅、过氧乙酸、过氧化氢（双氧水）；⑦毒害品，如氰化物、砒霜、剧毒农药等剧毒化学品；⑧腐蚀性物品，如硫酸、盐酸、硝酸、氢氧化钠、氢氧化钾、汞（水银）；⑨放射性物品，如放射性同位素。

（五）其他物品

其他能够造成人身伤害或者对航空安全和运输秩序构成较大危害的物品，主要包括：①传染病病原体，如乙肝病毒、炭疽杆菌、结核杆菌、艾滋病病毒；②火种（包括各类点火装置），如打火机、火柴、点烟器、镁棒（打火石）；③额定能量超过 160Wh 的充电宝、锂电池（电动轮椅使用的锂电池另有规定）；④酒精体积百分含量大于 70% 的酒精饮料；⑤强磁化物、有强烈刺激性气味或者容易引起旅客恐慌情绪的物品以及不能判明性质可能具有危险性的物品。

（六）国家法律、行政法规、规章规定的其他禁止运输的物品

三、民航旅客限制随身携带或托运的物品

06

视频微课

（一）禁止随身携带但可以作为行李托运的物品

（1）锐器

该类物品带有锋利边缘或者锐利尖端，由金属或其他材料制成的、强度足以造成人身严重伤害的器械，主要包括：①日用刀具（刀刃长度大于 6 厘米），如菜刀、水果刀、剪刀、美工刀、裁纸刀；②专业刀具（刀刃长度不限），如手术刀、屠宰刀、雕刻刀、刨刀、铣刀；③用作武术文艺表演的刀、矛、剑、戟等。

（2）钝器

该类物品不带有锋利边缘或者锐利尖端，由金属或其他材料制成的、强度足以造成人身严重伤害的器械，主要包括：棍棒（含伸缩棍、双节棍）、球棒、桌球杆、板球球拍、曲棍球杆、高尔夫球杆、登山杖、滑雪杖、指节铜套（手钉）。

（3）其他

其他能够造成人身伤害或者对航空安全和运输秩序构成较大危害的物品，主要包括：①工具，如钻机（含钻头）、凿、锥、锯、螺栓枪、射钉枪、螺丝

刀、撬棍、锤、钳、焊枪、扳手、斧头、短柄小斧（太平斧）、游标卡尺、冰镐、碎冰锥；②其他物品，如飞镖、弹弓、弓、箭、蜂鸣自卫器以及不在国家规定管制范围内的电击器、梅斯气体、催泪瓦斯、胡椒辣椒喷剂、酸性喷雾剂、驱除动物喷剂等。

（二）随身携带或者作为行李托运有限定条件的物品

（1）随身携带有限定条件但可以作为行李托运的物品

旅客乘坐国际、地区航班时，液态物品应当盛放在单体容器容积不超过100mL 的容器内随身携带，与此同时盛放液态物品的容器应置于最大容积不超过 1L、可重新封口的透明塑料袋中，每名旅客每次仅允许携带一个透明塑料袋，超出部分应作为行李托运。

旅客乘坐国内航班时，液态物品禁止随身携带（航空旅行途中自用的化妆品、牙膏及剃须膏除外）。航空旅行途中自用的化妆品必须同时满足三个条件方可随身携带：①每种限带一件；②盛放在单体容器容积不超过 100mL 的容器内；③接受开瓶检查。牙膏及剃须膏每种限带一件且不得超过 100g（mL）。旅客在同一机场控制区内由国际、地区航班转乘国内航班时，其随身携带入境的免税液态物品必须同时满足三个条件方可随身携带：①出示购物凭证；②置于已封口且完好无损的透明塑料袋中；③经安全检查确认。如果在转乘国内航班过程中离开机场控制区则必须将随身携带入境的免税液态物品作为行李托运。

婴儿航空旅行途中必需的液态乳制品、糖尿病或者其他疾病患者航空旅行途中必需的液态药品，经安全检查确认后方可随身携带。

旅客在机场控制区、航空器内购买或者取得的液态物品在离开机场控制区之前可以随身携带。

（2）禁止随身携带但作为行李托运有限定条件的物品

酒精饮料禁止随身携带，作为行李托运时有以下限定条件：①标识全面清晰且置于零售包装内，每个容器容积不得超过 5L；②酒精的体积百分含量小于或等于 24% 时，托运数量不受限制；③酒精的体积百分含量大于 24%、小于或等于 70% 时，每位旅客托运数量不超过 5L。

（3）禁止作为行李托运且随身携带有限定条件的物品

充电宝、锂电池禁止作为行李托运，随身携带时有以下限定条件（电动轮椅使用的锂电池另有规定）：①标识全面清晰，额定能量小于或等于 100Wh；②当额定能量大于 100Wh、小于或等于 160Wh 时必须经航空公司批准且每人限带两块。

（三）国家法律、行政法规、规章规定的其他限制运输的物品

四、物品检查的方法

（一）开箱（包）检查

1. 开箱（包）检查的程序

（1）观察外层。看它的外形，检查外部小口袋及有拉链的外夹层。

（2）检查内层和夹层。用手沿行李包的各个侧面上下摸查，将所有的夹层、底层和内层小口袋检查一遍。

（3）检查包内物品。按 X 射线机操作员所指的重点部位和物品进行检查。在没有具体目标的情况下应一件一件地检查。已查和未查的物品要分开，放置要整齐有序。如包内有枪支等物品，应先将其取出保管好，及时进行处理，然后再细查其他物品。

（4）善后处理。检查后如有问题应及时报告领导，或交公安机关处理。没有发现问题的应协助旅客将物品放回包内，对其合作表示感谢。

2. 开箱（包）检查的重点对象

（1）用 X 射线机检查时，图像模糊不清无法判断物品性质的。

（2）用 X 射线机检查时，发现似有电池、导线、钟表、粉末状、液体状、枪弹状物品及其他可疑物品的。

（3）X 射线机图像中显示有容器、仪表、瓷器等物品的。

（4）照相机、收音机、录音录像机及电子计算机等电器。

（5）携带者特别小心或时刻不离身的物品。

（6）乘机者携带的物品与其职业、事由和季节不相适应的。

（7）携带者声称是帮他人携带或来历不明的物品。

（8）旅客声明不能用 X 射线机检查的物品。

（9）现场表现异常的旅客或群众揭发的嫌疑分子所携带的物品。

（10）公安部门通报的嫌疑分子或被列入查控人员所携带的物品。

（11）旅客携带的密码箱（包）进入检查区域发生报警的。

（二）交运行李、货物、邮件的检查方法

1. 交运行李的检查方法

对旅客交运行李的安全检查应在旅客办理乘机手续时同步进行，检查无问题后方准其托运。

对尚未实施交运行李检查与登机手续同步进行的机场，应将已检查的托运行李实行封包或加贴封条，并实施有效监控，防止验讫的行李被夹塞物品或与未经检查的行李相混。

对已办理登机手续并交运行李而未登机的旅客，其行李不得装进或留在航空器上。旅客中途中止旅行时，应将其行李卸下。

2. 货物、邮件的检查方法

对货物、邮件进行安全检查是指利用安全检查仪器对空运的货物、邮件进行检查，防止伪报、虚报品名或者在货物、邮件中夹带危险品。

对空运的货物应当经过仪器检查或存放 24 小时，或者采取民航局认可的其他安全措施。

对空运的急救物品、鲜活货物、航空快件等有时限的货物，应当全部及时进行安全检查。

对无法用仪器进行检查的货物应至少在货运仓库存放 24 小时后方可启运。

对空运货物、邮件进行检查时，应查验托运书或路单填写的各项内容是否完整规范，核对所申报的品名与实际货物是否一致。

对经安全检查仪器检查发现疑点的货物应会同货主或托运人共同开包检查，直至排除疑点后方可放行。

对航空邮件应进行安全检查。发现可疑邮件时，安检部门应会同邮政部门开包查验。

对特殊部门交运的保密货物，不宜安全检查的精密仪器或其他物品，按规定凭免检证明予以免检。

（三）常见物品的检查方法

1. 仪器、仪表的检查方法

对仪器、仪表通常进行X射线机透视检查，如X射线机透视不清，又有怀疑，可用看、掂、探、拆等方法检查。

2. 各种容器的检查方法

对容器进行检查时，可取出容器内的东西，采取敲击、测量的方法听其发出的声音，分辨有无夹层，并测量容器的外高与内深、外径与内径的比差是否相符。

3. 各种文物、工艺品的检查方法

一般采用摇晃、敲击、听等方法进行检查，摇动或敲击时，听其有无杂音或异物晃动声。

（四）异常物品的检查方法

1. 对不易确定性质的粉末状物品的检查方法

对不易确定性质的粉末状物品，可用试烧的方法，观察其燃烧程度来判断。

2. 对外形怪异、包装奇特的物品的检查方法

对外形怪异、包装奇特的物品，首先应请旅客对其功能、用途进行说明；其次应进行X射线机检查，弄清楚其内部结构及有无藏匿违禁物品；对有疑问的可进行拆、捏、摸等手工检查方法进行检查。

任务五 飞机与隔离区监护

一、飞机监护

飞机监护是指安检部门对执行飞行任务的民用航空器在客机坪短暂停留期

间进行监护，其范围是以飞机为中心，周围 30 米区域。飞机监护是确保航空器和旅客安全的重要环节。

（一）飞机监护的任务

担负对民用航空器监护区的清查监护，对出、过港民用航空器，经过安全检查的旅客及其手提行李实施监护；严禁无证、无关人员及车辆进入监护区域或无证、无关人员混入旅客行列登上航空器；防止武器、凶器、弹药、易燃、易爆、毒害品、放射性物品及其他危害航空器、旅客安全的违禁物品带入监护区或带上航空器；注意发现可疑人员，防止劫、炸机分子强行登机，进行破坏活动。

（二）飞机监护的时间规定

对出港航空器的监护，从机务人员移交监护人员时起，至旅客登机后航空器滑行时止；对过港航空器的监护从其到达客机坪时开始，至旅客登机后航空器滑行时止；对执行国际、地区及特殊管理的国内航线飞行任务的进港航空器的监护，从其到达机坪时开始至旅客下机完毕机务人员开始工作为止。

对当日首班出港航空器，监护人员应在起飞时间前 90 分钟与机务人员办理交接手续。

对执行航班任务延误超过 90 分钟的航空器由安检部门交由机务人员管理，至确定起飞时间前 60 分钟由机务人员移交安检部门实施监护。

（三）飞机监护的程序

1. 准备阶段

了解当天航班动态，通过离港系统向外场、调度等单位及时了解变化情况，注意班次的增减、飞机的更改和起飞时间的变动。

派班员根据航班动态和本中队人员情况，将各个监护小组逐个安排勤务任务，明确指定航班和飞机。

监护小组人员领取对讲机和登记本等用品，整理好着装，做好上岗准备工作。

2. 实施阶段

监护小组在当天首次出港飞机起飞前 90 分钟进入监护位置（进港航班从航空器到客机坪时开始执行）。

到达监护位置后，对货舱和机舱等部位进行清查，检查无误后与机务人员办理交接手续，然后回到机下梯口或廊桥口开始监护。

旅客登机前，对机组人员和地面登机人员的证件和携带行李进行检查（航行包除外）。对进出港飞机货舱进行监装、监卸和监管。

旅客登机时，站立梯口或廊桥口一侧，观察上客情况，禁止无关人员（包括地面工作人员）上飞机。

旅客登机完毕，舷梯撤离后，退出原监护位置至安全线以外。

飞机起飞时，记载机号和起飞时间，监护人员撤离。

结束飞行任务的飞机返回后，监护人员待旅客全部下机，与机组人员办理交接手续后方可撤离。

3. 结束阶段

当次航班监护任务完成后，监护人员应及时返回中队所在地，汇报监护情况，稍做休整准备下一次的监护工作。

当天航班结束后，监护中队值班领导及内勤清点所有装备，记录当天工作情况（重点情况随时记载），方可下班。

二、隔离区监护

（一）隔离区监护的任务

隔离区监护的任务是，对隔离区的管理、清理和检查，禁止未经检查的人员与已经过检查的人员接触和随意进出，防止外界人员向内传递物品，防止藏匿不法分子和危险物品，保证旅客和隔离区的绝对安全。

（二）隔离区监护的程序

（1）上岗后，监护人员分别对隔离区各部位进行严密清场。

（2）清场完毕，按分工把守登机口、通道和在隔离区内巡视。

（3）旅客到来后，注意发现形迹可疑和频繁进出的人员。

（4）在旅客候机期间，应经常巡查隔离区的各个部位，注意观察动态，对重点部位要加强监控。

（5）当天航班结束后，要查看清理隔离区现场，注意发现有无遗留旅客和可疑人员及危险物品。

（三）隔离区清场

1. 隔离区清场的任务

查找隔离区有无可疑物品和可疑人，并确定可疑物品的性质和威胁程度，及时通知有关部门排除其危险性，保证安全。

2. 隔离区清场的方法

（1）仪器清查。仪器清查有三种方式，即金属探测器清查，主要是利用金属探测器清查监护区域内有无隐藏武器等金属性违禁物品；钟控定时装置探测器清查，利用钟控定时装置探测器清查监护区内有无隐藏定时爆炸装置；监控设备清查，通过遥控监护区内的监控探头，搜索有无可疑人员及可疑物品滞留在监护区内。

（2）人工清查。利用人工查看方法对隔离区进行清查。

案例

伪证乘机，安检如何处理?

某日，旅客蒋先生在某航空股份有限公司售票中心购买了当年 1 月 31 日上午 7 时 10 分海口至南京的 121 次航班机票一张，票价为人民币 1270 元。1 月 31 日，蒋先生到机场办妥登机手续，领取了登机牌后，在通过机场安检检查口时，因其向安检人员出示变造的个人居民身份证，其证件、登机牌等被安检人员扣留，并被带到机场安检办公室查问。安检人员收缴了其使用的变造身份证，并不准其乘机。此时蒋先生才出示其真实居民身份证，并称其回南京有急事，要求航空公司准许其乘坐该航次班机。航空公司工作人员会同安检人员查明蒋先生真实身份后，视其有急事和为方便旅客，便未将蒋某移交公安机关审查，而按民航旅客须知（国内运输）中有关“误机系指旅客未按规定时间办妥乘机手续或因其旅行证件不符合规定而未能乘机”的规定，以蒋先生旅行证件不符合规定为由对蒋先生作误机处理，退还了蒋先生半价机票款 635 元人民币。蒋先生重新购买 121 次航班机票，并按时乘坐该航次班机回到南京。事后，蒋先生以航空公司对其作误机处理、罚收半价机票款 635 元缺乏法律依据为理由，向航空公司提出异议。因双方协商处理未果，诉至法院。

问：根据本例事实，工作人员处理是否得当？说明理由。

项目小结

1.《中国民用航空安全检查规则》是由民航局制定的具有可操作性的行业规章制度，对于我们学习和了解安检服务十分重要。

2. 安检服务人员负责检查乘机旅客的有效身份证件、客票、登机牌，识别涂改、伪造、冒名顶替及其他无效证件。

3. 对旅客进行人身检查有两种方法：仪器检查和手工检查。在现场工作中通常可采用仪器与手工相结合的检查方法。

4. 物品检查的范围主要包括以下三个方面：一是对旅客、进入隔离区的工作人员随身携带的物品的检查；二是对随机托运行李物品的检查；三是对航空货物和邮件的检查。

5. 飞机监护是指安检部门对执行飞行任务的民用航空器在客机坪短暂停留期间进行监护，其范围是以飞机为中心周围 30 米区域。

思考与练习

1. 民航安检制度主要包括哪些内容？

2. 如何识别涂改、伪造、冒名顶替证件？

3. 人身检查的方法有哪些？

4. 禁止旅客随身携带或交运的物品种类有哪些？

5. 对货物、邮件应采取怎样的检查方法？

6. 飞机监护的范围和任务是什么？

学习效果检测

扫描下方二维码，检测你的学习效果。

06

学习检测

附：民航安全检查员国家职业标准

1. 职业概况

1.1 职业名称

民航安全检查员。

1.2 职业定义

对乘坐民用航空器的旅客及其行李、进入机场控制区的其他人员及其物品，以及空运货物、邮件实施安全检查的人员。

1.3 职业等级

本职业共设四个等级，分别为：五级民航安全检查员（初级技能）、四级民航安全检查员（中级技能）、三级民航安全检查员（高级技能）、二级民航安全检查员（技师）。

1.4 职业环境

室内，常温。

1.5 职业能力特征

具有较强的表达能力和观察、分析、判断能力；良好的空间感、形体知觉、嗅觉；手指、手臂灵活，动作协调；无残疾，无重听，无口吃，无色盲、色弱，矫正视力在5.0以上；男性身高在1.65米以上，女性身高在1.60米以上。无犯罪和不良记录。

1.6　基本文化程度

高中毕业（或同等学力）。

1.7　培训要求

1.7.1　培训期限

全日制职业学校教育，根据其培养目标和教学计划确定。晋级培训期限：五级民航安全检查员不少于300标准学时；四级民航安全检查员不少于200标准学时；三级民航安全检查员不少于200标准学时；二级民航安全检查员不少于120标准学时。

1.7.2　培训教师

培训教师应当具有大专（含）以上文化程度，具备系统的安全检查知识、一定的实际工作经验和丰富的教学经验、良好的语言表达能力。培训教师也应具有相应级别：培训四级、五级民航安全检查员的教师应具有本职业三级（含）以上职业资格证书并从事民航安全检查工作5年以上；培训三级民航安全检查员的教师应具有本职业二级职业资格证书，或具有本职业三级职业资格证书并从事民航安全检查工作10年以上，或具有相关专业中级及以上技术职务任职资格2年以上；培训二级民航安全检查员的教师应具有本职业二级职业资格证书2年以上，或具有相关专业高级技术职务任职资格。

1.7.3　培训场地设备

应具有满足教学要求的培训教室、教学设备，以及必要的安全检查计算机培训测试系统、安全检查仪器与设备、各种违禁物品或其仿制品等。

1.8　鉴定要求

1.8.1　适用对象

从事或准备从事本职业的人员。

1.8.2　申报条件

——五级民航安全检查员（具备以下条件之一者）：

（1）经本职业五级正规培训达规定标准学时数，并取得培训合格证书。

（2）在本职业连续见习工作1年以上（含1年）。

——四级民航安全检查员（具备以下条件之一者）：

（1）取得本职业五级职业资格证书后，连续从事本职业工作2年以上，经本职业四级正规培训达规定标准学时数，并取得培训合格证书。

（2）取得本职业五级职业资格证书后，连续从事本职业工作 4 年以上。

（3）中专以上（含中专）本专业及大专以上（含大专）非本专业毕业生，取得本职业五级职业资格证书后，连续从事本职业工作 1 年以上，经本职业四级正规培训达规定标准学时数，并取得培训合格证书。

——三级民航安全检查员（具备以下条件之一者）：

（1）取得本职业四级职业资格证书后，连续从事本职业工作 3 年以上，经本职业三级正规培训达规定标准学时数，并取得培训合格证书。

（2）取得本职业四级职业资格证书后，连续从事本职业工作 5 年以上。

（3）大专以上（含大专）本专业毕业生，取得本职业四级职业资格证书后，连续从事本职业工作 1 年以上，经本职业三级正规培训达规定标准学时数，并取得培训合格证书。

——二级民航安全检查员（具备以下条件之一者）：

（1）取得本职业三级职业资格证书后，在安全检查现场值班领导岗位工作 3 年以上，经本职业二级正规培训达规定标准学时数，并取得培训合格证书。

（2）取得本职业三级职业资格证书后，在安全检查现场值班领导岗位工作 5 年以上。

（3）取得本职业三级职业资格证书后，连续从事本职业工作 7 年以上，经本职业二级正规培训达规定标准学时数，并取得培训合格证书。

（4）取得本职业三级职业资格证书后，连续从事本职业工作 9 年以上。

1.8.3 鉴定方式

分为理论知识考试和技能操作考核。理论知识考试采用闭卷笔试或计算机考试方式，技能操作考核采用模拟现场或实际工作现场方式。理论知识考试和技能操作考核均实行百分制，理论知识考试成绩达 60 分以上、技能操作考核成绩达 70 分以上者为合格。其中，五级民航安全检查员技能操作考核分为三个鉴定模块，每个模块的考核成绩均达到本模块分值的 70%（含）以上为合格。二级民航安全检查员还须进行综合评审。

1.8.4 考评人员与考生配比

理论知识考试考评人员与考生配比为 1∶20，每个标准教室不少于 2 名考评人员；技能操作考核考评员与考生配比为：模拟现场考核 1∶10，实际工作现场考核 3∶1；综合评审委员不少于 5 人。

1.8.5　鉴定时间

理论知识考试时间为 90 分钟；技能操作考核时间为 60 分钟；综合评审时间不少于 30 分钟。

1.8.6　鉴定场所设备

理论知识考试在标准教室进行；技能操作考核在模拟现场或实际工作现场进行。

2. 基本要求

2.1　职业道德

2.1.1　职业道德基本知识

2.1.2　职业守则

（1）爱岗敬业，忠于职守；

（2）钻研业务，提高技能；

（3）遵纪守法，严格检查；

（4）文明执勤，优质服务；

（5）团结友爱，协作配合。

2.2　基础知识

2.2.1　航空运输基础知识

（1）航空器概念及飞机结构基本知识；

（2）航线、航班与班期时刻表知识；

（3）国内主要航空公司概况；

（4）民航客、货运输基础知识。

2.2.2　航空安全保卫法律、法规知识

（1）有关航空安全保卫国际公约的知识；

（2）《中华人民共和国民用航空法》的相关知识；

（3）《中华人民共和国民用航空安全保卫条例》的相关知识；

（4）《中国民用航空安全检查规则》的相关知识；

（5）《中国民用航空危险品运输管理规定》的相关知识。

2.2.3　物品检查知识

（1）禁止旅客随身携带或者托运的物品；

（2）禁止旅客随身携带但可作为行李托运的物品；
（3）乘机旅客限量随身携带的生活用品及数量；
（4）爆炸物处置基本原则。

2.2.4 机场运行保障相关知识

（1）机场区域划分；
（2）安全检查各岗位工作职责；
（3）飞机监护工作知识。

2.2.5 劳动保护知识

（1）工作现场的环境要求；
（2）安全检查设备的安全操作与防护知识；
（3）《中华人民共和国劳动法》的相关知识。

2.2.6 英语知识

（1）安全检查常用工作词汇；
（2）安全检查常用工作会话。

2.2.7 服务、礼仪基本知识

（1）言谈、举止、着装规范；
（2）主要服务忌语；
（3）称呼与礼貌用语；
（4）国内少数民族和外国风土人情常识；
（5）旅客服务心理学基础知识；
（6）涉外工作常识。

2.2.8 机场联检部门工作常识

（1）边防检查部门的主要工作职责；
（2）海关的主要任务；
（3）检验检疫部门的主要任务。

3. 工作要求

本标准对五级、四级、三级和二级民航安全检查员的技能要求依次递进，高级别涵盖低级别的要求。

3.1 五级民航安全检查员

职业功能	工作内容	技能要求	相关知识
证件检查	证件核查	1. 能识别有效乘机证件、客票、登机牌 2. 能识别涂改证件 3. 能识别伪造、变造证件 4. 能识别冒名顶替的证件 5. 能识别过期、破损证件 6. 能识别有效机场控制区通行证件	1. 乘机有效身份证件的种类和式样 2. 证件检查的程序、方法及注意事项 3. 机场控制区通行证件的种类和使用范围 4. 居民身份证的有效期和编号规则 5. 居民身份证一般防伪标志 6. 临时身份证明的要素 7. 主要国家的三字母代码表
	情况处置	1. 能适时验放旅客 2. 能查缉与有效控制布控人员	1. 安全检查验讫章使用管理制度 2. 布控人员的查缉方法
人身检查	设备准备	1. 能测试通过式金属探测门是否处于工作状态 2. 能测试手持金属探测器是否处于工作状态	1. 通过式金属探测门的工作原理 2. 通过式金属探测门的性能特点 3. 影响通过式金属探测门探测的因素 4. 手持金属探测器的工作原理
	实施检查	1. 能使用通过式金属探测门和手持金属探测器实施人身检查 2. 能按规定程序实施手工人身检查	1. 人身检查的方法 2. 人身检查的要领和程序 3. 人身检查的注意事项 4. 人身检查的重点对象和重点部位 5. 前传引导岗位的方法和程序
物品检查	开箱（包）检查	1. 能按规定程序实施开箱（包）检查 2. 能对常见物品进行检查 3. 能看懂危险品的国际通用标志	1. 开箱（包）检查的程序、方法 2. 开箱（包）检查的重点对象 3. 开箱（包）检查的注意事项 4. 常见物品的检查方法 5. 危险品的国际通用标志知识
	情况处置	1. 能处理枪支、弹药、管制刀具等违禁物品 2. 能处理遗留、自弃、移交、暂存物品 3. 能填写暂存、移交物品单据 4. 能进行 X 射线机紧急关机	1. 常见违禁物品的处理办法 2. 常见易燃、易爆、腐蚀性、毒害性物品的种类 3. 暂存、移交物品单据的填写要求 4.X 射线机关机程序

3.2 四级民航安全检查员

职业功能	工作内容	技能要求	相关知识
证件检查	证件核查	能使用证件鉴别仪器核查身份证件	1. 证件制作的材料知识 2. 证件防伪的技术方法 3. 伪假证件的特征 4. 识别伪假居民身份证的主要技术方法 5. 护照的防伪方法

续表

职业功能	工作内容	技能要求	相关知识
证件检查	情况处置	1. 能对旅客持涂改、伪造、变造、冒名顶替证件的情况进行处理 2. 能对旅客持过期身份证件的情况进行处理 3. 能对旅客因故不能出示身份证件的情况进行处理	1. 涂改、伪造、变造、冒名顶替证件的处理方法 2. 过期身份证件的处理方法 3. 旅客因故不能出示身份证件的处理方法
物品检查	设备准备	1. 能按要求完成 X 射线机开机、关机 2. 能根据 X 射线机自检情况判断其是否处于正常工作状态	1. X 射线基本知识 2. X 射线机的种类 3. X 射线机的工作原理 4. X 射线机操作规程 5. X 射线机的穿透力指标 6. X 射线机的空间分辨率指标
	实施 X 射线机检查	1. 能利用 X 射线机功能键进行图像识别 2. 能识别常见物品的 X 射线图像 3. 能识别各类危险品、违禁品的图像 4. 能利用 X 射线机图像颜色定义分辨被检物品 5. 能利用 X 射线机不同灰度级含义分辨被检物品	1. X 射线机操作键的功能 2. X 射线机图像颜色的含义 3. X 射线机图像不同灰度的含义 4. 物品摆放角度与 X 射线图像显示的关系 5. 显示器的颜色饱和度和亮度的含义 6. 识别 X 射线图像的主要方法 7. 违禁品 X 射线图像特征 8. 常见易燃、易爆、腐蚀性、毒害性物品的性状知识
	情况处置	1. 能对异常物品进行检查 2. 能对特殊物品进行检查 3. 能处置危险品、违禁品 4. 能处理国家法律法规规定的其他禁止携带、运输的物品 5. 能处理国家法律法规规定的其他限制携带、运输的物品 6. 能对可疑邮件、货物进行处理	1. 不易确定性质的物品的检查方法 2. 外形怪异、包装奇特的物品的检查方法 3. 机要文件、密码机的检查方法 4. 机密尖端产品的检查方法 5. 外汇箱（袋）的检查方法 6. 外交、信使邮袋的检查方法 7. 危险品、违禁品的处理要求 8. 国家法律法规有关其他禁止携带、运输物品的规定 9. 国家法律法规有关其他限制携带、运输物品的规定 10. 可疑邮件、货物的处理要求

3.3 三级民航安全检查员

<table>
<tr><th>职业功能</th><th>工作内容</th><th>技能要求</th><th>相关知识</th></tr>
<tr><td rowspan="2">物品检查</td><td>设备准备</td><td>1. 能根据爆炸物探测设备自检情况判断其是否处于正常工作状态
2. 能判断网络型行李检查设备是否处于正常工作状态</td><td>1. 爆炸物探测设备操作规程
2. 网络型行李检查系统基础知识</td></tr>
<tr><td>情况处置</td><td>1. 能看懂危险品国际代码
2. 能看懂违禁品英文品名
3. 能借助词典读懂物品英文说明书
4. 能识别制式、非制式爆炸装置
5. 能处置制式、非制式爆炸装置
6. 能使用爆炸物探测设备进行检查</td><td>1. 危险品国际代码知识
2. 违禁品英文品名知识
3. 制式、非制式爆炸装置知识
4. 制式、非制式爆炸装置处置要求
5. 爆炸物探测设备工作原理</td></tr>
<tr><td rowspan="2">勤务管理</td><td>组织与实施</td><td>1. 能按要求进行班前点名、班后讲评工作
2. 能按要求组织交接班工作
3. 能根据当日航班动态实施调整当班勤务
4. 能编写安全检查工作情况报告</td><td>1. 勤务组织的原则
2. 勤务的实施要求
3. 勤务制度
4. 日常工作方案内容
5. 安全检查情况报告知识
6. 交接班制度
7. 点名讲评制度</td></tr>
<tr><td>情况处置</td><td>1. 能组织、实施对特殊旅客的检查
2. 能对旅客、货主暂存、自弃和遗留的物品进行管理
3. 能对不配合安全检查的情况进行处置
4. 能对扰乱安全检查工作秩序的情况进行处置
5. 能对隐匿携带或夹带危险品、违禁品的情况进行处置
6. 能对检查工作中发现的变异物品进行处置
7. 能处置勤务现场发生的旅客、货主的投诉
8. 能解答勤务过程中的问题
9. 能针对勤务中的有关问题同相关部门进行协调与沟通</td><td>1. 特殊旅客检查知识
2. 不配合安全检查情况的处置方法
3. 扰乱安全检查工作秩序情况的处置方法
4. 隐匿携带或夹带危险品、违禁品情况的处置方法
5. 相关法律基础知识
6. 物品管理制度
7. 协调与沟通技巧
8. 投诉处理的基本要求</td></tr>
<tr><td rowspan="2">业务培训</td><td>指导操作</td><td>能指导五级、四级民航安全检查员进行实际操作</td><td rowspan="2">培训教学的基本方法</td></tr>
<tr><td>理论培训</td><td>能讲授本专业技术理论知识</td></tr>
</table>

3.4 二级民航安全检查员

职业功能	工作内容	技能要求	相关知识
设备管理	设备选型	1. 能根据需要提出安全检查设备选型、配备计划 2. 能根据需要提出安全检查设备布局需求方案	1. 民用机场安全保卫设施建设标准 2. 民用机场安全检查定员定额行业标准
	设备检测	能根据国家相关标准对安全检查设备性能指标进行测评	相关安全检查设备标准知识
勤务管理	组织与实施	1. 能编写本单位安全检查工作方案 2. 能组织实施安全检查工作方案 3. 能按照实际需要提出人员调配和岗位设置的需求 4. 能组织、开展安全检查调研工作 5. 能组织、开展应急演练工作 6. 能制定各岗位工作标准、考核办法 7. 能根据形势提出实施特别工作方案的具体措施 8. 能组织对安全检查人员的现场工作测试 9. 能对工作质量进行诊断，提出改进、优化安全检查操作规程方案	1. 安全检查调研工作知识 2. 安全检查工作的法律法规知识 3. 航空安全保卫管理知识 4. 犯罪心理学基础知识 5. 质量分析与控制方法 6. 安全检查现场测试方法 7. 各岗位工作相关标准
	情况处置	1. 能分析勤务工作中发生问题的原因 2. 能提出解决勤务工作中存在问题的具体措施 3. 能对发生劫机、炸机事件等紧急情况进行处置	1. 在勤务实施过程中影响质量的因素及提高质量措施 2. 发生劫机、炸机事件等紧急情况的处置方法
业务培训	指导操作	能指导五级、四级、三级民航安全检查员进行实际操作	培训大纲、教案的编写方法
	理论培训	能编写培训大纲、教案	

4. 比重表

4.1 理论知识

项目		五级（%）	四级（%）	三级（%）	二级（%）
基本要求	职业道德	5	5	5	5
	基础知识	30	20	15	10

续表

项目		五级（%）	四级（%）	三级（%）	二级（%）
相关知识	证件检查	15	15	—	—
	人身检查	25	—	—	—
	物品检查	25	60	40	—
	勤务管理	—	—	35	40
	设备管理	—	—	—	30
	业务培训	—	—	5	15
合计		100	100	100	100

4.2　技能要求

项目		五级（%）	四级（%）	三级（%）	二级（%）
技能要求	证件检查	30	20	—	—
	人身检查	40	—	—	—
	物品检查	30	80	60	—
	勤务管理	—	—	25	50
	设备管理	—	—	—	30
	业务培训	—	—	15	20
合计		100	100	100	100

07

课程思政

项目七 联检服务

项目导读

联检服务是机场地勤服务的重要一环，它由海关检查、边防检查、检验检疫三个部分组成。本项目主要介绍了我国海关、边防、检验检疫的相关内容，国际上其他国家的联检服务相关规定可通过旅行信息手册（TIM）了解。联检服务是窗口行业，是连接我国和其他国家的桥梁。

学习目标

知识目标：了解海关的职责范围；了解边防检查的内容和程序；了解动植物检疫的相关规定。

技能目标：掌握海关对出入境物品的相关规定；掌握卫生检疫的检疫程序及处理规定。

素质目标：培养遵纪守法的公民基本行为规范和职业规范意识，树立正确的人生观、价值观。

联检是指由口岸相关机构，包括海关、边防、检验检疫部门对出入境行为实施的联合检查，检查对象包括进出境人员运输工具、货物和物品以及动植物等。

任务一　海　关

海关是根据国家法律对进出关、境的运输工具、货物和物品进行监督管理和征收关税的国家行政机关。海关的任务是依照《中华人民共和国海关法》和其他有关法律、法规，监管进出境的运输工具、货物、行李物品、邮递物品和其他物品，征收关税和其他税费；查缉走私；编制海关统计和办理其他海关业务。

一、进出境旅客通关

（1）根据《中华人民共和国海关法》和《中华人民共和国海关对进出境旅客行李物品监管办法》的规定，进出境旅客行李物品必须通过设有海关的地点进境或出境，接受海关监管。旅客应按规定向海关申报。

（2）除法规规定免验者外，进出境旅客行李物品应交由海关按规定查验放行。海关验放进出境旅客行李物品，以自用合理数量为原则，对不同类型的旅客行李物品规定不同的范围和征免税限量或限值。

（3）旅客进出境携有需向海关申报的物品，应在申报台前向海关递交《中华人民共和国海关进出境旅客行李物品申报单》或海关规定的申报单证，按规定如实申报其行李物品，报请海关办理物品进境或出境手续。在实施双通道制的海关现场，上述旅客应选择“申报通道”（亦称“红色通道”）通关；携带无须向海关申报的物品的旅客，即可选择“无申报通道”（亦称“绿色通道”）通关。

（4）经海关验核签章的申报单请妥善保管，以便回程时或者进境后凭此办理有关手续。海关加封的行李物品，请不要擅自开拆或者损毁海关施加的封志。

二、进出境物品的管理

个人携带进出境的行李物品，邮寄进出境的物品，应当以自用、合理数量为限，接受海关监督。进出境物品的所有人应当如实向海关申报，接受海关查验。海关加施的封条任何人不得擅自开启或损毁。进出境邮袋的卸装、转运和过境应接受海关监督。

1. 禁止出入境物品

（1）各种武器、仿真武器、弹药及爆炸物品。

（2）伪造货币及伪造的有价证券。

（3）对中国政治、经济、文化、道德有害或内容涉及国家秘密的手稿、印刷品、胶卷、照片、唱片、录音带、激光视盘、计算机存储介质及其他物品。

（4）各种烈性炸药。

（5）鸦片、吗啡、海洛因、大麻以及其他能使人致病的麻醉品、精神药物。

（6）带有危险性病菌、害虫及其他有害生物的动物、植物及其产品。

（7）有碍人畜健康的，来自疫区的以及其他能传播疾病的食品、药品或其他物品。

（8）珍贵文物及其他禁止出境的文物。

（9）濒危的和珍贵的动物、植物及其种子和繁殖材料。

2. 限制出入境物品

（1）金银等贵重金属及其制品。

（2）外币及其有价证券。

（3）无线电收发信机及通信保密机。

（4）贵重中药材及其成药。

（5）国家货币。

（6）一般文物及海关限量管理的其他物品。

3. 部分物品出入境规定

（1）携运金银及其制品进出境

每人携带的金银限额为：黄金饰品 5 市钱，白银饰品 5 市两。经海关查验符合规定的准予放行，但回程时必须将原物带回。

携带金银制品超出上述规定的，必须在出境前持有关证明到当地中国人民银行或其委托机构，验明所带金银及其产品名称、数量后，申领“携带金银出境许可证”，海关凭此查验放行。

（2）携带外汇和外汇票证进出境

出国留学人员携带或附带外汇出境，海关凭外汇管理局、中国银行、中信实业银行的证明或原入境时的申报单查验放行。

持有境外的债券、股票、房地契以及处理境外债权、遗产、房地产和其他外汇资产有关的各种证书、契约，须经外汇管理局批准，方可携带出境。

（3）携运和邮运文物出口

根据我国文物保护法及海关有关规定，携带、托运和个人邮寄文物出境必须事先向海关申报，已故现代著名画家的书画作品属于文物范围，如欲携带出境，应办理同样的鉴定、报关手续。携带旧存文物出境，应向海关申报，并经有关文化行政管理部门鉴定，开具许可出口证明。

新中国成立以来制作的文物仿制品和复制品，以及一般现代书画作品不属于文物范围。办理文物出口许可手续的有北京、天津、上海、广州四个口岸及省属文物管理部门。

（4）旅行自用物品

入境旅客携带以下物品需向海关如实申报：居民旅客在境外获取的总值超过人民币 5000 元（含 5000 元）的自用物品；居民旅客携带酒精饮料超过 1500 毫升（酒精含量 12 度以上）、或香烟超过 400 支、或雪茄超过 100 支、或烟丝超过 500 克；非居民旅客拟留在中国境内的总值超过 2000 元的物品。

出境居民旅客携带需复带进境的单价超过 5000 元的照相机、摄像机、手提电脑等旅行自用物品需向海关如实申报。

（5）出入境携带现钞

出入境旅客携带人民币现钞超过 20000 元、或外币现钞折合超过 5000 美元，需主动向海关申报，并配合海关办理相关手续。不主动申报者，或者拒绝配合海关处理的，海关将依法对其进行处罚。

（6）中药材、中成药

旅客携带中药材、中成药出境，前往国外的，总值限人民币 300 元；前往港澳地区的，总值限人民币150元。寄往国外的中药材、中成药，总值限人民币200元；寄往港澳地区的，总值限人民币100元。

进境旅客出境时携带用外汇购买的、数量合理的自用中药材、中药，海关凭有关发货票和外汇兑换水单放行。

麝香以及超出上述规定限值的中药材、中成药不准出境。

（7）旅游商品

进境旅客出境时携带用外汇在我国境内购买的旅游纪念品、工艺品，除国家规定应申领出口许可证或者应征出口税的品种外，海关凭有关发货票和外汇兑换水单放行。

三、行李物品和邮递物品征税办法

为了简化计税手续和方便纳税人，中国海关对进境旅客行李物品和个人邮递物品实施专用税则、税率。现行税率共有五个税级：免税、20%、50%、100%、200%。物品进口税从价计征，完税价格由海关参照该项物品的境外正常零售平均价格确定，进口税税额为完税价格乘以进口税税率。

四、TIM中有关海关和货币的规定

国际旅行中各国对海关、边防、检疫等方面的规定可能各不相同，各国的相关规定合在一起，信息量很大，非常复杂但又十分重要。

这里介绍一本作为国际旅行文件和信息主要依据的旅行信息手册（Travel Information Manual，TIM），该手册目前由IATA负责出版。其目的是为航空公司、代理人以及其他旅游业相关机构和个人提供最新的旅行规定、程序、限制等官方信息。该手册从六个方面提供了相关国家的旅行信息，即护照、签证、健康、机场税、海关、货币。学会查阅TIM非常重要，这里先介绍海关和货币规定。

1. 海关

TIM中关于海关（Customs）的规定在该手册第5部分，通常包括进口（Import）、附加信息（Additional Information）、武器和弹药（Arms and

Ammunition)、出口(Export)、机组成员(Crew Members)、宠物(Pets)、行李检查(Baggage Clearance)等内容。

通常，海关规定中对酒和香水等物品有所限制，但个人用品一般不受限制。有些国家要求携带宠物者必须提供宠物的检疫证明和进口许可证，并且不是所有类型宠物都可以携带入境。通常旅客携带的行李在第一个入境机场需要接受检查，但是过境中转去第三国的行李如果不离开过境中转区域的可以免除检查。图 7-1 为阿尔巴尼亚(Albania)的海关规定。

5. Customs

Import: Free import of:

1. 200 cigarettes or 50 cigars or 250 grammes of tobacco;
2. 1 litre of spirits and 2 litres of wine;
3. 250ml of eau de cologne or 50 grammes of perfume.

Crew Members: Same regulations apply as for passengers.

Pets: Cats and dogs must be accompanied by a veterinarian health certificate issued at the point of origin. Pets may enter as passenger's checked baggage, in the cabin or as cargo.

Baggage Clearance: Baggage is cleared at the international airport of Albania.

Exempt: Baggage of the passengers transiting to a third country and not leaving the transit area.

图 7-1 TIM 中阿尔巴尼亚(Albania)的海关规定

2. 货币

由于海关负责监管带入或带出境的货币，这里同时介绍一下 TIM 中关于货币(Currency)的规定。该内容在是手册第 6 部分。该部分主要规定了允许带入或带出境的本国货币及外币金额限制，必须考虑整个行程中所有相关国家的货币规定并严格遵守，违反规定可能受到缴纳罚金甚至更为严厉的处罚。有些国家对带入境的货币数量没有限制或仅仅要求事先声明，但几乎所有的国家对带出境的本币和外币数量有限制，或者规定带出数量不超过带入数量，并且事先声明。

图 7-2 中，马拉维对带入本国货币无限制，对带入外国货币虽无数量限制但要求在到达后立即声明；对于本国居民带出境的本国货币限额为 MKW200，或等值的外国货币；对非本国居民，带出境的本国货币为 MWK200，带出境的外币数量则要求不超过带入时的数量并且事先声明。

6. Currency
Import:
Local currency (Malawi Kwacha—MWK): unlimited; or
foreign currencies: no restrictions, provided declared on arrival.
Export:
Residents:
—local currency (Malawi Kwacha—MWK): MWK200; or
—foreign currencies: the equivalent of MWK200.
Non-residents:
—local currency (Malawi Kwacha—MWK): MWK200; or
—foreign currencies: up to the amount imported and declared.

图 7-2　TIM 中马拉维（Malawi）的货币规定

任务二　边　防

边防检查站是国家设在口岸以及特许的进出境口岸的入出境检查管理机关，是代表国家行使入出境管理职权的职能部门，是国家的门户。它的任务是维护国家主权、安全和社会秩序，发展国际交往，对一切入出境人员的护照、证件和交通运输工具实施检查和管理，实施口岸查控，防止非法入出境。

一、入境检查

公安边防检查部门依据《边防检查条例》代表国家行使入出境管理。对外国人、港澳同胞、台湾同胞、海外侨胞，中国公民因公、因私入出境进行严格的证件检查。

（1）外国人来中国，应当向中国的外交代表机关、领事机关或者外交部授权的驻外机关申请办理签证（互免签证的除外）。除签证上注明入、出境口岸的外，所有入出境人员，可从全国开放口岸入出境。

（2）外国人到达中国口岸后，要接受边防检查站的检查。填写好入境登记卡，连同护照一起交入境检查员检验，经核准后加盖入境验讫章，收缴入境登记卡后即可入境。

下面介绍一些关于护照、签证和其他常见证件的基础知识。

（一）护照

护照（Passport）是一个主权国家发给本国公民用来出入国境、在国外旅行或居住的合法身份证明和国籍证明。护照是维护国家主权、保护本国公民利益和保障国际正常交往所必备的重要证件。公民在国际间往来，必须持有本国政府颁发的合法的护照，同时护照内必须具有前往国的有效签证，这样才能离开本国国境，进入前往国家或地区。如果持照人在国外旅行，居留期间发生意外，所在国首先必须依照其所持护照，判明身份和国籍，然后再决定如何处理。同样，护照颁发国的驻外机构也要根据护照来决定如何提供帮助或外交保护等。

1. 护照的种类

目前世界上大多数国家颁发的护照，一般可分为外交护照、公务护照和普通护照三种；个别国家只发一种护照（如英国）；少数国家发两种护照（如印度和巴基斯坦等）；也有的国家发四五种护照（如美国和法国等）。

我国政府颁发四种护照，即外交护照、公务护照、普通护照和特别行政区护照（包括香港特别行政区护照和澳门特别行政区护照），其中普通护照又分因公普通护照和因私普通护照。另外，中华人民共和国旅行证为中华人民共和国护照的代用证件。

（1）外交护照

外交护照一般是颁发给具有外交身份的人员使用的护照，如外交官员、领事官员、外交信使和到外国进行国事活动的国家元首、政府首脑、国会或政府代表团成员等，都使用外交护照。根据国际惯例，上述人员的随行配偶和未成年子女，一般也发给外交护照。

除上述规定之外的公民出国执行公务，由其工作单位依照规定向外交部门提出申请，也可由外交部门根据需要签发外交护照或者公务护照。

外交护照由外交部签发。

外交护照的颁发对象：主要发给外访的党政军领导和高级官员以及派驻国外的外交官、领事官及随行的配偶、未成年子女、外交信使等，具体有：党中央、国务院、全国人大、全国政协、中央军委的领导人；国务院各部委领导人；最高人民法院、最高人民检察院的领导人；全国总工会、共青团中央、全国妇联的领导人；各省、自治区、直辖市的党政军领导人；党政军高级代表团的领导和成员，一般代表团的领导人；常驻国外的大使馆、领事馆随员以上官员及其配偶和未成年子女，外交部临时出国的副处长以上干部，新华通讯社、香港分社领导人；常驻联合国代表团6S员以上官员和常驻国际组织的代表、副代表及其配偶和未成年子女；专职外交信使；颁发护照机关认为有特殊原因需要发给外交护照的人员。

（2）公务护照

公务护照是发给国家公务人员的护照，也有的国家称这种供政府官员使用的护照为“官员护照”。此外，各国都把这种护照发给驻外使（领）馆中的不具有外交身份的工作人员及其配偶和未成年子女。

公务护照由外交部、中华人民共和国驻外使馆、领馆或者外交部委托的其他驻外机构以及外交部委托的省、自治区、直辖市和设区的市人民政府外事部门签发。

公务护照的颁发对象：常驻国外机构的工作人员及其配偶和未成年子女；不属于领取外交护照范围的临时因公出国人员；颁发护照机关认为需要发给公务护照的人员。

（3）普通护照

普通护照是指发给一般公民使用的护照。公民因前往外国定居、探亲、学习、就业、旅行、从事商务活动等非公务原因出国的，由本人向户籍所在地的县级以上地方人民政府公安机关出入境管理机构申请普通护照。

中华人民共和国普通护照又可分为中华人民共和国因私普通护照和中华人民共和国因公普通护照。

中华人民共和国因私普通护照的颁发对象：因私事出国的人员，具体包括出国定居、探亲、访友、旅游、自费留学、出国就业、继承财产、治病、奔丧等人员；侨居国外的中国公民；发照机关认为应发给因私普通护照的人员。如三资企业、外商机构中的中方雇员和国有集体股份制企业的人员等因到国外培训、从事商务活动等的需要而出国出境的，并非个人“私事”，但根据他们的情况又并非“公务”，我国有关部门商定，这些人员也可以到公安机关的出入境管理部门申领因私普通护照。目前，全国已有231个城市实行公民凭户口簿、居民身份证按需申领护照。在实行按需申领普通护照的地方，公民只需要提交户口簿、居住身份证即可申请护照。尚未实行按需申领护照的地方和非法移民等问题突出地区，申请人出国除提交户口簿、居民身份证外，还要提供与出国事由相应的证明材料，如出国劳务的，要提交劳务项目说明书，出国旅游的，要提交团队旅游申请表等。

国家工作人员因前往外国定居、探亲、学习、就业、旅行、从事商务活动等非公务原因出国申请普通护照的，还应当按照国家有关规定提交相关证明文件。国家工作人员申请因私出国与普通公民不同，必须履行有关审批手续，提交所属组织、人事管理和行政隶属部门出具的意见。单位意见包括下列内容：申请表所填内容是否属实，是否同意申请人出国等。需提交单位意见的国家工作人员的范围由组织、人事部门确定，目前主要是指公务员和参照公务员管理的人员以及国有企业、国有控股企业、事业单位负责人以及从事财务、机要等工作的人员。

中华人民共和国因公普通护照的颁发对象：国家或国有企业、事业单位派遣的公务活动的人员，公派留学、进修人员、访问学者及公派出国从事劳务的人员等；受雇于国外公司的人员、船员；其他不便于使用公务护照出国执行公务的人员。

（4）特别行政区护照

特别行政区护照分为香港特别行政区护照和澳门特别行政区护照。香港特别行政区护照是由中央人民政府依据《中华人民共和国香港特别行政区基本法》，授权香港特别行政区政府签发给香港特区永久性居民的护照，凡享有香港特别行政区居留权及持有香港永久性居民身份证的中国公民，无论是否持有其他护照或旅行证件，都可申请。澳门特别行政区护照是由中央人民政府依据《中华人民共和国澳门特别行政区基本法》，授权澳门特别行政区政府给持有澳门特别行政区永久性居民身份证的中国公民签发的护照。

2. 护照的内容

护照的内容，各个国家都比较相近。封面印有国名的全称及护照种类的名称，封底印有使用护照的注意事项，封里一般都印有“请各国军政机关对持照人予以通行的便利和必要的协助”等。主要包括姓名、出生地、性别、发照日期、有效期等，护照均应贴有持照人的照片。

中华人民共和国护照的内容有持照人的护照号码、条形码、姓名、曾用名的加注、性别、身份、婚姻状况、出生日期、出生地点、护照的签发日期、有效期限、签发地点、签发机关等，并贴有本人照片。

如果是前往欧洲等对签证材料要求相对严格的国家，护照最后一页必须附上持证人的亲笔签名，否则将无法顺利办理签证。

3. 护照的有效期限

护照不是永久性的证件，都有一定的有效期限。护照在有效期内是具有法律效力的证明，即为有效护照，否则即为无效护照，不具备法律效力。

各国护照的有效期不尽一致，一般来说，各国使（领）馆在颁发签证时都要求护照的有效期必须在 6 个月以上。如果护照的有效期不足 6 个月，则必须先到公安机关申请延期后，再到使（领）馆申办签证，但每次延长期限不得超过护照原有效期。

我国的外交护照有效期为 5 年。公务护照和因公普通护照分为一次有效和多次有效两类。多次有效护照的有效期为 5 年，是发给在一定时期内需要多次出入我国国境的人员；一次有效护照的有效期为 2 年，是发给在一定时期内一次出入我国国境的人员。一次有效因公普通护照和一次有效公务护照满 2 年后，如有需要，可在国（境）外按规定手续申请延期一次。延长期限根据需要决定，但最长不得超过 2 年。一次有效因公普通护照的标志是护照的扉页在护照号码前有“Y”字样；在第 4 页上方有“……持照人在护照有效期内可出入中国国境一次”字样。有效期为 5 年的护照，过期前可申请延期两次，每次不超过 5 年。申请延期应在护照有效期满前办理。在国内延期手续可到各级颁发护照的机关办理；在国外，由中国驻外国的外交代表机关、领事机关或者外交部授权的其他驻外机关办理。

新的《中华人民共和国护照法》（2006 年 4 月 29 日第十届全国人民代表大会常务委员会第二十一次会议通过，2006 年 4 月 29 日中华人民共和国主席令第五十号公布）规定，从 2007 年 1 月 1 日开始，我国的护照不再办理延期的手续，改为直接换领新的护照。仍在有效期内的旧版普通护照可以继续使用，直至有效期届满为止。

2007 版普通护照对普通护照有效期的规定：持有人未满 16 周岁的 5 年，

16 周岁以上的 10 年。

香港特区护照的有效期一般为 10 年，签发给 16 周岁以下未成年人的护照有效期为 5 年。澳门特区护照有效期一般为 10 年，签发给 18 周岁以下未成年人的护照有效期为 5 年。

中华人民共和国旅行证有两种，其有效期分别为 2 年（入出中国国境多次有效）和 1 年（入出中国国境一次有效）。如有效期满，不得延期。

4. 护照的有效地区

有效地区是护照的重要内容之一，我国的护照上都印有“本护照前往世界各国有效”。有的国家的护照则印有“本护照限前往 × 国有效”或“持照人不得前往 × 国及 × 地区”等字样。

5. 护照内的“偕行儿童”

原则上，中国护照发给 16 周岁以上的中国公民，不满 16 周岁者，则随其父母或监护人合用一本护照，这个儿童即为“偕行儿童”。在必要时，也可为 16 周岁以下的儿童单独发相应的护照。如果成人和儿童分别办理护照，这个儿童不能称为偕行儿童。

6. 不予签发护照的规定

申请人有下列情形之一的，护照签发机关不予签发护照：

（1）不具有中华人民共和国国籍的；

（2）无法证明身份的；

（3）在申请过程中弄虚作假的；

（4）被判处刑罚正在服刑的；

（5）人民法院通知有未了结的民事案件不能出境的；

（6）属于刑事案件被告人或者犯罪嫌疑人的；

（7）国务院有关主管部门认为出境后将对国家安全造成危害或者对国家利益造成重大损失的。

法律同时规定，申请人有下列情形之一的，护照签发机关自其刑罚执行完毕或者被遣返回国之日起 6 个月至 3 年内不予签发护照：

（1）因妨害国（边）境管理受到刑事处罚的；

（2）因非法出境、非法居留、非法就业被遣返回国的。

（二）签证

1. 签证的定义

签证（Visa）是主权国家准许外国公民或本国公民出入境或经过国境的一种许可证明。即一个国家的外交部或授权其驻外使（领）馆，在本国和外国公民所持的护照或其他旅行证件上签注盖印，证明其护照有效，并核准该护照持有人可以进入其领土以及允许停留的时间，或通过其领土前往其他国家。

签证制度是国家主权的象征，是国家对外国人入境实施有效控制和管理的具体表现，并以此达到维护国家安全及国内社会秩序的目的。通常情况下，一个国家发给外国人的签证，是以平等互惠为原则的。

2. 签证种类

各国的签证种类有所不同，分类方法也多种多样。

签证可以根据持有人护照种类分为：外交签证、公务签证和普通签证三种。即持有外交护照的发给外交签证；持有公务护照的发给公务签证；持有普通护照的发给普通签证。

根据出入境情况分为出境签证、入境签证、出入境签证、多次入出境签证、再入境签证和过境签证等。出境签证，只许持证人出境，如需入境，须再办入境签证。入境签证只准许持证人入境，如需出境，须再申办出境签证。出入境签证，持证人可以出境，也可以再入境。多次入出境签证允许持证人在签证有效期内多次入出境。在一国取得永久居留权或长期居留权的外国人，临时出境后，再次入境前须办理再入境签证。过境签证是指在进行国际旅行时，因技术等方面的原因必须经停第三国时，需要得到经停国暂时许可停留的签证。

根据出入境事由分为：移民签证、非移民签证、留学签证、旅游签证、工作签证、商务签证和家属签证等。

根据时间长短分为长期签证和短期签证。长期签证的概念是，在前往国停留 3 个月以上。申请长期签证不论其访问目的为何，一般都需要较长的申请时间。在前往国停留 3 个月以内的签证称为短期签证，申请短期签证所需时间相对较短。

此外，常见的签证种类还有：

（1）移民和非移民签证

获得移民签证即取得该国永久居留权，居住一定时间后可归为该国公民；非移民签证又有商务、留学、劳务、培训、旅游、医疗等种类。

（2）反签证或倒签证

反签证是指由邀请方在本国出入境管理部门（如日本法务省入国管理局、韩国法务部、印度尼西亚移民局）为来访人员办好签证批准证明，再连同护照等材料呈递该国驻华使（领）馆。使（领）馆凭上述批函即可发签，无须再请示国内相关部门。

获得反签证就意味着入境获得批准，护照交使馆后也不会等候太长时间。目前实行反签证的国家大多在亚洲，如日本、韩国、印度尼西亚、新加坡、马来西亚等。

（3）另纸签证

各国所发签证多为在护照内页上加盖签章或粘贴标签形式，但有时也以另纸发予签证，即在护照以外的一张专用纸上单独签注的签证，对护照不做任何改观。另纸签证必须和护照同时使用。这类情形大多由于两国尚无邦交时表示暂不承认对方护照，或持异见人士访问敌对国后避免回国受到本国的迫害，以及团体旅游时在验明护照后即时退还以减少手续或时间紧迫来不及逐本制作签证等原因。

（4）口岸签证或落地签证

这是仅次于免签证的优惠待遇，是指在前往国的入境口岸办理签证。有时亦需请别人预先在本国提出申请，并将批准证明副本寄给出访人员。后者凭该证明出境，抵达前往国口岸时获得签证。如泰国对印度、智利、喀麦隆等70多个国家或地区的人士，凡是停留时间在15天之内，都可以在曼谷、清迈、合艾和布吉国际机场获得签证（须提交照片）。

截至2022年11月，阿塞拜疆、巴林、东帝汶、印度尼西亚、卡塔尔、老挝、黎巴嫩、马尔代夫、缅甸、尼泊尔、斯里兰卡、泰国、土库曼斯坦、文莱、伊朗、亚美尼亚、约旦、越南、柬埔寨、孟加拉国等20个亚洲国家，埃及、多哥、佛得角、加蓬、几内亚比绍、科摩罗、科特迪瓦、卢旺达、马达加斯加、马拉维、毛里塔尼亚、圣多美和普林西比、坦桑尼亚、乌干达、贝宁、津巴布韦等16个非洲国家，玻利维亚、圭亚那、苏里南、圣赫勒拿（英国海外领地）等4个美洲国家，帕劳、图瓦卢、瓦努阿图、巴布亚新几内亚等4个大洋洲国家，欧洲的乌克兰等共计45个国家单方面允许符合条件的持普通护照的中国公民抵达入境口岸时办理落地签证。

（5）免签

免签是指根据相关国家规定，在出入境或过境时免于办理签证的制度。

截至2022年11月，我国已与阿联酋、巴巴多斯、巴哈马、波黑、厄瓜多尔、斐济、格林纳达、毛里求斯、圣马力诺共和国、塞舌尔、塞尔维亚、汤加、白俄罗斯、卡塔尔、亚美尼亚等15个国家签署了互免普通护照签证协议。印度尼西亚（同时实行免签和落地签政策）、乌兹别克斯坦、伊朗、韩国（济州岛等地）、摩洛哥、法属留尼汪、突尼斯、安提瓜和巴布达、海地、南佐治亚和南桑威奇群岛（英国海外领地）、圣基茨和尼维斯、特克斯和凯科斯群岛（英国海外领地）、牙买加、多米尼克、美属北马里亚纳群岛（塞班岛等）、萨摩亚、法属波利尼西亚等17个国家（地区）对持普通护照的中国公民单方面免签。

知识卡片

我国发给申请入境的外国人的签证主要有外交签证、礼遇签证、公务签证和普通签证。

1. 中华人民共和国外交签证

外交签证的签发对象：

（1）驻华使（领）馆处的外交官、领事，联合国系统组织驻华机构持红皮“通行证”人员以及他们的眷属；

（2）持用外交护照，联合国红皮“通行证”临时因公来华人员以及他们的随行眷属；

（3）因公持用公务护照、官员护照、特别护照、使命护照、普通护照的建交国副部长以上的官员，国会（众、参两院）议长、副议长以及他们的随行眷属；

（4）外交信使；

（5）签证机关认为需要发给外交签证的人员。

2. 中华人民共和国礼遇签证

礼遇签证的签发对象：

（1）卸任的外国国家元首、政府首脑、国会议长、最高法院院长、外交部部长；

（2）前驻华大使和其他高级官员、知名人士及其随行眷属；

（3）未持用外交护照的有影响的在野党领袖；

（4）持用外交护照或联合国红皮“通行证”来华探亲访友、旅游观光的外国官员及其眷属；

（5）未持外交护照，但应我国省、部级党政机关、人民团体或军兵种以上领导机关邀请来华观礼的人员；

（6）某些秘密外宾，我发证机关认为应发给礼遇签证的人员。

3. 中华人民共和国公务签证

公务签证的签发对象：

（1）驻华使（领）馆处的工作人员（包括持有外交护照的非外交官和领事官）和联合国系统组织驻华机构持用联合国蓝皮“通行证”人员及其随行眷属；

（2）持用公务护照、官员护照、特别护照、联合国蓝皮“通行证”临时因公来华或过境人员以及他们的随行眷属；

（3）驻华民间机构中持用公务护照的人员及其随行眷属；

（4）应邀访华的外国党、政代表团中未持用外交护照的成员；

（5）发证机关认为应发给公务签证的人员。

4. 中华人民共和国访问签证

访问签证发给应邀来中国访问、考察、讲学、经商、进行科技文化交流及短期进修、实习等活动不超过6个月的人员，其签证有效期不超过6个月，每次延长不超过3个月。

5. 中华人民共和国记者签证

常驻记者签证发给来中国常驻的外国记者。

临时记者签证发给临时来中国采访的外国记者。

6. 中华人民共和国职业签证

职业签证发给来中国任职或就业的人员及其随行眷属，其签证有效期除有特别规定外一般不超过6个月。

7. 中华人民共和国另纸签证

8. 中华人民共和国定居签证

定居签证发给来中国定居的人员，其签证有效期除有特别规定外一般不超过6个月。

9. 中华人民共和国旅游签证

旅游签证发给来中国旅游、探亲或因其他私人事务入境的人员，旅游签证有效期不超过3个月；对来中国探亲的，签证有效期不超过6个月。

10. 中华人民共和国普通签证

普通签证的签发对象：

（1）持用普通护照或护照代用证件的人员；

（2）驻华使（领）馆处和联合国组织驻华机构的雇用人员；

（3）来华留学生；

（4）发证机关认为该发给普通签证的人员。

颁发普通签证时，根据申请者的来华事由，标注相应的汉语拼音字母。

11. 中华人民共和国学习签证

学习签证发给来中国留学、进修、实习6个月以上的人员，其签证有效期除特别规定外一般不超过6个月。

12. 中华人民共和国过境签证

过境签证发给经中国过境的人员，签证有效期不超过1个月，入境后的停留期不超过10天。

13. 中华人民共和国乘务签证

乘务签证发给执行乘务、航空、航运任务的国际列车乘务员、国际航空器机组人员及国际航行船舶的海员及其随行眷属（此种签证不由公安机关签发）。

3. 签证的内容

签证有一定的规范格式，一般包括签证种类、入境目的、居留期限、有效日期以及签发机构、签发官员、日期和签证费用等。

4. 签证的有效期

签证的有效期是签证的一项重要内容，世界上所有主权国家签发的签证基本上都标明有效期。签证的有效期，是指从签证签发之日起到以后的一段时间内准许入境，超过这一期限，该签证就是无效签证。国家一般发给 3 个月有效的入境签证，也有的国家发给 1 个月有效的入境签证。最长的一般为半年或者半年以上，如就业和留学签证；最短的为 3 天或 7 天，如过境签证。有的国家对签证有效期限制很严，如德国只按申请日期发放签证。过境签证的有效期一般都比较短。

5. 签证的停留期

签证的停留期，是指持证人入境后准许停留的时间。它与签证有效期的区别在于签证的有效期是指签证的使用期限，即在规定的时间内持证人可出入或经过该国。如某国的入、出境签证有效期为 3 个月，停留期为 15 天，那么这个签证从签发日始 3 个月内无论哪一天都可以出入该国国境。但是，从入境当日起，到出境当日止，持证人在该国最多只能停留 15 天。如美国访问签证的有效期和停留期都是 3 个月，即在 3 个月内入境方为有效，入境后最多也只能停留 3 个月。

（三）其他证件

1. 大陆居民往来台湾通行证

（1）大陆居民往来台湾通行证的样式

雪青色封面。5 年多次有效。

（2）大陆居民往来台湾通行证的颁发对象

前往我国台湾地区定居、探亲、访友、旅游、接受和处理财产、处理婚丧事宜或者参加经济、科技、文化、教育、体育、学术交流等活动的居住在大陆的居民。

2. 港澳同胞回乡证

（1）港澳同胞回乡证的样式

酱黄色封面，自签发之日起 10 年有效；儿童专用的为淡黄色封面，自签发之日起 3 年有效。

（2）港澳同胞回乡证的颁发对象

香港或澳门特别行政区的永久性居民。

3. 中华人民共和国海员证

（1）中华人民共和国海员证的样式

封面为蓝色。有效期为 5 年或 8 年。

（2）中华人民共和国海员证的颁发对象

在中国籍远洋船舶上工作或派往外国籍远洋船舶上工作的中国海员。

4. 卡式港澳同胞来往内地通行证

（1）卡式港澳同胞来往内地通行证的样式

卡式港澳同胞来往内地通行证上有持卡人资料，卡上资料可由机读机读取，证件号码为 11 位。香港特别行政区居民卡号码首位以英文字母“H”开头，澳门特别行政区居民卡号码首位以英文字母“M”开头；第 2 位至第 9 位为数字，该 8 位数字为港澳居民的终身号；第 10 位至第 11 位为换证次数，首次发证 00，此后依次递增。证件号码颜色分为红色、黑色两种，红色表示证件有效期为 3 年，黑色表示证件有效期为 10 年。

（2）卡式港澳同胞来往内地通行证的颁发对象

中国香港特别行政区或澳门特别行政区永久性居民。

5. 中华人民共和国旅行证

（1）中华人民共和国旅行证的样式

有黄色封面（旧版）和墨绿色封面（新版）两种，分两年多次有效和一年一次有效。

（2）中华人民共和国旅行证的颁发对象

a. 凡未持我国护照的华侨、港澳人员及台湾同胞，经我国主管机关批准回国长住或旅行、探亲，不需要或不便发给护照者；

b. 中国公民在国外丢失护照，护照过期不适合延期者；

c. 中国公民在国外逾期居留、非法打工、偷渡，护照被没收或无护照证件者。

6. 中华人民共和国入出境通行证

（1）中华人民共和国入出境通行证的样式

绿色封面，分单页对折一次有效和增加查验页多次入出境有效两种。

（2）中华人民共和国入出境通行证的颁发对象

a. 凡持港英、澳葡护照的香港、澳门同胞，要求返回内地，但不愿申领港澳同胞回乡证的；

b. 不宜在护照或身份证件上办理我签证的部分外籍华人；

c. 入境人员因丢失证件或其他原因不能出境的。

《中华人民共和国护照法》（2007 年 1 月 1 日起施行）将“入出境通行证”更名为“出入境通行证”。

7. 台湾居民来往大陆通行证

（1）台湾居民来往大陆通行证的样式

草绿色封面，32 页，有效期为五年，使用时实行逐次签注，分一次往返有效和多次往返有效两种。

（2）台湾居民来往大陆通行证的颁发对象

前来大陆定居、探亲、访友、旅游、接受和处理财产、处理婚丧事宜，参加经济、科技、文化、教育、体育、学术交流等活动或者进行投资、贸易等活动的居住在我国台湾地区的居民。

8. 中华人民共和国往来港澳通行证

（1）中华人民共和国往来港澳通行证的样式

蓝色封面。分 8 页 2 年一次有效和 16 页 5 年多次有效两种。

（2）中华人民共和国往来港澳通行证的颁发对象

a. 因私事经批准前往香港、澳门特别行政区的内地居民；

b. 获准短期去香港、澳门特别行政区探亲、会亲的国内居民；

c. 有组织地赴香港、澳门特别行政区旅游的游客；

d. 集体所有制往来香港、澳门特别行政区的小型船舶的船员；

e. 经常往来于香港、澳门特别行政区的押运员、司机、导游等以及福建、广东的经济特区需要经常往来于香港、澳门特别行政区的部分因公人员。

9. 因公往来香港澳门特别行政区通行证

（1）因公往来香港澳门特别行政区通行证的样式

a. 蓝色封面：深蓝色封面。5 年有效。

b. 红色封面：大红色封面。5 年有效。

（2）因公往来香港澳门特别行政区通行证的颁发对象

a. 蓝色封面：因公前往香港、澳门特别行政区的内地居民。

b. 红色封面：因公前往香港、澳门特别行政区的内地居民（身份较高）。

二、出境检查

（1）外国公民入境后应在签证有效期内离开中国。出境时，应向出境检查员交验护照证件和出境登记卡；持中国政府签发的居留证者，如出国后不再返回，应交出居留证件，出境检查员核准后，加盖出境验讫章，收缴出境登记卡放行。

（2）中国公民出境必须向主管部门申领护照，除有特殊规定者外，无论因公因私，个人必须办好前往国签证，才能放行。

（3）外国对中国公民入境、出境、过境有专门规定的，中国政府主管机关将根据情况采取相应措施。

三、阻止出入境

根据《中华人民共和国外国人入境出境管理法》及其《实施细则》的有关规定，凡被认为入境后可能危害中国的国家安全、社会秩序者，持伪造涂改或他人护照证件者，未持有效护照、签证者以及患有精神病、麻风病、艾滋病、性病等传染病者，或者不能保障在中国期间所需费用者，边防检查站将阻止其入境。

出境人员如果是属于刑事案件的被告人或者犯罪嫌疑人；有未了结的民事案件的人，有违犯中国法律的行为尚未处理，经有关主管机关认定需要追究责任的人；未持有效证件或者持用他人证件的人，以及持有伪造或者涂改的出境证件的人，边防检查站阻止其出境。

四、交通运输工具的检查

交通运输工具进境、出境、过境必须从对外国人开放的或者指定口岸通行，接受边防检查机关的检查和监护。

航空器抵达中国前，交通运输工具负责人要负责向旅客分发入境登记卡，抵达后要向边防检查站提供旅客和机组名单。出境时办完值机手续后各航空公司负责办理值机手续的人员要向边防检查站书面报告旅客人数，经批准后方可离境。

五、安全检查

根据我国政府规定，为确保航空器及乘客的安全，严禁乘客携带枪支、弹药、易爆、腐蚀、有毒、放射性等危险物品，旅客在登机前必须接受安全人员的检查，拒绝接受检查者不准登机，损失自负。

进入机场隔离区的迎送人员必须佩戴有效通行证件，并得到安检人员允许后方准进入，对无证者或违犯安全规定者，安全检查人员有权拒绝其进入或依法进行处理（详见第六章安检服务）。

07

视频微课

六、TIM 中有关护照和签证的规定

1. 护照

TIM 将护照分为如下几种：外侨护照、儿童身份证、外交护照、官员、特殊或公务护照、国际红十字护照、合用护照（家庭护照）、临时 / 紧急护照。

TIM 按国别列出了相关国家有关护照的规定（见图 7-3）。在“1. Passport”项下，细分为护照豁免（Passport Exemptions）、文件有效期（Document Validity）、入境和过境限制（Admission and Transit Restrictions）、机组成员（Crew Members）、军方人员（Military）、附加信息（Additional Information）、未成年人（Minors）、警告（Warning）等。有些国家的护照信息可能只对其中的一部分有明确规定。

“护照豁免”中可以查阅所有适用于各种旅客的可接受的替代文件，应确保替代文件在整个旅行过程中的有效性，同时应留意“入境和过境限制”中的一些特殊限制规定。护照的有效期也非常重要，大多数国家要求护照必须在计划停留时间之后的一段时间内（通常为 3 个月）继续保持有效，具体可参阅该手册“文件有效期”下的说明。

■ Pakistan（PK）
Geographical information: Capital—Islamabad（ISB）. 1. Passport: Passport required. Passport Exemptions: 1. Holders of a “Laissez-Passer”, provided travelling on duty, issued by: 1.1 The United Nations； 1.2 The International Court of Justice at the Hague, The Netherlands, to all nationalities. 2. Holders of a Seaman Book provided travelling on duty. 3. Holders of documents issued to stateless persons. 4. Holders of a Hong Kong SAR（China）Document of identity. Document Validity: Passports and/or passport replacing documents must be valid on arrival. Admission and Transit Restrictions： 1. Admission refused to nationals of Afghanistan whose passport or ticket shows evidence of transit or boarding in India, even if holding a Pakistan visa or reentry permit. 2. Admission refused to national of Israel. Crew Member: Passport, Airline Identity Card and General Declaration required. Dead heading Crew must wear uniform. Military: Same regulations as for passengers apply.

图 7–3　TIM 中有关巴基斯坦的护照规定

2. 签证

签证、过境签证或签证豁免均不能保证能进入该国，最终决定权在于相关国家出入境口岸的主管部门。要求检查签证的各方包括：目的地国家、出发国、居住国和过境国。

关于签证的内容可以参考 TIM 中各国资料的“2.Visa”部分，如图 7–4 所示。该部分通常包含签证豁免（Visa Exemptions）、过境免签（TWOV）、商船船员（Merchant Seamen）、机组成员（Crew Members）、军方人员（Military）、签证发放（Visa Issuance）、附加信息（Additional Information）、未成年人（Minors）、警告（Warning）等。

（1）签证豁免（Visa Exemptions）

“签证豁免”部分注明了持有哪些类型护照的旅客可以免去申请签证，参阅时应注意注释和附加信息（Additional Information）部分的说明。

例：一位中国内地的旅客，持中国因公普通护照前往巴基斯坦，计划停留 1 个月，该旅客是否需要申请进入巴基斯坦的签证？

分析：从图 7–4 中“2.Visa”的“Visa Exemptions”部分第 6 条可以得知，

中国大陆公民持普通公务护照在巴基斯坦停留 3 个月以内均无须申请签证。

2. Visa: Visa required. Visa Exemptions: 1. Nationals of Pakistan. 2. Holders of a Reentry Permit issued by Pakistan. 3. Stateless persons and refugees, provided they reside in Iceland, Maldives, Nepal, Samoa, Tonga, Trinidad & Tobago or Zambia. 4. Nationals of Tonga and Trinidad & Tobago. 5. Nationals of Iceland, Maldives and Zambia for a max. stay of 3 months. 6. Nationals of China (people's Rep.) holding normal passports endorsed "Public Affairs" for a max. stay of 3 months. 7. Nationals of Nepal and Samoa for a max. stay of 30 days. 8. Nationals of Algeria, Argentina, Austria, Belgium, Czech Rep., Denmark, Finland, Iran, Korea (Rep.), Luxembourg, Morocco, Netherlands, Norway, Russian Fed., Slovak Rep., Tunisia and Turkey holding diplomatic or official passports, for a max. stay of 3 months.	TWOV (Transit Without Visa): Those passengers continuing to a third country within 24 hours; and —using same or first connecting aircraft; and —not leaving the airport; and —holding tickets with reserved seats; and —holding all documents required for the country of destination. If an overnight stay is involved: —delivering carrier must accommodate the passenger at the airport hotel (prior hotel reservation and/or issue of hotel voucher is recommended). Immigration authorities will retain passengers' passports. a. Except for stateless persons and refugees, who require a visa at all times. Merchant Seamen: 1. Visa is not required if Merchant Seamen are nationals of Pakistan, Tonga or Trinidad & Tobago (applicable to normal passport holders).

图 7–4　TIM 中有关巴基斯坦签证的部分内容

（2）过境免签（TWOV）

外籍人士过境免签政策是世界各国实施的免签制度中的一项内容，是指外籍人士依据过境国的法律或有关规定，从一国中转该过境国前往第三国时，不必申请过境国签证即可过境，并可在过境国进行短暂停留的政策。“过境免签”规定可以参阅图 7–4 中“2.Visa”的“TWOV”（Transit Without Visa）部分。

关于过境国的签证检查，需要说明几点：①只要旅行途中有降落，就会检查过境签证；②过境旅客必须能够证明其在规定时间内将会继续其旅行，比如出示剩余航段的机票、回程机票，或者是一笔足以购买续程、回程航段机票的资金；③此外，旅客还必须拥有进入目的地国家和过境途中相关国家的旅行文件。

例：某旅客需要过境巴基斯坦，为节省签证麻烦，急于了解巴基斯坦的过境免签要求，请予说明。

分析：如图 7–4 中“2.Visa”的“TWOV”（Transit Without Visa）部分可知，巴基斯坦的过境免签要求同时满足如下条件：①停留时间不超过 24 小时；②使用相同或第一个衔接飞机；③不离开机场；④持有订妥座位的机票；⑤持有所有目的地国家要求的文件；⑥如涉及过夜停留，承运人需安排旅客在机场宾馆住宿，且移民局会保留旅客护照。

过境免签可以给当地带来大量的旅游客源和直接经济收益。2019 年 12 月起，我国已批准北京、天津、石家庄、秦皇岛、上海、杭州、南京、沈阳、大连、青岛、成都、厦门、昆明、武汉、广州、深圳、揭阳、重庆、西安、宁波 20 个城市 27 个口岸对 53 个国家实施外国人过境 144 小时免办签证政策，并在京津冀、长三角等地区实现区域、口岸联动。上述口岸中涉及的航空口岸有上海浦东和虹桥、南京禄口、杭州萧山、首都机场、天津滨海、石家庄正定、沈阳桃仙、大连周水子机场等。对持有效国际旅行证件和 144 小时内确定日期、座位以及前往第三国（地区）联程机票的人员，实行过境免办签证政策。

这 53 个国家包括：24 个欧洲申根签证协议国家，俄罗斯、英国、爱尔兰等 15 个欧洲其他国家，6 个美洲国家（美国、加拿大、巴西、墨西哥、阿根廷、智利），2 个大洋洲国家（澳大利亚、新西兰），6 个亚洲国家（韩国、日本、新加坡、文莱、阿联酋、卡塔尔）。

此外在长沙、桂林、哈尔滨 3 个城市 3 个口岸实施外国人过境 72 小时免办签证政策。绝大部分城市，外籍人士过境停留时间还仅限于 24 小时。

为方便国际旅客过境、促进国际航空枢纽建设，经公安部批准，目前在北京首都机场、上海浦东机场和广州白云机场已经开始试行 24 小时直接过境旅客免办边检手续政策，旅客从上述任一机场 24 小时内过境我国，且不离开机场口岸限定区域，可以免办边检手续。

任务三　检验检疫

07

延伸阅读

一、卫生检疫

卫生检疫，也称“口岸卫生检疫”，是国家政府为防止危害严重的传染病，通过入出国境的人员、行李和货物传入、传出、扩散所采取的防疫措施。外国旅游者、移民者入境是传染病得以传播的重要媒介。为了保障人民健康，各国都在口岸设立卫生检疫及动植物检疫机构。

（一）卫生检疫查验管理

旅客进出境时，出入境交通工具和人员、集装箱、行李、货物、邮包等必须在最先到达或最后离开的过境口岸指定的地点接受医学检查和卫生检查检疫。

进境的交通工具和人员，须在最先到达的国境口岸接受检疫；出境的，须在最后离开的国境口岸接受检疫。检验检疫机构对未染有检疫传染病或者已实施卫生处理的交通工具，签发入境或出境检疫证。

（二）传染病监测管理

检验检疫机构对入境、出境人员实施传染病监测，有权要求出入境人员填写健康声明卡、出示预防接种证书、健康证书或其他有关证件。有些国家有时免验，但有时对某些流行病检查又特别严格，例如智利、墨西哥、澳大利亚、新西兰等国家要求入境的外国人，出具预防霍乱和预防黄热病的接种或复种证明书。入境者如果忘了申办接种证明书，或被发现未进行必要的接种，到达某些国家时，可能会被隔离，并被强制检疫。

中国国境卫生检疫部门根据旅客来自国家或地区的不同，决定是否实施检疫。根据联合国制定的“国际卫生条例”的规定，随着世界疫情变化，目前把斑疹、伤寒和回归热定为国际监视传染病。该条例还规定对移民或者入境居留时间长达半年以上的人员和海员，进行体格检查，具有健康证明者，方能准许入境。近年由于艾滋病的蔓延，许多国家纷纷要求外国移民者或长期居留者，提供未患有艾滋病的健康检查证明。

对患有鼠疫、霍乱、黄热病的出入境人员，应实施隔离留验。对患有艾滋病、性病、麻风病、精神病、开放性肺结核的外国人应阻止入境。对患有监测传染病的出入境人员，视情况分别采取留验、发给就诊方便卡等措施。

（三）卫生监督和卫生处理

检验检疫机构负责对国境口岸和停留在国境口岸的出入境交通工具的卫生状况实施卫生监督。包括：监督和指导对啮齿动物、病媒昆虫的防除；检查和检验食品、饮用水及其储存、供应、运输设施；监督从事食品、饮用水供应的从业人员的健康状况；监督和检查垃圾、废物、污水、粪便、压舱水的处理。可对卫生状况不良和可能引起传染病传播的因素采取必要措施。

检验检疫机构负责对发现的患有检疫传染病、监测传染病、疑似检疫传染病的入境人员实施隔离、留验和就地诊验等医学措施，对来自疫区、被传染病污染、发现传染病媒介的出入境交通工具、集装箱、行李、货物、邮包等物品进行消毒、除鼠、除虫等卫生处理。

（四）进口食品卫生监督检验

对已到达口岸的进口食品，按照我国卫生标准和卫生要求进行检查。进口食品（包括饮料、酒类、糖类）、食品添加剂、食品容器、包装材料、食品用工具及设备必须符合我国有关法律法规规定。申请人须向检验检疫机构申报并接受卫生监督检验。检验检疫机构对进口食品按食品危险性等级分类进行管理，并依照国家卫生标准进行监督检验，检验合格的，方准进口。

对不符合标准的食品，根据其检验结果的危害程度，实行退货、销毁、改为他用或加工处理。

二、动植物检疫

动植物检疫部门是代表国家依法在开放口岸执行进出境动植物检疫、检验、监管的检验机关。我国动植物检疫部门根据《中华人民共和国进出境动植物检疫法》的规定，负责检疫进出中华人民共和国国境的动植物及其产品和其他检疫物，装载动植物产品和其他检疫物的装载容器、包装物以及来自动植物疫区的运输工具。

（一）动植物检疫的范围

检验检疫部门依法实施动植物检疫的有：

（1）进境、出境、过境的动植物、动植物产品和其他检疫物；

（2）装载动植物、动植物产品和其他检疫物的容器、包装物、铺垫材料；

（3）来自动植物疫区的运输工具；

（4）进境拆解的废旧船舶；

（5）有关法律、行政法规、国际条约规定或者贸易合同约定应当实施检疫的其他货物、物品。

（二）国家禁止进境的动植物

（1）动植物病原体（包括菌种、毒种等）、害虫及其他有害生物；

（2）动植物疫情流行的国家和地区的有关动植物、动植物产品和其他检疫物；

（3）动物尸体；

（4）土壤。

（三）进境出境检疫管理

对入境检疫的审批及入境检疫物运输工具及其检疫物有明确规定。进口货物到达口岸前或抵达口岸时，须在入境口岸动植物检疫局办理报检手续。

对进境动物、动物产品、植物种子、种苗及其他繁殖材料实行进境检疫许可制度，进口货物必须事先提出申请，并在对外签订贸易合同或者协议之前办妥检疫审批手续。货物到达口岸后，应立即向当地检验检疫机构报检。经检疫合格的，予以放行，检疫不合格或需进一步检疫监管的货物，依据有关规定做出相应的检疫和监管处理。

对出境动植物、动植物产品或其他检疫物，检验检疫机构对其生产、加工、存放过程实施检疫监管。货主或代理人在动植物及其产品和其他检疫物出境前，须向口岸检验检疫机构办理报检手续。经检疫合格的，出证放行；检疫不合格的，不准出境。

1. 报检

输入、输出应检物，货主或代理人应按要求填写报检单，向口岸出入境检验检疫机构报检。

2. 检疫

包括现场检疫、实验室检疫、隔离检疫。

（1）现场检疫：输入、输出应检物抵达口岸时，检疫人员登机、登轮、登车或到货物停放场所实施检疫。

（2）实验室检疫：检疫人员按有关规定或要求对输入、输出的检疫物做动物疫病的实验室检测。

（3）隔离检疫：动物在入境后或出境前，必须在出入境检验检疫机关指定的隔离场做隔离检疫（大型、中型动物 45 天，小型动物 30 天）。

3. 检疫结果的判定和出证

根据检疫结果，按照我国与有关国家或地区签订的双边检疫议定书或协议中的规定、国家标准，并参考有关国际标准出证。

4. 检疫处理

（1）对经检疫不合格的检疫物，由口岸出入境检验检疫机构签发“检疫处理通知单”，通知货主或其代理分别做除害、退回或销毁处理。

（2）签证放行：经检疫合格或经除害处理合格的出入境检疫物，由口岸出入境检验检疫机构签发“检疫放行通知单”、检疫证书或在报关单上加盖印章，准予入境或出境。

（四）过境检疫管理

运输动植物、动植物产品和其他检疫物过境（含转运的），应向检验检疫机关报检；要求运输动物过境的，必须事先商得中国国家动植物检疫机关同意，并按照指定的口岸和路线过境。

（五）携带、邮寄物检疫管理

携带、邮寄植物种子、种苗以及其繁殖材料进境的，必须事先提出申请，办理检疫审批手续，检疫合格后放行。未经检疫邮局不运递。

携带动物进境的，必须持有输出国家或者地区的检疫证书等证件。

（六）运输工具检疫

《检疫法》规定，来自疫区的船舶、飞机、火车等运输工具到达口岸时，由口岸动植物机关实施现场检疫。装载进境的车辆，由口岸动植物检疫机关做防疫消毒处理。装载出境的动植物、动植物产品和其他检疫物的运输工具，应符合中国动植物防疫和检疫的规定。对装运供应香港、澳门地区的动物的回空车辆，实施整车防疫消毒。

三、TIM 中有关健康的规定

对于来自疫病易感地区的旅客，各国都有检查预防接种证明（Vaccination Certificate）的要求，由指定的卫生检疫机关负责签发。根据旅客始发地、途经地经过了哪些易感地区的实际情况，决定是否需要相应的预防接种证明。有时一些易感地区入境国不需要提供预防接种证明，但从个人健康考虑，也有必要做一下检疫。预防接种证明是有有效期的。一般来说霍乱疫苗自接种后第 6 日起，6 个月有效；黄热病疫苗自接种后第 10 日起，10 年内有效。

各国对预防接种证明的检查要求不同，有些国家要求检查的较多，还有许多国家甚至对来自任何国家的旅客均不要求检查，如图 7-5 所示。

> 3. Health: No vaccinations are required to enter France from any country.

图 7-5　TIM 中法国的健康规定

总的来说，预防接种证明的检查可以分为三种：即目的地国家检查、始发国家的检查（包括再次回到始发国的情况）、过境中转国的检查。一般来说，对于来自或经过易感地区的旅客，目的地国和过境中转国可能需要旅客提供预防接种证明，但是对于那些没有离开过途经的易感国家机场的旅客、一周岁以下的儿童、乘坐同一飞机过境的旅客等则通常可以给予豁免，如格林纳达（Grenada）的规定，如图 7-6 所示。

3. Health: Vaccination against Yellow Fever required, if arriving within 6 days after leaving or transiting countries with infected areas. Exempt from Yellow Fever vaccination： （1）Those not leaving the airport； （2）Children under 1 year old； （3）Transit passengers not leaving the airport.

图 7-6　TIM 中格林纳达（Grenada）的健康规定

始发国预防接种证明检查的例子通常较少。有时相关国家的健康规定部分还附有预防建议（Recommended），提醒旅客在该国的哪些地区应注意预防某种疾病。

案例

海关严查海外购物超限

出国旅行回国时在国外买一些自己喜欢的物品带回是众多消费者的选择。不过，在购买贵重物品回国时要注意了，超出法律规定免税额度的商品，还要补交相应的税款。曾经，机场海关正在严查海外购物进境，所有人全部开箱排队等待过机审查，仅一个航班抓了 100 多人的消息广为流传……对此，海关表示个人携带入境物品的政策没有变动，并提醒市民购买贵重物品回国时务必先了解相关法律法规。

据介绍，旅检渠道目前正常执行相关规定。目前对于中国籍旅客携带行李物品入境，海关依照海关总署 2010 年 54 号公告的标准进行验放，境外获取物品总值在 5000 元人民币以内（含 5000 元）的予以免税放行。免税放行物品连同口岸进境免税店购物额总计不超过 8000 元人民币的，仍予以免税放行。旅客携带进境物品如果超出于规定的免税额度，应当主动向海关申报照章纳税。

据海关总署公布的政策，电视机、摄像机、电冰箱等 20 种商品不予免税，其他不同商品给予不同的税率，比如奶粉完税价格200元，税率15%，酒类税率一般在60%，衣物、鞋子和箱包30%，高档手表和彩妆税率60%，一般钟表和清洁护肤品税率30%。

入境携带超量物品的旅客中，不乏个人代购者。海外代购的成本相对较低，催生了需求，这一正常的市场行为有其存在的合理性。不过，从事跨境电商，应当遵守进出口监督管理的法律、行政法规和国家有关规定，即使是个人从境外携带商品入境，也需要遵守海关、出入境、免税商店等的相关规定。因此，海外代购从事跨境代购的法律风险是确定的、税务风险也是真实存在的。相关人士分析，目前代购的利润点在于免交关税、消费税，这与以往的执法依据不够明确、执法程度不够到位有关，现在立法已经明确，执行上也没有技术阻碍，一旦成本上去了，代购的优势就会不复存在。因此长远来看，个人代购生存的空间是越来越小的。

数据显示，2017年中国公民出境旅游突破1.3亿人次，花费达1152.9亿美元，保持世界第一大出境旅游客源国地位。

思考：我国海关相关规定对旅行自用物品是如何界定的？如何看待电商法实施后的海外代购？

项目小结

本项目阐述了组成联检服务的三部分内容：海关检查、边防检查、检验检疫，以及检查的对象和联检的具体内容和方法。本项目同时介绍了《旅行信息手册》的使用方法。

思考与练习

1. 什么是护照？我国护照分为哪几种？
2. 简述动植物检疫的程序。
3. 列举海关对出入境物品的限制规定（不少于5种）。
4. 列举与我国互免签证的国家（不少于5个）。

5. 列举对持普通护照的中国公民单方面免签的国家（至少 5 个）。

6. 列举单方面允许符合条件的持普通护照的中国公民入境时办理落地签证的国家（至少 5 个）。

7. 实施过境免签有何意义？请列举若干实施 144 小时过境免签的国内航空口岸机场。

学习效果检测

扫描下方二维码，检测你的学习效果。

07

学习检测

附：出入境检验检疫报检规定（2018 年 7 月 1 日修改实施）

第一章　总　则

第一条　为加强出入境检验检疫报检管理，规范报检行为，根据《中华人民共和国进出口商品检验法》及其实施条例、《中华人民共和国进出境动植物检疫法》及其实施条例、《中华人民共和国国境卫生检疫法》及其实施细则、《中华人民共和国食品安全法》等法律法规的有关规定，制定本规定。

第二条　根据法律法规规定办理出入境检验检疫报检 / 申报的行为均适用本规定。

第三条　报检范围

（一）国家法律法规规定须经检验检疫的；

（二）输入国家或地区规定必须凭检验检疫证书方准入境的；

（三）有关国际条约规定须经检验检疫的；

（四）申请签发原产地证明书及普惠制原产地证明书的。

第四条　报检人在报检时应填写规定格式的报检单，提供与出入境检验检疫有关的单证资料，按规定交纳检验检疫费。

第五条　报检单填制要求为：

（一）报检人须按要求填写报检单所列内容；书写工整、字迹清晰，不得涂改；报检日期按海关受理报检日期填写。

（二）报检单必须加盖报检单位印章。

第二章　报检资格

第六条　报检单位办理业务应当向海关备案，并由该企业在海关备案的报检人员办理报检手续。

第七条　代理报检的，须向海关提供委托书，委托书由委托人按海关规定的格式填写。

第八条　非贸易性质的报检行为，报检人凭有效证件可直接办理报检手续。

第三章　入境报检

第九条　入境报检时，应填写入境货物报检单并提供合同、发票、提单等有关单证。

第十条　入境报检时除按第九条规定办理外，还应当符合下列要求：

（一）国家实施许可制度管理的货物，应提供有关证明。

（二）品质检验的还应提供国外品质证书或质量保证书、产品使用说明书及有关标准和技术资料；凭样成交的，须加附成交样品；以品级或公量计价结算的，应同时申请重量鉴定。

（三）报检入境废物原料时，还应当取得装运前检验证书；属于限制类废物原料的，应当提供进口许可证明。

（四）申请残损鉴定的还应提供理货残损单、铁路商务记录、空运事故记录或海事报告等证明货损情况的有关单证。

（五）申请重（数）量鉴定的还应提供重量明细单、理货清单等。

（六）货物经收、用货部门验收或其他单位检测的，应随附验收报告或检测结果以及重量明细单等。

（七）入境的国际旅行者，国内外发生重大传染病疫情时，应当填写《出入境检疫健康申明卡》。

（八）入境的动植物及其产品，在提供贸易合同、发票、产地证书的同时，还必须提供输出国家或地区官方的检疫证书；需办理入境检疫审批手续的，还应当取得入境动植物检疫许可证。

（九）过境动植物及其产品报检时，应持货运单和输出国家或地区官方出具的检疫证书；运输动物过境时，还应当取得海关总署签发的动植物过境许可证。

（十）报检入境运输工具、集装箱时，应提供检疫证明，并申报有关人员健康状况。

（十一）入境旅客、交通员工携带伴侣动物的，应提供入境动物检疫证书及预防接种证明。

（十二）因科研等特殊需要，输入禁止入境物的，应当取得海关总署签发的特许审批证明。

（十三）入境特殊物品的，应提供有关的批件或规定的文件。

第四章　出境报检

第十一条　出境报检时，应填写出境货物报检单并提供对外贸易合同（售货确认书或函电）、发票、装箱单等必要的单证。

第十二条　出境报检时除按第十一条规定办理外，还应当符合下列要求：

（一）国家实施许可制度管理的货物，应提供有关证明。

（二）出境货物须经生产者或经营者检验合格并加附检验合格证或检测报告；申请重量鉴定的，应加附重量明细单或磅码单。

（三）凭样成交的货物，应提供经买卖双方确认的样品。

（四）出境人员应向海关申请办理国际旅行健康证明书及国际预防接种证书。

（五）报检出境运输工具、集装箱时，还应提供检疫证明，并申报有关人员健康状况。

（六）生产出境危险货物包装容器的企业，必须向海关申请包装容器的性能鉴定。

生产出境危险货物的企业，必须向海关申请危险货物包装容器的使用鉴定。

（七）报检出境危险货物时，应当取得危险货物包装容器性能鉴定结果单和使用鉴定结果单。

（八）申请原产地证明书和普惠制原产地证明书的，应提供商业发票等资料。

（九）出境特殊物品的，根据法律法规规定应提供有关的审批文件。

第五章 报检及证单的更改

第十三条 报检人申请撤销报检时，应书面说明原因，经批准后方可办理撤销手续。

第十四条 报检后30天内未联系检验检疫事宜的，作自动撤销报检处理。

第十五条 有下列情况之一的应重新报检：

（一）超过检验检疫有效期限的；

（二）变更输入国家或地区，并又有不同检验检疫要求的；

（三）改换包装或重新拼装的；

（四）已撤销报检的。

第十六条 报检人申请更改证单时，应填写更改申请单，交附有关函电等证明单据，并交还原证单，经审核同意后方可办理更改手续。

品名、数（重）量、检验检疫结果、包装、发货人、收货人等重要项目更改后与合同、信用证不符的，或者更改后与输出、输入国家或地区法律法规规定不符的，均不能更改。

第六章 报检时限和地点

第十七条 对入境货物，应在入境前或入境时向入境口岸、指定的或到达站的海关办理报检手续；入境的运输工具及人员应在入境前或入境时申报。

第十八条 入境货物需对外索赔出证的，应在索赔有效期前不少于20天内向到货口岸或货物到达地的海关报检。

第十九条 输入微生物、人体组织、生物制品、血液及其制品或种畜、禽及其精液、胚胎、受精卵的，应当在入境前30天报检。

第二十条 输入其他动物的，应当在入境前15天报检。

第二十一条 输入植物、种子、种苗及其他繁殖材料的，应当在入境前7天报检。

第二十二条 出境货物最迟应于报关或装运前7天报检，对于个别检验检疫周期较长的货物，应留有相应的检验检疫时间。

第二十三条 出境的运输工具和人员应在出境前向口岸海关报检或申报。

第二十四条 需隔离检疫的出境动物在出境前60天预报，隔离前7天报检。

第二十五条 报检人对检验检疫证单有特殊要求的，应在报检单上注明并交附相关文件。

第七章 附 则

第二十六条 报检单位和报检人伪造、买卖、变造、涂改、盗用海关的证单、印章的，按有关法律法规予以处罚。

第二十七条 司法鉴定业务、行政机关委托及其他委托检验和鉴定业务，参照本规定执行。

第二十八条 本规定由海关总署负责解释。

第二十九条 本规定自2000年1月1日起施行，原国家商检局发布的《进出口商品报验规定》和原国家卫生检疫局发布的《关于对入、出境集装箱、货物实行报检制度的通知》同时废止。

08

课程思政

项目八 引导服务

项目导读

对于所有的公共旅客运输企业来说，引导服务，即通过有效的服务来维持良好的现场秩序，疏导大量聚集的旅客，始终是服务工作十分重要的一环。民航运输企业相对于其他运输企业在旅客心目中一向具有高质高价的形象，理应提供优质的引导服务。学习本项目应注意不同航班流程之间的差别。

学习目标

知识目标：熟悉国内、国际出港航班的流程；熟悉国内、国际进港航班流程；理解特殊旅客的进出港引导服务工作；熟悉引导员的岗位职责。

技能目标：掌握飞机靠近廊桥和停机坪时的进出港引导服务工作；能处理特殊旅客的引导工作。

素质目标：培养以全球视野和战略目光打造高品质航空枢纽港、服务国家战略的理想和抱负。

任务一　出港航班的引导服务

除了在机场候机楼及相关区域设置公共信息指示标志外，航空公司通常在旅客出港和进港的整个流程中提供人员引导服务。出港航班的流程如图 8-1 所示。

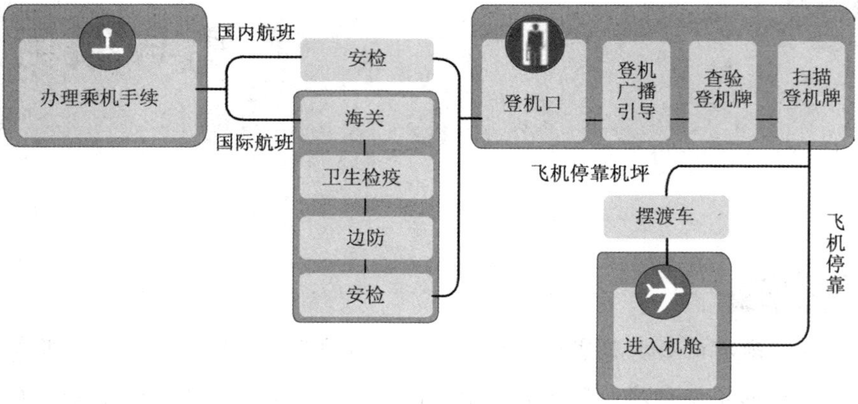

图 8-1　国内、国际出港航班流程

一、登机前的准备工作

（1）问询员在航班开始值机时间前 5 分钟上岗，带好必备的工作用品。

（2）准备好当日航班的各项信息牌，认真核对，并检查航班显示是否正确。

（3）及时将航班信息准确记录在日常航班记录本上。

（4）如有 VIP 和特殊旅客信息，及时记录在航班记录本上。

（5）开启离港系统的电脑，输入航班号，准备登机时扫描登机牌。

（6）认真回答旅客的各种询问。

（7）随时掌握候机大厅的旅客动态，对需要特别服务的旅客提供相应服务。

二、登机口的检票工作

（1）引导员接到商务调度出港的航班上客通知后，主动了解该航班人数及各种信息，将该航班的人数报商务调度。

（2）通知引导商务做好上客准备，及时把“登机”告示牌挂在登机动态栏内；电话通知信息中心某航班的登机信息，通知旅客登机。

（3）需要特殊服务的旅客优先登机。

（4）检票，查验登机牌。

（5）如果有任何变化，通知商务调度（行李问题以及人数问题）。

（6）查找未登机旅客。

（7）核对人数，并且在“航班记录本”上正确记录登机人数、时间和完毕时间。

三、引导工作

（一）飞机停靠廊桥时

（1）引导旅客登机时，引导员走在第一名旅客前，引导速度以大多数旅客能跟上为宜，将旅客引导到客舱门口。

（2）复撕每位旅客的登机牌和复查登机牌上安检章，以防止登机口漏撕或非本次航班的旅客错乘。

（3）各廊桥转弯处、楼梯口和登机路线不明处应有人员负责引导。

（二）飞机停靠停机坪时

（1）由两名引导人员带领旅客乘坐摆渡车至停机坪。

（2）安排 1~2 名发车人员。发车引导员要根据航班的人数情况合理安排摆渡车。

（3）发车人员要准确地向摆渡车司机报告所上航班号和目的地。

（4）机坪复撕登机牌，商务人员最后上第一辆摆渡车与旅客一同前往停机坪。

（5）摆渡车到达停机坪后，引导员要先下车，旅客由前后客梯上飞机，在客梯口复撕每位旅客的登机牌。

（6）旅客登机完毕，引导员与值机员核对人数，再与乘务员核对总人数。

（7）引导员要密切注意旅客上下摆渡车、客梯的安全。

（8）引导员与航班值机人员核对人数。

（9）引导人员必须在航班离港后 20 分钟，方可离开工作岗位。

四、特殊旅客引导服务

特殊旅客是指需要给予特别礼遇和照顾的旅客，或由于其身体和精神状况需要给予特殊照料的旅客，或在一定条件下才能运输的旅客。特殊旅客包括：重要旅客、军人旅客、无成人陪伴儿童旅客、孕妇旅客、残疾旅客、担架旅客、伤病旅客、老年旅客、特殊餐饮旅客等。

（一）重要旅客

（1）接到VIP的通知，值班主任提前做好安排，让负责引导的商务做好准备。

（2）头等舱值机员将重要旅客安排好后，应与引导员做好交接工作，登机口引导员在交接单上签字。

（3）引导员在航班记录本上简单注明重要旅客的休息室号、座位号等简单情况。

（4）引导员登机前拿好交接单到贵宾休息室等候迎送重要旅客。

（5）对重要旅客上飞机的先后次序，应事先征得重要旅客的同意。

（6）登机时，应由专人负责引导重要旅客上机。如飞机停靠远机位，应事先安排好车辆接送。

（7）重要旅客上飞机时，做好与空乘的交接工作，要求乘务人员在交接单上签字。

（8）送完重要旅客后要对交接单进行留存、记录。

（9）不愿公开身份的重要旅客乘坐飞机时，免去迎送工作，一切乘机手续按普通旅客办理，但在旅客上飞机的地方引导员应做好地面服务工作，并通知机组做好机上服务工作。

（二）VVIP引导服务工作

（1）出港VVIP航班引导服务工作由指定负责该航班的值班主任全权负责，安排比较有经验的商务人员，分为A、B工作小组，B组应不少于2人，其中1人必须是值班主任。A工作小组负责VVIP航班登机口的控制及信息传递工作；B 小组负责 VVIP 引导及信息通报工作。

（2）值班主任接到有 VVIP 的航班信息后，应及时通知各工作岗位并合理安排工作人员，上报室主任和值班经理。

（3）保证航班的安全、准点，A、B 组各项工作按程序进行。

A 组工作程序：

①预先准备好 VVIP 航班行李牌，登机时注意有无超规定行李，如有应妥善处理。在旅客手提行李过多，需拉运行李的情况下，应提前通知商务调度，协调好行李传送车，并将已拉下行李的件数、重量报平衡室，保证航班的正常起飞。

②检查离港系统设备，提前与电脑中心联系，要求其在 VVIP 航班时段重点保障设备的正常运行。如遇电脑故障一时无法解决，应及时使用人工核对表进行手工操作。

③各岗位安排有经验的商务人员，并根据 B 组所报 VVIP 座位分布及先后登机情况，做好登机口人数清点工作。如有晚到旅客，应采用广播等方式积极寻找，保证航班准点。

④在 VVIP 登机之前，A 组必须保证登机口清点的人数与复核撕牌清点的人数一致，与乘务员清点的人数一致后，再通知 B 组引导 VVIP 登机。

⑤如遇航班不正常，及时与商务调度部门联系，了解航班最新动态，将情况通知室主任和值班经理。

B 组工作程序：

①提前在贵宾休息室迎候 VVIP 的到达。

② VVIP 及随行人员到达后，商务人员主动告知登机时间及航班动态，如有特殊服务要求又一时无法解决，应及时向当日值班经理汇报。

③将 VVIP 及随行人员人数、座位号及登机要求通知登机口工作人员，由登机口值班主任做好记录。

④ VVIP 登机时，商务人员应协同公司领导及值班经理护送 VVIP 上机并主动帮助提拎随身行李等物，VVIP 登机后，商务人员向乘务人员提供要客名单，做好交接工作。

⑤随时与登机口值班主任保持联系，如遇航班不正常，应将实际情况及时通知 VVIP，根据其要求做妥善安排，并上报商务人员和值班经理。

⑥ VVIP 航班结束后，商务人员对 VVIP 交接单进行留存、记录。

（三）无成人陪伴儿童

（1）引导员在接到无人陪伴儿童的通知后，应提前做好准备。

（2）值机工作人员将无人陪伴儿童带入候机厅内，与引导员进行交接。登机口引导员应在交接单上签字。

（3）引导员在航班记录本上简单注明无人陪伴儿童的情况。

（4）引导员妥善安排无人陪伴儿童在候机厅内指定地点休息，为儿童保管文件袋。

（5）引导员带领儿童登机，起飞前交给乘务员，并与乘务员交接签字。

（6）送完儿童后对交接单进行留存、记录。

（四）轮椅旅客

（1）引导员在接到轮椅旅客的通知后，应提前做好准备。

（2）值机工作人员将轮椅旅客带入候机厅内，与引导员进行交接。登机口引导员应在交接单上签字。

（3）引导员在航班记录本上简单注明轮椅旅客的情况。

（4）引导员妥善安排轮椅旅客在候机厅内指定地点休息。

（5）航班登机时，由引导员带领轮椅旅客登机。

（6）送完轮椅旅客后对交接单进行留存、记录。

（五）担架旅客

（1）引导员在接到担架旅客的通知后，应提前做好准备。

（2）值机工作人员与引导员进行交接，引导员应在交接单上签字。

（3）引导员在航班记录本上简单注明担架旅客的情况。

（4）引导员妥善安排担架旅客在候机厅内适当位置休息。

（5）如担架旅客的救护车需要进入机坪时应注意：①与商务调度人员联系了解救护车到达的时间，并报告救护车车牌号；②通知安检部门，协助安检人员做好担架旅客的安检工作；③引导员在预订位置等候救护车，从指定机场入口将救护车带入机坪。

（6）航班登机时，由引导员带领担架旅客登机。

（7）登机时担架旅客从后客梯上飞机。

（8）引导员应与乘务员进行交接，告知乘务组担架旅客、陪同人员的座位、特殊要求等情况。

（9）对有关交接单进行留存、记录。

（六）其他特殊旅客（老人、孕妇、盲人、伤病旅客等）引导服务

（1）引导员在接到特殊服务的通知后，应提前做好准备。

（2）值机工作人员将特殊旅客带入候机厅内，与引导员进行交接，引导员应在交接单上签字。

（3）引导员在航班记录本上简单注明特殊旅客的情况。

（4）引导员妥善安排特殊旅客在候机厅内适当位置休息。

（5）引导员带领特殊旅客登机。

（6）引导员应与乘务员进行交接，告知乘务组特殊旅客情况。

（7）对有关交接单进行留存、记录。

任务二　进港航班的引导服务

引导服务人员同样也应该熟悉进港航班的流程，国内、国际进港航班的流程如图 8-2 所示。

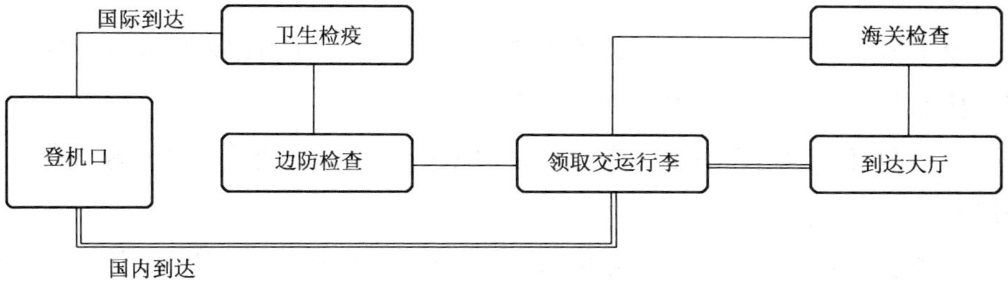

图 8-2　国内、国际进港航班流程

一、准备工作

（1）了解当日进港航班信息，并准确记录在航班记录本上，做好接机准备工作。

（2）如果进港航班有 VIP，或者进港航班需轮椅、担架服务，应安排好车辆以及特种服务设施（担架、轮椅等）。

（3）值班主任及时了解进港航班的信息，做好接机的人员安排。

二、引导工作

（一）飞机停靠廊桥时

（1）两名引导员提前 5 分钟到达登机廊桥，等待进港航班。

（2）一名引导员在飞机在廊桥靠稳后，与空乘人员进行平衡载重表和其他业务文件的交接，并向登机口通报飞机进港情况（桥位、机号）。

（3）另一名引导员走在第一位旅客的前面，引导速度以大多数旅客能跟上为宜，将旅客引导至大厅，直至最后一位旅客到达方可离开。

（二）飞机停靠停机坪时

（1）两名引导员提前 5 分钟到达停机坪，等待进港航班。

（2）一名引导员在客梯车靠稳后，与空乘进行平衡表和其他业务文件的交接，并向登机口通报飞机进港情况（机位、机号），随第一辆乘坐摆渡车的旅客前往入口处。

（3）另一名引导员注意旅客乘坐摆渡车的安全，并根据航班人数通知摆渡车司机发车，随最后一辆摆渡车前往入口处。

（4）摆渡车到达入口处，引导员必须在车门口等候最后一名旅客下车后才能离开。

进港航班舱单、业务文件等由引导员交至行李查询室并记录、保存；引导员接机完毕后在日常航班记录本上签名，如有特殊情况应做好记录。

三、特殊旅客引导服务

（一）重要旅客

（1）在接到 VIP 的通知后，值班主任提前做好安排，让负责接机的商务人员做好准备。

（2）如飞机停靠远机位，事先安排好车辆。

（3）飞机到达，引导员与空乘人员做好交接工作，并在交接单上签名。

（4）引导重要的旅客到指定的区域，为重要旅客提取托运行李，并与 VIP 接待人员进行交接。

（5）接完 VIP 后对交接单进行留存、记录。

（二）无成人陪伴儿童

（1）到达站应保证将儿童安全地交给迎接他的父母或监护人。

（2）飞机到达前，引导员应事先了解有关无人陪伴儿童的信息，并做好准备。

（3）飞机到达时，乘务员应将儿童和文件袋交给到达站的引导员，乘务员和引导员办理交接手续。

（4）在办完交接手续后，引导员应将儿童带到候机厅，并为其办理提取行李手续。

（5）引导员将儿童和文件袋交给迎接儿童的父母或监护人，并要求他们在交接单上签名。

（6）交接完毕后，引导员在交接单上签名，并对有关单据进行留存、记录。

（三）轮椅旅客

（1）飞机到达前，引导员应事先了解有关轮椅旅客的信息，并做好准备。

（2）飞机到达时，乘务员应将轮椅旅客交给到达站的引导员，乘务员和引导员办理交接手续。

（3）在办完交接手续后，引导员应将轮椅旅客带到候机厅，必要时为旅客办理提取行李手续。

（4）引导员将轮椅旅客安全送到机场出口。

（5）交接完毕后引导员在交接单上签名，并对有关单据进行留存、记录。

（四）担架旅客

（1）飞机到达前，引导员应事先了解有关担架旅客的信息，并做好人员配备等准备工作。

（2）根据飞机到达情况与救护中心联系好救护车到达的时间，把救护车的车牌号报给商务调度人员。

（3）引导员在预订位置等候救护车，从指定机场入口将救护车带入机坪。

（4）飞机到达时，乘务员应将担架旅客交给到达站的引导员，乘务员和引导员办理交接手续。

（5）在办完交接手续后，引导员应将担架旅客送上救护车，必要时为其办理提取行李手续。

（6）交接完毕后引导员在交接单上签名，并对有关单据进行留存、记录。

（五）其他特殊旅客（老人、孕妇、盲人、伤病旅客等）的服务

（1）飞机到达前，引导员应事先了解有关特殊旅客的信息，并做好准备。

（2）飞机到达时，乘务员应将特殊旅客交给到达站的引导员，乘务员和引导员办理交接手续。

（3）在办完交接手续后，引导员应将特殊旅客带到候机厅，必要时为旅客办理提取行李手续。

（4）交接完毕后引导员在交接单上签名，并对有关单据进行留存、记录。

任务三　中转航班的引导服务

08

延伸阅读

从引导服务的要求来讲，中转航班的引导服务在进出港时和一般的航班引导服务大同小异，本节主要强调中转航班流程与进出港

航班的区别。

随着旅客运输规模的扩大，许多机场的中转旅客数量在不断增加，北京、上海、广州等枢纽机场中转旅客流量则更大。大多数中转旅客通常对中转地机场内部环境和设施不熟悉，因此地勤人员不应仅局限于进出港航班引导服务，必须熟悉中转航班业务流程，才能为旅客提供优质的中转引导服务。

中转航班流程包括四种，即国内转国内、国内转国际、国际转国内和国际转国际。一些机场之间的具体中转流程并不完全相同，但是基本内容是类似的。一般涉及国际航班的大都需要经过联检，而国内转国内则不需要联检，有时甚至不需要再次安检（始发地出发时已经安检）。有联程登机牌的旅客一般可以在候机楼内中转旅客的引导标识指引下自主完成中转流程，无联程登机牌的旅客需要先办理中转乘机手续。此四种中转方式各自的流程可参见图 8-3 至图 8-6。

08

视频微课

图 8-3　国内转国内中转流程

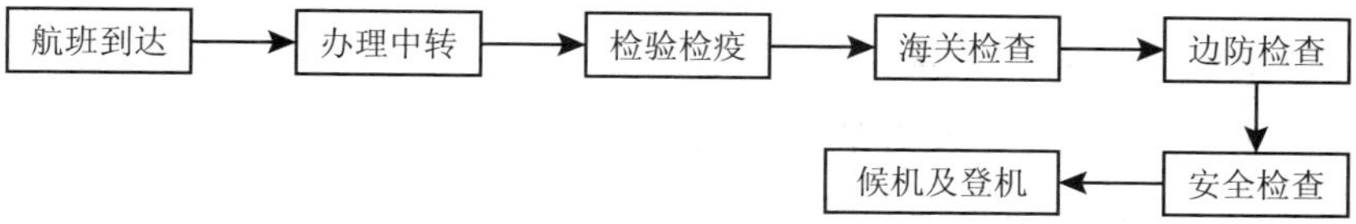

图 8-4　国内转国际中转流程

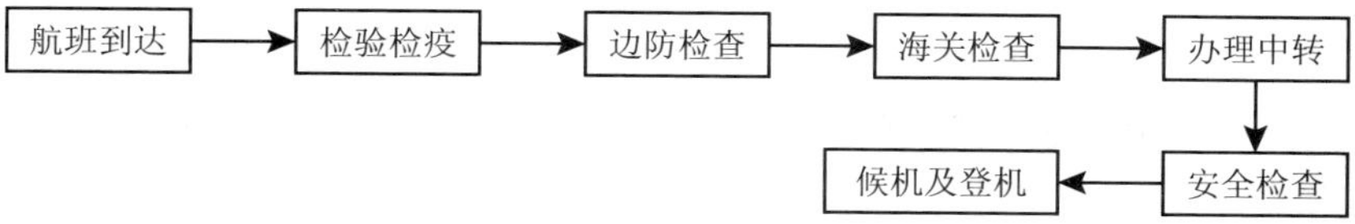

图 8-5　国际转国内中转流程

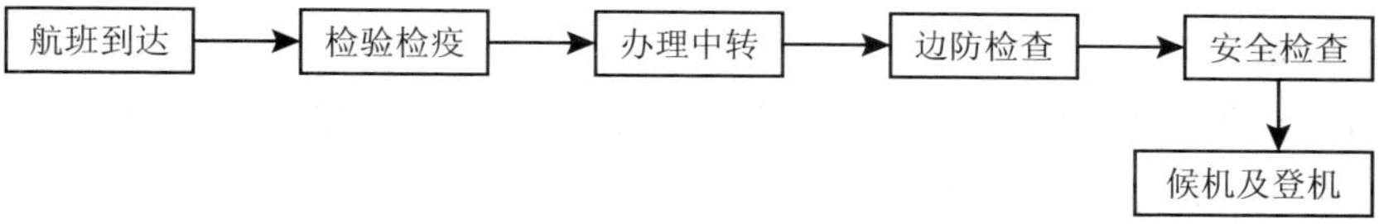

图 8-6　国际转国际中转流程

学习本任务内容应注意结合项目七“联检服务”中有关海关、边防和检疫等的相关内容。

任务四　引导服务的岗位职责

一、引导员岗位职责

（1）负责安排旅客登机、下机。

（2）做好各项上岗准备工作。

（3）负责在航班登机时仔细核对旅客登机牌及安检章（边防章），防止错乘、错运。

（4）负责维持登机、到达的旅客秩序，提供指引、引导服务。

（5）负责与摆渡车司机及相关人员做好交接工作。

（6）准确无误地送交随机文件。

（7）负责过站 / 过境旅客的清点及上下飞机的引导工作。

（8）负责不正常航班的登机口解释工作。

（9）负责登机口各类广播工作。

（10）负责备降航班的登机到达工作。

二、引导员岗位要求

（一）登机要求

1. 一般要求

（1）详细了解所负责航班的各类信息，主要包括航班号、飞机号、机型、旅客人数、特殊旅客、VIP 情况等。

（2）出港航班引导，工作人员应按规定准时到达相应登机口（国内航班提前 40 分钟，国际航班提前 45 分钟），并仔细核对飞机号、飞机停靠位置和航班显示；同时检查电脑、扫描枪等工作设备是否完好。

（3）巡视检查旅客手提行李是否超规；对于超规行李要向旅客做好解释工作，并拴挂相应行李牌（免责或超规行李牌），按程序操作。

（4）巡视大厅，掌握特殊旅客情况及其在候机厅所在的位置，以便登机时及时找到旅客并安排优先登机。

（5）航班正常情况下，负责与乘务员确认后安排旅客登机；航班不正常情况下，在接到调度部门可以登机的通知后，负责与乘务员再次确认后安排旅客登机。

（6）得到登机通知后，必须提醒旅客带好随身物品登机；对年老、年幼、睡觉的旅客要重点提醒。

（7）按照登机顺序安排旅客登机，提前将航班登机信息通知贵宾室。

（8）登机口广播时，语速应快慢适中，语音要清晰。

（9）扫描、撕牌时要查验登机牌上的航班号、日期、目的地及边防或安检的查验章；并随时统计已登机旅客人数，掌握登机情况。

（10）登机口工作人员要向每位旅客问候或致谢。

（11）引导旅客时，服务员走在旅客前面，并与旅客间隔保持不超过 2 米的距离，同时应经常回头照看旅客。

（12）主动扶老携幼，帮助老弱病残孕和怀抱婴儿旅客登机。

（13）确保预报旅客人数（减去未登机旅客人数）与扫描数（撕牌数）、登机人数一致。

（14）在廊桥口再次查验旅客的登机牌，避免旅客错乘。

（15）按相关程序和文件做好减客准备及实施工作。

（16）按要求准确填写各项工作记录、单据。

2. 远机位登机要求

（1）根据已办理旅客人数合理安排摆渡车，每辆车载员不得超过 70 人。

（2）头等、公务舱旅客使用专用车辆摆渡。

（3）与司机交接航班号及飞机号。

（4）登机口位置与摆渡车距离较远的，沿途要引导。

（5）引导旅客上摆渡车有 2 名服务员时，则分别站在摆渡车的前门和后门，面向中门；若只有 1 名服务员，则站在摆渡车距离登机口最远的那扇门，面向内侧手势引导，并用“乘坐 ×× 航班前往 ×× 的旅客，请上摆渡车”，进行语言提示。

（6）如使用客梯车登机，则确保客梯车上的旅客人数不超过 30 人、飞机自备客梯的每一台阶上不超过 1 人。

（7）在旅客全部上摆渡车后，提示驾驶员关门，在确保稳妥后方可开车。

（8）遇雨天，负责向经济舱旅客发放一次性雨披，负责向头等舱旅客、公务舱旅客、会员旅客提供雨伞服务；并协助乘务员做好回收工作。

（9）在机坪登机时，服务员应再次核对旅客登机牌上航班号，避免旅客错乘。

（10）防止旅客在机翼下穿行和在机坪上随意走动。

（二）接机要求

1. 一般要求

（1）廊桥停稳后，应按规定示意乘务人员开舱门，并上机与乘务员交接。

（2）引导靠桥航班旅客下机时应走在旅客前面，与旅客间隔保持不超过 2 米的距离，并经常回头照看旅客；同时要主动扶老携幼，协助老弱病残孕和怀抱婴儿旅客下机。

（3）接到相关部门通知，有中转时间较短旅客时，要派专人进行处理。

（4）国际航班需送递相关随机文件。

2. 远机位接机

（1）工作人员在接到客梯车司机停稳客梯指令后上机与乘务员交接。

（2）对自备客梯的班机，服务员待乘务员用手势示意停稳后上机与乘务员交接。

（3）头等、公务舱旅客使用专用车辆摆渡。如果无专用车辆，则优先安排他们上第一辆摆渡车，且位置安排不得超过一半，以便给头等、公务舱旅客较多空间。

（4）负责与司机交接航班号及到达候机楼位置。

（5）防止旅客在机翼下穿行和在机坪上随意走动。

（三）过境航班登机

（1）过境航班按预报准备好过境登机牌和5张备份登机牌。

（2）在分客要道口发放过境牌并引导旅客到候机厅休息。

（3）过境航班要及时了解实际过境旅客人数；根据过站旅客所占用的座位来找出未出现旅客，并做好翻舱工作。

（4）停靠远机位的过境航班，过境旅客和到达旅客则须安排乘坐不同的摆渡车。

案例

无成人陪伴儿童登机引导服务

据了解，温州机场可为5周岁至12周岁的无成人陪伴儿童提供登机引导服务。流程如下：

1. 无成人陪伴儿童须到各航空公司营业部或航空公司指定可出售无成人陪伴儿童客票的代理人处购票，购票时须提出书面申请。

2. 申请完毕后，要注意查看机票，核对儿童姓名、乘坐的航班号、目的地等内容，同时要注意无成人陪伴儿童的机票除在姓名后注明代码“UM”外，还注有儿童的年龄（一般儿童票只在姓名后注明“CHD”，如果只是购买了一般儿童票，到机场后再提出办理无成人陪伴儿童服务手续，一般不予受理）。

3. 无成人陪伴儿童应由儿童的父母或监护人送到机场，并在儿童的下机地点安排人员予以迎接和照料。

4. 乘机时应提前1小时到达机场，到问讯处填写“无成人陪伴儿童乘机申请书”，内容包括儿童姓名、年龄、送机人员姓名及联系电话、接机人员姓名及联系电话等。

5. 凭“无成人陪伴儿童乘机申请书”到值机柜台办理登机手续。

6. 将儿童交给问讯处服务员，由他们安排人员接管儿童，并引导和协助无成人陪伴儿童办理安检手续，引导儿童进入候机室头等舱休息室等候。

7. 送机的家长不能马上离开，以免特殊情况发生（如孩子怕生，不愿登机等），要在确定所乘航班起飞后，家长方可离开机场。

8. 同样，接无成人陪伴儿童的家长须携带相关证件（便于目的地机场工作人员核对身份及与孩子的关系），并须在交接联上签名，之后才能领走孩子。

9. 为确保无成人陪伴儿童在飞行途中得到妥善的照顾，家长应尽早向航空公司提出申请，因为一般国内航空公司对每个航班的无成人陪伴儿童数量有严格限制，为避免出现超出限额被拒绝受理的情况，应尽早申请。

10. 目前暂无法办理中转航班的无成人陪伴儿童乘机服务。

问：你认为目前国内航空企业对无成人陪伴儿童的引导服务还有哪些需要改进的地方？请谈谈地勤服务中引导、值机、问询服务之间的关系。

项目小结

1. 熟悉国内、国际进出港航班的流程十分重要。
2. 对特殊旅客应根据特殊旅客类型提供相适应的引导服务。
3. 引导员应该明确自己的岗位职责和要求。

思考与练习

1. 简述国内、国际出港航班的流程。
2. 简述国内、国际进港航班的流程。
3. 出港航班飞机停靠停机坪时如何引导？
4. 进港航班担架旅客如何引导？
5. 远机位登机对引导员的岗位要求是什么？
6. 过境航班登机对引导员的要求是什么？

学习效果检测

扫描下方二维码，检测你的学习效果。

08

学习检测

09

课程思政

项目九 特殊旅客运输

项目导读

航空运输向来以服务为核心竞争力，提供高质量的特殊旅客服务能充分彰显航空运输以人为本、高品质服务的属性。然而航班客舱空间有限，随机配备的设施设备有限，同时空中飞行可能遭遇多种复杂、突发情况，因此相对其他交通方式有着更高的安全标准和要求。本项目系统介绍不同类型的特殊旅客服务。

学习目标

知识目标：掌握特殊旅客的定义、范围；了解各类特殊旅客的收运程序。

技能目标：能判断哪些旅客属于特殊旅客；能准确说出不同类型特殊旅客的接收规定；培养分析、加工信息的能力。

素质目标：弘扬“仁义礼智”的儒家传统文化美德，展现中国价值体系的道德境界。

特殊旅客又称特殊服务旅客，是指在接受旅客运输和旅客在运输过程中，承运人需给予特别礼遇，或者给予特别照顾，或者需要符合承运人规定的运输条件方可承运的旅客。

特殊旅客包括重要旅客、病残旅客（病患〈伤〉旅客、担架旅客、轮椅旅客、盲人/聋哑人旅客）、无成人陪伴儿童旅客（成人是指年满18周岁且具有完全民事行为能力的人）、老年人旅客、孕妇旅客、婴儿旅客、犯罪嫌疑人及其押解人、特殊餐饮旅客、酒醉旅客、额外占座旅客、机要交通员/外交信使和保密旅客等。

任务一　重要旅客运输

重要旅客是航空运输保证的重点，认真做好重要旅客运输服务工作是民航运输部门的一项重要任务。

一、重要旅客的范围

一般来说，重要旅客的范围包括：

（1）省、部级（含副职）以上的负责人。

（2）军队在职正军职少将以上的负责人。

（3）公使、大使级外交使节。

（4）由各部、委以上单位或我驻外使、领馆提出要求按重要旅客接待的客人。

二、重要旅客的分类

（一）最重要的旅客（VVIP—Very Very Important Person）

（1）我国党和国家领导人。

（2）外国国家元首和政府首脑。

（3）外国国家议会议长和副议长。

（4）联合国正、副秘书长。

（二）一般重要旅客（VIP—Very Important Person）

（1）外国政府部长。

（2）我国和外国政府副部长和相当于这一级别的党政军负责人。

（3）我国大使。

（4）外国大使。

（5）国际组织负责人、国际知名人士、著名议员、著名文学家、科学家和著名新闻界人士等。

（6）我国省、自治区、直辖市人大常委会主任、省长、自治区人民政府主席、直辖市市长和相当于这一级别的党政军负责人。

（7）我国和外国全国性重要群众团体负责人。

（三）工商界重要旅客（CIP—Commercial Important Person）

（1）工商业、经济和金融界重要的、有影响的人士。

（2）重要的旅游业领导人。

（3）国际空运企业组织、重要的空运企业负责人。

三、重要旅客的接待

（一）重要旅客航班的载运限制

（1）严禁载运押送犯人。

（2）严禁接收重病号或担架旅客。

（3）在接收婴儿、儿童及无成人陪伴的儿童时，应严格按规定办理。

（4）座位不得超售。

（二）重要旅客的订座、购票

重要旅客订座、购票，应予优先保证，妥善安排。

（1）接受重要旅客订座时，应请经办人详细填写“旅客订座单”，了解清楚要客的职务、级别和需要提供的特殊服务。

（2）重要旅客购票后，售票单位应及时（最迟在航班飞行前一天下午 4 时前）将重要旅客的姓名、职务、级别、随员人数、乘坐航班、日期、到达站、特殊服务等情况，通知始发站、中途站和到达站及重要旅客乘坐飞机所属公司的要客服务部门（部门代号为 VP）。

（3）始发站的要客服务部门应在重要旅客乘坐航班飞行前一天编制次日航班的重要旅客名单表，并于航班飞行前一日分别送给管理局、公司、机场或省局、航站、分公司的领导和各有关部门。对临时收到的要客信息要及时补充通知。

（4）重要旅客需预订联程、回程座位时，接受订座单位应及时向联程、回程站拍发订座电报，并在 OSI 项中注明 VIP 字样、职务（级别）和特殊服务的要求。

（5）联程、回程站接到重要旅客订座电报后，应保证座位并及时拍发答复电报。

（6）始发站的值机部门在航班起飞后，应立即拍发要客 VIP 电报，通知各有关中途站和到达站的要客服务部门，要客服务部门再通知驻机场各有关单位领导和各有关业务部门。要客电报应包括：航班、日期、飞机号码、要客姓名、职务、人数、行李件数和舱位等内容。

（7）航班不正常时，始发站商务调度部门应及时将航班延误情况发电告知各有关经停站和到达站要客服务部门，要客服务部门应及时报告有关领导、部门和接待单位，凡有重要旅客订座、购票的航班，不应随意取消或变更。如有变更，应尽早通知重要旅客的购票单位，并做出妥善安排。

（8）重要旅客取消旅行或改变乘机日期、航班时，原接受订座单位或值机部门应及时拍发变更电报，并通知各有关部门。

（9）在国务委员、副总理以上重要旅客乘坐的航班上严禁押送犯人，严禁精神病患者乘坐。售票处和值机部门要严格把关，并通知货运部，严禁在该航班上装载危险品。

（10）各单位要对有关人员加强保密教育，对保密的重要旅客乘机动态，尽量缩小知密范围。

（三）重要旅客地面接待服务

（1）要客服务部门接到有重要旅客的通知后，应事先准备好贵宾休息室，并备妥供应物品。

（2）要客服务部门应派专人协助重要旅客办理乘机手续和提取行李。

（3）服务员必须掌握航班信息，及时将航班起飞时间通知重要旅客，并负责引导重要旅客上飞机。

（4）航班延误时，应首先安排好重要旅客的休息和食宿。

（5）贵宾休息室的服务人员要按规定着装，举止大方，热情有礼貌，主动、用心地做好服务工作。

（四）重要旅客乘机手续的办理

（1）重要旅客及其随行人员的乘机手续在头等舱柜台办理。

（2）办理乘机手续的时间，按一般旅客的要求安排。如重要旅客未按指定时间到达机场，将信息及时反馈到航班控制部门。

（3）对于重要旅客随行人员的认定，以所获得的重要旅客信息为准。

（4）重要旅客办理乘机手续时，应为重要旅客本人和持头等舱客票的随行人员填发“头等舱服务卡”。在旅客舱单上填写重要旅客姓名后，需在舱单备注栏内注明“VIP”字样。

（5）值机部门应优先为重要旅客办理乘机、行李交运、联运等手续。在未设头等舱的航班上，应尽可能地将较舒适的座位提供给重要旅客。

（6）对行李、物品要逐件核对，防止错运、丢失或损坏。

（7）始发站和经停站在装卸行李、货物时，要将贴挂“重要旅客”（VIP）标志牌的行李放置在靠近舱门口的位置，以便到达站优先卸机和交付。

（五）重要旅客登机

（1）对重要旅客，值班领导要亲自迎送。

（2）对国务委员、副总理以上的重要旅客，各单位主要领导要亲自迎送。

（六）重要旅客抵达

（1）重要旅客到达目的站后，应先向重要旅客交付交运行李。

（2）重要旅客服务部门应及时了解重要旅客信息，掌握航班的进港动态，做好服务准备。

（3）在飞机到达前 1 小时，重要旅客服务部门将航班信息通知接待单位。

（4）在飞机到达前 10 分钟，将接待人员引导至停机位。

（5）重要旅客到达后，引导重要旅客下机。行李部门应立即按照重要旅客行李到达信息卸机，无信息时，应优先卸下机上带有“VIP”字样标志和头等舱旅客的行李。

任务二　无成人陪伴儿童服务

一、无成人陪伴儿童的定义

无成人陪伴儿童（Unaccompanied Minor，UM），是指年龄在5周岁或5周岁以上、12周岁以下的无成人陪伴、单独乘机的儿童，年龄在5周岁以下的无成人陪伴儿童不予承运（年龄在12周岁以上、15周岁以下的儿童，若其父母申请，也可按无成人陪伴的儿童办理）。

二、无成人陪伴儿童服务

（一）无成人陪伴儿童购票

无成人陪伴儿童符合下列条件者，方能接受运输：

（1）无成人陪伴儿童应由儿童的父母或监护人陪送到上机地点。

（2）在儿童的下机地点已安排人予以迎接或照料。

（3）如儿童的父母或监护人，在上述航班衔接站安排人有困难，而要求由承运人或当地雇用服务人员照料儿童时，应预先提出并经承运人同意后，方可接收运输。

（4）儿童父母或监护人所提供安排的接送人，需复电承运人确认接送事宜，并经核实无误后，方可接受运输。

（5）无成人陪伴儿童乘机应提前一周提出申请，填写一式两份的“无成人陪伴儿童运输申请书”，经同意后方可接受订座，否则不予受理。

（二）无成人陪伴儿童办理乘机手续

（1）值机人员须根据机票上所附的电报和对无成人陪伴儿童运输申请书的内容，核对无误后方能准予乘机。

（2）值机人员应将儿童安排在易于乘务员照顾的座位上，不得安排在飞机的紧急出口处或上客舱。

（3）值机人员通知服务人员到柜台迎接无成人陪伴儿童。

（4）服务人员协助无成人陪伴儿童办理乘机手续，并检查儿童胸前的挂牌。

（5）在填写舱单时，在儿童姓名后的备注栏内注明“UM”字样，以区别成人旅客。

09

延伸阅读

（三）无成人陪伴儿童登机服务

（1）安排无成人陪伴儿童优先登机。

（2）将无成人陪伴儿童及其所携带的文件袋与乘务长进行交接。请乘务长在《特殊旅客乘机服务单》上签字，办妥交接手续后，将《特殊旅客乘机服务单》的相应联页交地面留存。

（3）无成人陪伴儿童服务电报的拍发。航班起飞后，有关部门应尽快给航班的经停站和到达站拍发旅客服务电报。

任务三　孕妇与婴儿服务

09

视频微课

一、孕妇旅客服务

由于在高空飞行中，空气中氧气成分相对减少，气压降低，飞机起降过程颠簸以及可能的空中颠簸，因此孕妇运输有一定的限制条件。

（一）运输条件

（1）怀孕不超过32周的健康孕妇，除医生诊断不宜乘机者外，可按一般旅客运输。

（2）怀孕超过32周的孕妇乘机，应提供包括下列内容的医生诊断证明：

①旅客的姓名、年龄；②怀孕日期、预产期；③旅行的航程和日期；④是否适宜乘机；⑤在机上是否需要提供其他特殊照料等。

上述诊断证明书，应于旅客乘机前72小时内填开，并经县级（含）以上医疗单位盖章和医生签字方可生效。

（二）不适合航空运输的情况

①怀孕超过36周；②乘机时预产期在4周（含）以内；③有早产症状；④预产期不确定，但已知为多胎分娩或预计有分娩并发症；⑤产后不足7天。上述任一情况下孕妇旅客均不适合航空运输，承运人不予接受运输。

（三）相关手续

接受怀孕32周以上至36周以下的孕妇订座，旅客应填写《特殊旅客（孕妇）运输申请表》，并提供《诊断证明书》一式两份。一份交旅客办理值机手续；一份由售票处留存并传真至值机、运行控制部及现场留存；在PNR和订座电报中的SSR项目内应注明孕妇旅客的怀孕期或需要提供的特殊照料项目。

二、婴儿旅客服务

（一）婴儿旅客服务限制条件

由于新生儿的抵抗力差，呼吸功能不完善，咽鼓管又较短，鼻咽部常有黏液阻塞，飞机升降时气压变化大，对身体刺激大，新生儿又不会做吞咽动作，难以保持鼓膜内外压力平衡。因此对婴儿乘坐飞机要有一定的限制条件。

出生不足14天的婴儿不予承运，有的承运人规定出生不足90天的早产婴儿旅客不予承运；年满18周岁以上成人方可与婴儿随行；每一航班接受婴儿的最大数额应少于该航班机型的总排数，每相连的一排座位不能安排多于一个婴儿。

（二）婴儿摇篮服务

在特定机型和航线上承运人可能提供婴儿摇篮服务，旅客可以在航班起飞前规定的时间内向承运人申请该服务，婴儿摇篮通常数量有限，以承运人批准为准。承运人对婴儿摇篮服务的适用条件往往有具体规定，如，有的承运人规定身长不超过 75 厘米且体重不超过 22 磅 /10 千克的婴儿旅客适用。

任务四　病残旅客服务

一、病残旅客的范围

由于身体或精神上的缺陷或病态，在航空旅行中，或不能自行照料自己的旅途生活，或需由他人帮助照料的旅客，称为病残旅客。带有先天残疾，如先天性跛足、聋、哑等，已习惯于自己生活的人不应视为病残旅客。

二、病残旅客的分类

病残旅客可根据其病残情况分为可承运病残旅客和不予承运病残旅客。

（一）可承运病残旅客

可承运病残旅客分为：肢体伤残、病人（身体、精神患病）、盲人、聋人、吸氧旅客、担架旅客和轮椅旅客。

（二）不予承运病残旅客

（1）患有甲类传染性疾病，如鼠疫、霍乱及副霍乱、天花三种，或会给其他旅客造成不便者。

（2）精神病患者，易于发狂，可能对其他旅客或自身造成危害者，如面部有严重损伤，有特殊恶臭或有特殊怪癖，可能引起其他旅客厌恶者。

（3）可能对旅客自身或其他旅客和财物造成不必要的损害者。

（4）如果旅客的身体或医疗状况（包括神经或精神状况）使他们在旅行中没有专门的协助就无法自理者。

三、病残旅客的服务

接受病残旅客乘机的手续有：

（1）病残旅客购票应持有一式三份的医生诊断证明书。

（2）医生诊断证明书在班机起飞前96小时内填开有效，病重者起飞前48小时内填开有效。

（3）填写特殊旅客（病残）乘机申请书，一式两份，并由病人本人签字或家属监护人代签。

（4）乘机申请中应包括特殊服务设备。

（5）病残旅客乘机，原则上由医生或护理人员陪同，以便旅途中照料旅客。

（6）除精神病人外，符合条件的可单独旅行。

（7）拍发病残旅客乘机申请电报，内容应包括：病残旅客情况和陪伴人员情况。

（一）担架旅客服务

需要担架的旅客，除须遵照病伤旅客的有关规定外，还须根据下列规定办理：

（1）在航班起飞前72小时提出购票申请，并提供县级以上医疗部门出具的在飞机上不会发生传染病和生命危险的意见及相关病情的证明材料。

（2）同时担架旅客的随行人员还要提供书面担保书，经售票人员确认符合条件并同意后，方可购票。

（3）一名担架旅客因放置担架需拆去或多占座位时，应在售票前掌握，向有关部门联系，请示公司生产业务管理部门领导同意后，按实际占用座位数加收担架附加费，在客票计算栏内注明拆椅数，在票款合计栏内填写按占用座位数计算的票款。

（4）担架旅客必须至少有一名医生或护理人员陪同旅行。经医生证明，病人在旅途中不需要医务护理时，也应由其家属或监护人陪同旅行。

（5）担架旅客必须至少提前 1 小时 30 分钟到候机楼办理登机手续，随行人员应配合机场救护车的工作人员护送担架旅客上机。

（6）担架旅客数量，只限在每一航班的每一航段上载运一名。

（7）担架旅客应在客票中注明 STCR 字样。

接收担架旅客涉及有关地面服务保障等部门拆装座椅、发放登机牌、通知执行航班的机组、目的地机场办事处或代理单位等相关部门做好迎送旅客的准备等工作，担架旅客的随行人员要积极密切协助配合工作人员的工作，以确保担架旅客顺利成行。

（二）轮椅旅客

1. 轮椅旅客的类型

需要轮椅的病人或伤残旅客，分为三种不同的情况，并用下列代号表示：

WCHR——旅客能自行上下飞机，并在机舱内可以走到自己的座位上；

WCHS——旅客不能自行上下飞机，但在机舱内能够走到自己的座位上；

WCHC——旅客完全不能自己行动，需要别人搀扶或抬着才能进到机舱内的座位上。

目前国内航线上，为需要轮椅的旅客提供的限额是：WCHS 和 / 或 WCHC 只限两名，并需要为旅客安排运输工具和抬旅客的人员，WCHR 不限人数。

2. 轮椅旅客服务

（1）机场协助。包括登离机协助；可安排在任何符合资格的座位上，陪同人员可安排相邻座位等。

（2）机上专项服务。如提供可移动式通道扶手、客舱轮椅等设施，大型飞机上提供可供轮椅进入的卫生间；提供拐杖、折叠轮椅、义肢等助残设备舱内存放服务。乘务员可协助使用客舱轮椅、存放或取回随身行李、介绍餐盘上的食物及打开包装等，但是乘务员一般不帮助旅客用餐、整理个人卫生、使用卫生间或注射等医务服务。

（三）伤病旅客

1. 伤病旅客运输的一般规定

（1）传染病患者及精神病患者或健康情况可能危及自身或影响其他旅客安全的旅客，承运人不予承运。

（2）年迈的老人，虽然身体并未患病，在航空旅行中需要他人帮助时，应给予适当的照顾，并视为伤病旅客。

（3）有先天残疾但已习惯于自己生活的人，如腿部残疾者、聋哑人等，不应视为伤病旅客。

（4）伤病旅客乘机原则上需要由合适的人员陪同，最好是医生或护理人员。除精神病患者与传染病患者外，伤病旅客符合下列条件，经旅客申请并获同意，也可以单独旅行。具体包括以下几种情况：经医生证明（起飞前 48 小时内开具《诊断证明书》），病人适于单独旅行，并在旅行途中及上、下飞机时旅客能够照料自己的需要；病情不十分严重，不致出现危险；病人已适应于自己行动不便的状况，并在近期内不致恶化。

2. 伤病旅客运输的范围

由于高空环境的氧气和压力与地面不同，属于以下情形的承运人不接受运输：

（1）患有对其他旅客或机组成员身体健康构成直接威胁的传染性疾病，如非典型性肺炎（SARS）、中东呼吸综合征（MERS）、新型冠状病毒性肺炎（COVID-19）等在客舱环境很容易传播且会造成严重后果的疾病，普通感冒和艾滋病不属于直接威胁。

（2）近期做过外科手术且航空旅行可能对其自身造成危害者。

（3）处于发病状态的精神病患者，可能对其他旅客或自身造成危害，或危及航空安全。

（4）处于严重或危急状态的心脏病患者。

（5）严重的中耳炎，伴随有耳喉管堵塞症的患者。

（6）头部损伤颅内压增高及颅骨骨折患者。

（7）承运人列明的患有其他不宜乘机疾病的患者。

（四）盲人/聋哑旅客

1. 盲人旅客

盲人是指有双目失明缺陷的旅客，不是指眼睛有疾病的旅客；对眼睛有疾病的旅客，应按伤病旅客办理。

（1）有成人陪伴同行的盲人旅客按一般旅客接受运输。

（2）可携带导盲犬、盲杖、助视器等进入客舱。

（3）有导盲犬引路的盲人旅客携带导盲犬，应按下列规定办理：导盲犬是指盲人旅客在旅途中依靠其引路用的并经过特别训练的特种犬；盲人旅客携带的导盲犬，必须在申请订座时提出，经过航空公司同意后，方可携带。如为联程运输，应取得有关承运人的同意后方可受理；符合航空公司运输条件的导盲犬可以由盲人旅客免费携带并带入客舱运输，通常同一客舱内只能装运一只导盲犬，或单独装进货舱运输；盲人旅客携带的导盲犬应具备必要的检疫注射证明和检疫证明书。盲人旅客在申请订座时，应出示此种证明。携带导盲犬的盲人旅客所提供的有关证件经查验符合要求后，经运行控制部门同意后，方能办理订座手续。

（4）无成人陪伴和无导盲犬的盲人旅客，应按下列规定办理：无成人陪伴和无导盲犬的盲人旅客必须自己能够走动，有照料自己的能力；在进食时，不需要其他人帮助；无成人陪伴的盲人旅客乘机，在始发站应由家属或其照料人陪送到上机地点；在到达站，应由盲人旅客的家属或其照料人前往下机地点予以迎接；在联程运输时，应征得各有关承运人的同意；检查盲人旅客的情况，并注意该盲人旅客除双目失明外是否患有其他疾病。如果发现有其他疾病，应向其说明，按伤病旅客办理。无成人陪伴的盲人旅客，一般应避免安排在比较拥挤的航班上。

2. 聋哑旅客

聋哑旅客是指因双耳听力缺陷而不能说话的旅客（不包括耳朵有疾病或听力弱的旅客）。

（1）机场协助。提供引导、协助办理乘机手续，登离机协助，协助托运/提取行李等服务；可安排在任何符合资格的座位上，陪同人员可安排相邻座位等。

（2）机上专项服务。可携带电子耳蜗、助听器、助听犬等进入客舱。乘务员可协助存放或取回随身行李、介绍餐盘上的食物及打开包装等。

（五）用氧旅客

（1）在乘坐航班时需要使用医用氧气的旅客，可以向承运人提出用氧服务的申请。航空公司可能收取一定的用氧费用。

（2）用氧旅客乘机需提供由医院医生填写并加盖有公章的起飞前 48 小时内出具的《诊断证明书》，另需要提供医生签名的用氧诊疗证明，内容包括但不限于下列情形：

①旅客身体状况适应空中旅行，用氧不会造成或促成其身体伤害；

②是否需要连续供氧及用氧流量需求。

（3）用氧旅客只能使用承运人提供的用氧设备，不得携带用于贮存、产生或者分配氧气的设备登机。

（4）旅客需要救护车时，由旅客自行与相关部门（如各机场急救中心）联系，费用亦由旅客承担。

（5）用氧旅客必须至少由一名医护人员或成人旅客陪同旅行，医护人员必须出示身份证明及职业证明。

（6）在乘坐航班时需要携带、使用便携式氧气浓缩器（POC）的旅客，可以向承运人提出服务的申请。

任务五　其他特殊旅客的服务

一、犯人

由于犯人是受到我国和有关国家现行法律管束的，在办理犯人运输时，必须与我国公安部门或通过外交途径与有关国家外交部门取得密切联系和配合。在办理犯人运输中，应注意符合我国有关法律、法令和对外政策及有关国家的法律。

（一）接受运输犯人的批准权限

运输犯人必须由运输始发地最高一级的运输业务部门负责人根据有关规定负责审核批准。如运输始发地点没有上列运输业务部门，应由始发站负责人批准。在国外由办事处负责人批准。如果需要通过外交途径与有关国家外交部门取得联系和配合时，必须事先请示民航局，遵照民航局指示办理。

（二）犯人的接收与运输条件

（1）运输犯人，应有公安部门的书面批准。

（2）运输犯人的全航程，必须有公安部门至少两人监送。

（3）犯人及其监送人员仅限于乘坐经济舱。

（4）犯人运输，必须事先在承运人或承运人授权的售票处办理订座和购票手续，提出申请，经承运人同意后方可运输。

（5）售票处接到运输犯人的申请后，即发电给始发地运输部门申请批准，内容包括：犯人姓名、国籍，监送单位和监送人员姓名，运送日期、航程、定位等级和其他有关事项。

（6）填写订座单，并在单上附上申请运送犯人单位公函。包括“监送人员在运输全过程中对所监送的犯人负全部责任”字样，并加盖监送人员单位公章。

（7）获得批准后，办理订座售票手续，拍发订座电报：通知订座部门犯人的姓名、性别、国籍、年龄。

（8）办妥售票手续后，拍发特殊旅客（犯人）运输通知电报（SPA/PRISONER）给各经停站、终点站。

（9）犯人运输应注意保密，其信息不得向无关人员透露。

（10）犯人及其监送人员应安排先于一般旅客登机。

（11）应要求监送人员在进入客舱前以及在整个飞行过程中给犯人戴上手铐，并作适当伪装，以免影响其他旅客。

（12）航班离站后，应拍发特殊旅客服务电报（PSM），将犯人乘机的信息通知经停站和到达站。

（13）监送人员在运输的全航程中，对所监送的犯人负全部责任。

（14）监送人员携带的武器，由安检部门处理。

二、特殊餐饮旅客

（1）特殊餐饮旅客原则上应提前预订，只有在配餐时间允许的情况下，值机员方可为旅客申请临时加餐。

（2）在值机过程中注意查看有无特殊餐饮信息，并向旅客核实。

（3）及时通报相关部门，并填写“特殊服务通知单”。

常见特殊餐饮代码如下：

AVML　Asiatic/Indian Vegetarian（No Meat/Fish）　亚洲素餐（无肉、鱼）

BBML　Infant/Baby Meal　婴儿餐

BLML　Bland/Soft Meal　刺激性小 / 软餐食

CHML　Child Meal　儿童餐

DBML　Diabetic Meal　糖尿病餐

FPML　Fruit Platter Meal　鲜水果餐

GFML　Gluten-Free Meal　无谷物餐

HFML　High Fibre Meal　高纤维餐

HNML　Hindu Meal　印度餐

KSML　Kosher Meal　犹太餐（国内航班不能申请）

LCML　Low Calorie Meal　低卡路里餐

LFML　Low Cholesterol，Low Fat Meal　低胆固醇餐，低脂肪餐

LIMT　Liquid Meal　流质餐

LPML　Low Protein Meal　低蛋白质餐

LSML　Low Sodium，No Salt Meal　低盐餐，少盐餐

MOML　Moslem Meal　穆斯林餐

NLML　Non-Lactose Meal　无乳糖餐

ORML　Oriental Meal　东方餐

PRML　Low Purine Meal　低嘌呤餐

PWML/TDML　Postweaning Meal/Toddle Meal　断奶餐

RVML　Raw Fruits/Vegetables Meal　鲜水果 / 生素菜餐
SFML　Seafood Meal　海鲜餐
VLML　Western Vegetarian Lacto-ovo Meal　西式素餐
VGML　Vegan, Strict/Pure Vegetarian Meal（No Milk/Egg）　素餐（无奶、蛋）

三、高龄老人

高龄老人出行乘坐飞机须慎重，要视健康状况而定。专家认为，患有高血压、糖尿病、动脉硬化等疾病的老年人长时间久坐，下肢静脉血液回流不好，容易形成下肢血栓，从而激发心梗、脑梗、肺梗，导致猝死，猝死占总死亡的10% 至 25%，鉴于飞机上的医疗装备有限，很难在最有效的时间内抢救过来。因此应特别提醒老年旅客，既往有糖尿病、高血压、静脉炎病史的，不适合长途飞行，如果进行长途飞行，尽可能在机舱内多活动。

对于高龄或者健康不佳的老人，应该向医生询问是否可以乘机旅行，同时让医生出具证明。对航空公司而言，也需严格把关。对乘机老人，在地面，工作人员就要询问其健康状况。登上飞机后，乘务员要仔细了解老人的身体状况，对于身体不适的老人，要尽早交由机场医生检查，决定其是否可以乘机。

四、醉酒客人

由于酒精、麻醉品等中毒，将给其他旅客带来不愉快或造成不良影响的旅客，属于醉酒旅客，承运人不接受承运。承运人有权根据旅客的言谈、举止判断旅客是否属于醉酒旅客。在飞行途中，对于发现旅客处于醉态，不适应旅行或妨碍其他旅客的旅行时，机长有权令其在下一个经停地点下机。在旅客上机地点，对于酒后闹事或有可能影响其他旅客的旅途生活的酒醉旅客，承运人有权拒绝其乘机。酒醉旅客被拒绝乘机，需退票时，按非自愿退票处理。

五、额外占座客人

额外占座旅客指为了个人舒适而要求占用两个或两个以上座位的旅客。旅客额外占座，应在订座时提出申请，经承运人同意后方可运输。办理乘机手续时，为旅客发放一个登机牌，在登机牌上注明旅客占用的全部座位的号码。旅客的座位，应根据旅客本人的情况安排。如属于特殊旅客，应遵守有关特殊旅客座位安排的规定。额外占座旅客的免费行李额，按其所购客票票价等级和所占座位数确定。

案例

无人陪伴儿童——单飞的小候鸟

现在普通旅客坐飞机的机会越来越多了，不管是出国还是在国内，有时候旅客不得不面对一种情况，那就是孩子需要独自乘坐飞机。如果孩子年龄在12岁以上，购买机票时就属于成人票。而对于年龄在5~12岁的孩子，单独旅行就需要向航空公司申请无成人陪伴服务，小于5岁的婴幼儿通常不能申请无成人陪伴服务。无人陪伴儿童服务为旅客节约了陪伴的经济成本和时间成本，给旅客带来了方便，受到旅客欢迎。

无成人陪伴旅客乘机，需要怎么办手续呢?

首先在预订机票时提出申请，可以去各航空公司的官网预订，也可以通过电话预订。有些航空公司对办理无成人陪伴儿童手续在时间上有限制，如有些航空公司限在航班起飞前一个星期提出申请，有些航空公司限在航班起飞前三天提出申请。部分航空公司只接受现场预订，当天是无法申请这项服务的。乘机当天，在航班计划起飞时间前2个小时到达机场办理乘机手续。办理完值机手续后，就可以前往机场的无成人陪伴儿童接待站候机了。在这里，家长需要填写一份无成人陪伴旅客登记表，然后陪孩子直到快登机时。孩子乘机时须持有效旅行证件、《无成人陪伴儿童运输申请书》以及客票、收费单等。将文件和证件一并装入文件袋内，挂于儿童的胸前，便于办理交接手续。机场工作人员会引领孩子安检后进到候机区域，将孩子交到登机口的客运员手里，客运员在登机检票时，再将孩子交给空乘。飞机上，空乘会特别关照特殊的小旅客。航空公司会根据孩子的乘机信息事先与接领人取得联系。当航班落地后，承运人会安排专人迎接孩子，并与乘务员办理交接手续，协助孩子办理到达手续。接领人在到达站须出示有效身份证件，地面服务人员经核对无误会将孩子交给接领人。值得注意的是，无成人陪伴旅客乘机时需要出示与订票时相同的有效身份证件。比如订票时使用护照，乘机时也必须是护照。

思考：无人陪伴儿童购票和乘机有哪些具体的要求?

项目小结

本项目介绍了特殊旅客的类别，各类特殊旅客的收运程序。由于特殊旅客的情况比较复杂，因此不可能把所有运输的条件、手续和注意事项一一列举。但是，如果处理稍有疏忽，极易造成不良影响或损害其他旅客权益，甚至危及飞行安全。办理特殊旅客运输时，必须认真负责地按照有关规定，根据具体情况谨慎细致地处理。

思考与练习

1. 盲人旅客携带导盲犬乘机有哪些?
2. 列举重要旅客的范围。
3. 简述对孕妇旅客的服务要点。
4. 简述犯人旅客的接收和运输条件。

学习效果检测

扫描下方二维码，检测你的学习效果。

09

学习检测

10

课程思政

项目十 不正常运输服务

项目导读

民航企业在提供运输服务的过程中，难免会出现运输不正常的情况。不正常运输服务可以分为两类：旅客运输不正常服务和航班不正常服务。前者主要包括误机、漏乘、错乘、超售、登机牌遗失等情况；后者主要包括航班的延误、取消、补班、中断、返航、备降等情况。出现不正常运输情况时应采取正确的处理方式。

学习目标

知识目标：掌握旅客运输不正常服务的种类；理解误机、漏乘、错乘的差别；理解航班超售的含义与影响；掌握航班不正常服务的种类；理解因承运人原因和非承运人原因造成的航班不正常运输在处理原则上的差异。

技能目标：能正确处理误机、漏乘、错乘；正确处理航班超售造成拒载时的旅客服务；能熟练处理各种情况下的航班不正常服务。

素质目标：树立企业社会责任意识，在未来的工作实践中自觉关注人的价值，自觉践行对环境、消费者、对社会的责任。

任务一　旅客运输不正常服务

客票售出后或因客票填开时的差错，或因客运人员的工作差错，或因航班飞行过程中出现的特殊情况，或因旅客乘机过程中的种种原因，未能如期完成客票上所列航程的旅行，我们称为旅客运输不正常。旅客运输不正常情况主要包括误机、漏乘、错乘、超售、无票乘机、登记牌遗失等情况。出现旅客运输不正常时服务人员要主动、热情、耐心、细致、及时地帮助旅客解决困难，尽力为他们提供便利。在服务态度上，对中外旅客要一视同仁，都应热情、主动，不发生与旅客争吵和不礼貌、不文明的言行。

一、误机、漏乘、错乘

（一）误机旅客的处理

误机指旅客未按规定的时间办妥乘机手续或因旅行证件不符合规定而未能乘机。

（1）旅客如发生误机，经航空公司工作人员签字（盖章）确认后，应到乘机机场或原购票地点办理改乘航班或退票手续。

（2）旅客误机后，如要求继续旅行，在后续航班有空余座位的情况下予以办理，免收误机费；但持有在航班规定离站时间前 72 小时以内变更过航班、日期客票的旅客应交付客票价 5% 的误机费；未获得误机确认的旅客，如要求继续旅行，应交付客票价 20% 的误机费；旅客误机变更后，如要求再次变更航班、日期，应交付客票价 50% 的变更手续费。

（3）旅客误机后，如要求退票的，承运人根据规定收取误机费。如有些航空公司规定：旅客在所乘航班停止办理乘机手续后，航班离站时间前要求退票的，收取客票价 20% 的误机费；在航班离站时间后要求退票的，收取客票价 50% 的误机费。

（4）由于航空公司原因造成旅客误机，如客票上的日期、起飞时间填写错误以及班机提前起飞等，应向旅客表示歉意，安排其乘坐后续航班成行；或按非自愿退票办理，退还全部票款。

（二）漏乘旅客的处理

漏乘指旅客在航班始发站办理乘机手续后或在经停站过站时，未搭乘上指定的航班。发生旅客漏乘应首先查明漏乘原因，根据不同的漏乘原因进行处理。

（1）由于旅客原因造成漏乘：发生在航班始发站，按误机有关规定处理，即旅客可办理改乘后续航班，也可以办理退票；发生在中途站，不得改乘后续航班，按旅客自动终止旅行处理，该航班未使用航段的票款不退。

（2）由于承运人原因造成漏乘：承运人应尽早安排旅客乘坐后续航班，并按航班不正常的相关规定，承担漏乘旅客等候后续航班期间的膳宿费用。

电子客票和中转联程旅客漏乘处理也按上述规定处理。

（三）错乘旅客的处理

错乘指旅客乘坐了不是客票的适用乘机联上列明的运输地点的航班。

（1）由于旅客原因错乘：在始发站发现错乘，承运人应安排错乘旅客搭乘飞往旅客客票乘机联上列明地点的最早航班，票款不补不退；在中途站发现旅客错乘，应终止其旅行，承运人应安排错乘旅客搭乘飞往旅客客票上列明的目的地的直达航班，票款不补不退。

（2）由于承运人原因错乘：承运人应向旅客赔礼道歉，妥善安排旅客，并应承担错乘旅客在等候后续航班期间的膳宿费用。在始发站发现旅客错乘，承运人应安排错乘旅客搭乘飞往旅客客票上列明地点的最早航班。如旅客要求退票，按非自愿退票处理；在中途站发现旅客错乘，应终止其旅行，承运人应尽可能地安排错乘旅客搭乘飞往旅客客票上列明的目的地的直达航班。如旅客要求退票，按非自愿退票处理，退还自错乘地点至旅客客票上列明的目的地的票款。但是，任何情况下退款都不得超过旅客实付票款。

各航空公司对误机、漏乘、错乘处理的具体规定可能不完全一致，实践中还应依据特定承运人的规定处理。

二、航班超售

（一）航班超售的含义与影响

所谓航班超售，简单地说是指航空公司答应的订座数超过了该航班本身所具有的实际运力（座位数）。比如说一架从北京到洛杉矶的 B777-200LR 客机拥有 300 个座位，而航空公司对这 300 个座位则可能接受 320 个预订。这样，当一名旅客手持机票来到机场办理乘机手续时，就有可能因为航班的超售满员而被拒绝登机。航班超售在整个航空运输业每天都在发生，所有的航空公司都在进行航班超售。

那么，航空公司超售的原因是什么？主要是因为有些旅客订了票不来乘机，或在离起飞很近时取消订座。通过超售，配载的比例将被提高，从而降低费用。同样，超售使得更多的旅客可以按照自己选择的航班旅行。如果航空公司不实行超售，它将只能根据飞机上座位的实有数目进行预订。

航班超售对航空公司和公众既有有利的一面，也有不利的一面。对航空公司而言，超售是其收益管理的重要优化手段之一，是其减少座位虚耗，提高座位利用率的有效手段，也是增加收入的有效途径。座位超订给公众旅行者所带来的好处是不容低估的。它增加了可用座位的数量，提高了座位利用率；使更多的旅客有机会乘坐首选的航班；更少的旅客被拒绝预订某一航班的座位；并且，由于航空公司座位更有效地利用，使得旅客整体的旅行成本减少等。但超售也是一把双刃剑，在带来如上好处的同时，也存在一些消极影响。由于超售而导致已经订妥座位的旅客无法登机，航空公司需要承担部分赔偿费用，一定程度上抵消了超售带来的收益。另外，手持经确认有座位的机票的旅客，扶老携幼带着行李自费赶到机场，在值机柜台前才发现旅客拥挤不堪、无法登机，这种情形对于旅客的心理影响绝对不能低估，何况有过这种经验的旅客还会把“受骗”的感觉传播开来，造成不利的社会影响。因此航班超售虽是业内惯例，却应谨慎处理。

（二）航班超售的处理

1. 制定预案

收到座位控制部门航班超售预报后，应对预计超售的航班制定处理预案。预案内容包括：

（1）航班超售情况分析；

（2）列出座位应予优先保证的旅客名单，必要时可预留出机上座位；

（3）需要安排提升舱位等级的，选择出候选旅客名单；

（4）需要安排降低舱位等级的，选择出候选旅客名单；

（5）需要暂缓办理乘机手续的，选择出暂缓办理旅客名单；

（6）可能发生的超售补偿安排。

2. 信息告知

航班超售时，航空公司将以电话、短信、告知书或现场广播多种方式告知旅客航班超售情况、承运人赔偿方案及旅客可享有的权利，寻找愿意自愿接受承运人赔偿而选择变更舱位等级或变更航班或航程或签转其他航空公司或放弃旅行退票的旅客。

3. 优先登机或拒载规则

在无法征集到足够自愿者的情况下，航空公司会拒绝部分旅客登机。此时通常会参照下列顺序，确定优先登机的旅客（各航空公司略有差异）：

（1）执行国家紧急公务的旅客；

（2）经承运人同意并事先做出安排的有特殊服务需求的旅客（老、弱、病、残、孕旅客以及无成人陪伴儿童）及其必需的陪伴人员；

（3）持有头等舱、公务舱等客票的旅客；

（4）航空公司的各类会员旅客（等级由高到低）；

（5）已经定妥联程航班座位且转机衔接时间较短的旅客；

（6）证明有特殊困难急于成行的旅客。

4. 其他处理规则

（1）超售航班办理乘机手续时，应采用逐一核对姓名接收旅客的方式进行登记；

（2）当较低舱位等级座位发生超售而较高舱位等级有空余座位时，可根据逐级升舱的原则按非自愿升舱将较低舱位等级的旅客安排在较高舱位等级的座位上。

（3）对持航空企业职员免折票的旅客，在航班预计出现超售时，应根据情况暂缓办理乘机手续。

（三）超售的经济赔偿

1. 国外航空公司超售赔偿措施

有关航班超售的问题，美国和欧盟都有明确的法律规定，并以此规范航空公司的行为，从而保障旅客的权益。

虽然航空公司所采取的超售经营的方式有利于其收益管理，但是对于旅客而言，因超售而被拒载，出行计划被迫打乱，承受到原本不应有的损失，往往会因此而感到愤怒。正因如此，为了调整在出现“超售”拒载情况下航空公司与旅客之间的权利义务关系，美国和欧盟先后出台了相关赔偿规定。

美国出台的“超售”拒载的赔偿标准一般是：假如旅客在航空公司的重新安排下，比原航班到达时间晚 1 小时之内到达目的地，那么航空公司就不必赔偿；假如晚 1~2 小时，航空公司须赔偿相当于单程机票票价的金额，最高不超过 200 美元；如果晚于 2 小时（国际航班晚于 4 小时），或者航空公司无法安排替代交通的，赔偿翻番，即赔偿为票价的 200%，最高不超过 400 美元。

2011 年 4 月，美国运输部又制定了新的规定，针对部分情况的旅客：若比原航班到达时间晚 2 小时以内才到达目的地的话，旅客可获得 650 美元的赔偿；而如果晚 2 小时以上到达，则可获 1300 美元的赔偿。

欧盟在 1991 年出台的“超售”赔偿规定如下：3500 公里及以下航程的飞行赔偿 150 欧元，3500 公里以上航程为 300 欧元。如果旅客被提供了替代运输、延误没有超过 2 小时，或者超过 3500 公里航程的飞行延误不超过 4 小时，上述赔偿金额减半支付。

欧盟在 2004 年 2 月通过了修改上述规定的新标准，并且在 2005 年 2 月起生效，赔偿标准如下：航程在 1500 公里以内的短途飞行赔偿 250 欧元；航程在 1500 公里至 3500 公里之间的为 400 欧元；3500 公里及以上为 600 欧元。

2. 国内航空公司超售赔偿

2011 年前，由于超售导致的旅客和承运人之间纠纷不断，社会舆论对航空公司超售问题给予了相当的关注。由于民航局并未对航班超售赔偿标准做出统一的规定，在这种背景下，近年来，不少国内航空公司相继公开了各自的航班超售赔偿标准。旅客非自愿被拒绝登机的情况下，尽管各航空公司赔偿标准不完全相同，但实质上大同小异。其共性的方面可以概括如下：

（1）赔偿方式

国内航空公司大都采用现金、积分、旅费证、代金券、可消费里程等一种或多种方式进行赔偿，旅客可根据意愿自行选择。

（2）赔偿标准

大部分航空公司根据不同航线和等待后续航班所需时间给出不同的拒载赔偿金额。比如南航的国内航线且可安排当天航班成行的赔偿 650 元现金，无法安排当天航班成行的赔偿所购票价的 50% 金额或 650 元，取两种赔偿数额中较高者。

有的航空公司除考虑航线和等待时间因素外，还要区别舱位等级。比如国航对于国内航线退票或等待后续航班不超过 4 小时者，经济舱赔偿 500 元现金或 1000 元代金券或 2500 公里可消费里程；国内航线等待后续航班时间大于 4 小时不超过 8 小时者，经济舱赔偿 700 元现金或 1400 元代金券或 3500 公里可消费里程；国内航线等待后续航班时间大于 8 小时者，经济舱赔偿 900 元现金或 1800 元代金券或 4500 公里可消费里程；相应的公务舱和头等舱的赔偿标准依次增加。

东航对于国内航线等待后续航班不超过 4 小时者，经济舱赔偿 400 元现金或 6000 积分；国内航线等待后续航班超过 4 小时者，经济舱赔偿 500 元现金或 7500 积分；公务舱赔偿相应增加；东航还规定了超售导致非自愿降舱的赔偿标准。

总体上航班超售的赔偿标准比较复杂，上述只是三大航空公司国内航线赔偿标准，其国际航线还要区别不同的地区或国家，具体赔偿标准均不相同，实际工作中需要参考承运人业务文件。

自愿放弃座位的旅客通常将参照被拒载旅客标准或通过协商获得相应赔偿。

三、登机牌遗失

传统纸质登机牌有可能在办理值机手续至登机期间遗失，登机牌遗失在隔离区内和隔离区外略有不同：

（一）隔离区外登机牌遗失

（1）旅客办完乘机手续，未进入隔离区时发现登机牌遗失，应立即到原值机柜台向值机商务人员说明情况，并出示有效证件。

（2）值机商务人员根据有效证件核对电子客票状态和登机牌打印状况，确认该旅客确已办理完乘机手续后，按原先发放的座位重新补发新登机牌。

（3）登机时，请遗失登机牌的旅客最后登机。待其他旅客全部登机完毕后，查验重新补发的登机牌座位号是否重复出现，以防其他旅客错乘，确定在机上补发登机牌的座位无其他旅客就座，方可让该旅客登机就座。

（二）隔离区内登机牌遗失

（1）旅客通过安全检查进入隔离区以后，发现登机牌遗失，应立即到承运人登机门的服务台向工作人员说明情况，并在登机门等候。

（2）办理该航班的值机商务人员应根据有效证件核对电子客票状态和登机牌打印状况，确认该旅客确已办理完乘机手续后，按原座位补发新登机牌，并应让旅客重新补盖安检章。

（3）登机时，请遗失登机牌的旅客最后登机。待其他旅客全部登机完毕后，查验重新补发的登机牌座位号是否重复出现，以防其他旅客错乘，确定在机上补发登机牌的座位无其他旅客就座，方可让该旅客登机就座。

近年来电子登机牌（EBP）正在各地不断推广，不仅绿色环保，还方便了旅客。电子登机牌与电子客票一样，不存在遗失问题，登机牌遗失在未来将逐渐成为历史。

四、旅客拒绝登机

旅客拒绝登机指旅客在办理乘机手续后至航班开始登机时，或在旅客本人登机后拒绝乘机，自愿取消旅行。

在登机前拒绝登机，应取出旅客的客票乘机联；找出并退还旅客的托运行李，收回行李牌识别联；修改旅客登记记录和随机业务文件，放行飞机；旅客客票按旅客自愿退票办理。

在登机后拒绝乘机，应找出并退还旅客的托运行李，收回行李牌识别联；修改旅客登记记录和随机业务文件；根据情况或机组要求，由有关部门对飞机客舱进行安全清舱后放行飞机；旅客按自动终止旅行处理，其客票乘机联不退还旅客，随航班乘机联送交结算部门；如未造成延误，也可按旅客自愿退票办理。

过站旅客拒绝登机，按旅客自动终止旅行处理，未使用航段的票款不退。

任务二　航班不正常服务

航班不正常指航班的延误、取消、补班、中断、返航、备降等情况。发生航班不正常后要及时做好信息传递工作，首先要了解造成航班不正常的原因，并通过适当方式向旅客说明情况，并表示歉意。服务人员要主动、热情、耐心、细致、及时地帮助旅客解决困难。对重要旅客和老、弱、病、残、孕旅客，要重点照顾，尽力为他们提供便利。

航班不正常的原因分为承运人原因和非承运人原因。承运人原因指由于承运人的机务维护、航班调配、商务、机组等原因造成的航班延误或取消；非承运人原因指由于天气、突发事件、空中交通管制、安检以及旅客原因造成的航班延误或取消。

航班发生不正常，运输服务部门对旅客的膳宿及交通问题要做到事先有安排有准备。如旅客要求退票时，应耐心做好解释工作，如旅客坚持要求退票，应热情帮助办理退票手续，不得借故不退。有条件的地方还可协助旅客购买车、船票。

一、一般规定

有下列情况之一的，承运人可按规定不预先通知改变机型或航线，取消、中断、推迟或延期航班飞行：

（1）为遵守国家的法律、政府规章和命令；

（2）为保证飞行安全；

（3）其他无法控制的原因。

承运人航班改变机型或航线，取消、中断、推迟或延期，应当考虑旅客的合理需要并采取下列措施之一：

（1）为旅客安排有可利用座位的承运人航班；

（2）征得旅客及有关承运人的同意后，办理签转手续；

（3）变更客票列明的航程，安排承运人或其他承运人的航班，将旅客运达目的地点或中途分程地点，票价多退少不补；

（4）如旅客退票，客票按非自愿退票的规定办理。

二、航班延误、取消

10

视频微课

（一）航班延误

航班延误是指由于各种原因，飞机不能按照公布的时刻起飞，造成航班起飞时间推迟或取消当日飞行。

航班延误时，承运人保障部门应相互配合，认真负责，共同保障航班正常，避免不必要的航班延误和减少延误时间，做好旅客服务工作。

1. 航班延误的原因

导致航班延误的原因是多方面的，主要有以下几个方面：

（1）天气原因

因天气原因造成航班延误是人力不可抗拒的因素，也较易得到旅客的理解。

（2）空中管制原因

因空中管制造成的飞机延误十分常见。近年来空中交通流量增速较大，资料显示，近十年来国内主要机场航班流量每年以较大幅度递增，造成航路一度相对拥挤，由此造成的航班延误在全部延误中占据着较大比例。

（3）旅客原因

旅客方面，由于个别旅客的不配合行为也会造成航班延误。如晚到、换了登机牌后不按时登机、不按要求接受安检、行李超重不托运等，都会导致航班延误。

（4）航空公司自身的原因

在众多延误原因中，最易招致旅客不满的是航空公司因运力调配、机械故障等原因造成的航班延误。通常节假日飞机使用频率明显增多，发生故障的概率也随之增多，但航空公司因为运力有限，不能及时调配别的飞机执行飞行任务，往往会造成航班延误。

2. 航班延误时航空公司的义务

根据现行法律，在发生延误后，航空公司的义务主要有以下三个方面：

（1）告知义务

航空公司应当向旅客及时告知有关不能正常运输的重要事由和安全运输应当注意的事项。航班延误或取消时，承运人应迅速及时地将航班延误或取消等信息通知旅客，做好解释工作。

信息分正式信息和内部参考信息。正式信息指承运人签派部门通告的或已经确认的可以向旅客公布的信息；内部参考信息指作为内部实施生产保障和组织服务的参考信息，不对外公布。

航班延误信息用动态牌（板）、广播、答复问询等形式向旅客公布。

（2）补救义务

航空公司应当按照客票载明的时间和班次运输旅客。承运人延迟运输的，应当根据旅客的要求安排改乘其他班次或者退票。

（3）对旅客的损害赔偿义务

对旅客因延误造成的损失予以赔偿。

3. 航班延误的责任认定

航班发生延误，航空公司是否必须承担责任呢？这要根据造成延误的原因而定，不能一概而论。

（1）航空公司自身的原因造成的延误

应该说，由于航空公司自身的原因导致的航班延误，毫无疑问，航空公司应承担责任。但是，哪些行为可以归属于航空公司自身的原因呢？通常的判断标准是辨别导致航班延误的行为航空公司是否可控。根据现行法律规定，将机务维护、航班调配、商务、机组等原因引起的航班延误，认定为由航空公司自身所造成，对此，航空公司应承担责任。现行法律依据是《中国民用航空旅客、行李国内运输规则》（以下简称《客规》）和《民用航空法》。《客规》规定，在由于上述原因造成延误的情况下，航空公司应当向旅客提供餐食或住宿等服务；《民用航空法》规定，旅客、行李或者货物在航空运输中因延误造成的损失，航空公司应当承担责任。在责任的承担上，首先需要明确的一点是，航空公司承担的是违约责任。具体如何承担责任，我国《民用航空法》仅做了原则性规定，这样，只能根据《合同法》，参照《客规》的规定实施。《合同法》规定的承担方式有以下几种：①继续履行；②采取补救措施；③赔偿损失。

（2）非航空公司的原因造成的延误

非航空公司的原因造成的延误，航空公司原则上不承担责任。这些原因包括天气、突发事件、空中交通管制、安全检查等，是航空公司无法控制的。因此，《客规》规定，在由于上述原因造成延误时，航空公司应协助旅客安排餐食和住宿，费用可由旅客自理。《民用航空法》规定，航空公司如能证明航空公司自身或其代理人为了避免损失的发生，已经采取一切必要措施或者不可能采取此种措施的，不承担责任。但是，航空公司违约责任的免除，并不当然免除法律规定的航空公司应尽的义务。即便是在这种情况下，航空公司仍然负有告知义务和补救义务。

4. 航班延误的损失赔偿

10

延伸阅读

（1）赔偿损失的前提

航班延误并非一定引发赔偿问题，只有在因承运人原因导致航班延误给旅客造成“实际的财产损失”时，航空公司才承担赔偿责任。实践中航空公司一般采取经济补偿的方式承担责任。

（2）航班延误经济补偿标准

损失补偿范围事先可由旅客与航空公司商定，也可以由法律规定。实践中，很少有旅客与航空公司事先商定损失补偿范围的，而我国的《民用航空法》也没有具体的规定。为此，2004 年 7 月 1 日，民航局出台了《航班延误经济补偿指导意见》，将航空公司因自身原因造成航班延误的标准分为两个：一个是延误 4 小时以上、8 小时以内；另一个是延误超过 8 小时以上。这两种情况，航空公司要对旅客进行经济补偿，补偿方式可以通过现金、购票折扣和返还里程等方式予以兑现。在航班延误的情况下，为了不再造成新的延误，经济补偿一般不在机场现场进行，航空公司可以采用登记、信函等方式进行，机场应该制止旅客在航班延误后，采取"罢乘""占机"等方式影响航班的正常飞行。

目前我国航空公司通常的做法是，承担旅客因航班延误造成的食宿费用、转机增加的费用、退票费用等。对于符合承运人延误补偿标准的旅客，各航空公司通常给予一定的经济补偿。最初大部分航空公司并未对外明确公布补偿标准，往往在因延误导致与旅客发生纠纷后才给予经济补偿，各公司间补偿金额和形式也不完全相同。2017 年 1 月 1 日起实施的《航班正常管理规定》（CCAR-300）第十七条第二款明确要求承运人公开航班延误后的补偿条件、标准和方式。目前东航、南航、国航、海航等主要传统航空公司都规定国内、国际航班延误 4 小时（含）至 8 小时，补偿标准为人民币 200 元；航班延误 8 小时（含）以上，补偿标准为人民币 400 元；东航同时明确持婴儿客票的旅客按上述标准 10% 予以补偿。

在国际航空运输中，按照 1999 年蒙特利尔公约针对航班延误造成损失的规定，承运人对每名旅客的赔偿限额最高为 4150 特别提款权（约 5000 美元），承担推定过失责任。但同时也规定因机械故障等情况延误时，航空公司已经采取措施尽量避免给旅客带来损失的情况下，将不承担赔偿责任。因此实践中大多数情况下旅客只能按照航空公司承诺的标准获取经济补偿。

（二）航班取消

航班取消，指由于飞机故障、航班计划、运输服务等承运人原因，以及天气、突发事件、禁航及旅客等非承运人原因决定的航班停止飞行，航班取消不补。

航班取消一般在航班规定离站之日提前两天决定，如临时决定，不应迟于航班离站前一日。航班取消后，应锁定订座系统，停止继续售票，销售部门应及时通知已购票的旅客，并根据旅客意愿为旅客安排后续航班座位。

对于销售部门未能通知到而按原定航班时间到达机场的旅客，机场地面服务部门应安排专人进行善后的服务工作，服务内容包括：

（1）将航班取消的信息通知旅客；

（2）根据销售部门提供的信息，向未能通知到的旅客耐心解释、说明原因；

（3）根据旅客意愿，为其办理改乘或退票手续，改乘和退票不收取费用；

（4）根据情况按照有关规定为改乘旅客提供膳宿服务；

（5）根据情况，为旅客提供经济补偿。

（三）航班取消或延误后的膳宿服务

1. 免费提供膳宿的原则

（1）在始发站，由于承运人原因造成航班延误或取消，承运人应向旅客提供膳宿服务；非承运人原因造成航班延误或取消，承运人应协助旅客安排膳宿服务，费用由旅客自理。

（2）在经停站，航班延误或取消，无论何种原因，承运人均应向旅客提供膳宿服务。

（3）航班延误原因难以界定是承运人原因还是非承运人原因时，原则上按承运人原因对待。例如：①飞机不在本站，除本站天气原因（但不包括天气转好后的延误时间段）外，均视为航班调配；②本站天气原因造成大量航班延误，其中有的航班也伴有承运人原因，在大量航班延误时可视为天气原因，在航班开始起飞后该航班继续延误，视为承运人原因；③备降和返航的航班无论何种原因均视为承运人原因。

2. 执行规定

在承运人承担费用的情况下，应按规定向旅客提供膳宿服务（住宿服务应包括机场与宾馆间的地面交通服务）。

3. 提供餐食的时间规定

（1）航班延误 2 小时以上，如未安排旅客去宾馆，原则上每 2 小时免费为旅客提供一次饮料，但头等舱、公务舱休息室的旅客不另提供；

（2）未办理乘机手续的航班首次提供饮料的时间不迟于离站时间后 30 分钟；

（3）航班延误 2 小时以上，正值用餐时间时（早餐 7:00~8:30，中餐 11:30~13:30，晚餐 17:30~19:30，夜餐 23:00 后），应提供餐食。

4. 提供餐食的形式

（1）机场候机区域用餐：正餐可为热食盒饭，夜餐可发放杯面；

（2）对要客和已办理乘机手续的头等舱旅客，应征求意见选择餐厅就餐或发放盒饭；

（3）供餐时应同时提供饮料。

5. 执行标准

提供餐饮，应按承运人批准的标准（外航站按地面代理协议规定的标准）执行。

6. 提供住宿的时间规定

（1）航班延误 2 小时以下，旅客在候机楼候机，不另安排休息地点；

（2）航班延误 2 小时以上，如候机楼拥挤，可征得旅客同意后安排到其他场所休息；

（3）航班延误 4 小时（不累计）以上，如在公布的延误时间内确定不会起飞，可征得旅客同意，安排在就近宾馆休息，但休息时间不应少于 2 小时。如条件许可，也可安排旅客参观游览。航班延误 8 小时以上或过夜，应安排旅客到宾馆休息或住宿。

7. 提供住宿的标准

（1）应安排在二星级（或当地一般水平）以上的宾馆，但大量航班延误时可安排在一星级以上的涉外宾馆。

（2）要客、头等舱旅客应安排在同一航班旅客的同一宾馆的单间，副部级以上的要客安排在套间；要客也可安排在指定的三星级以上的协议宾馆。

（3）安排和选择宾馆的原则是：按照宾馆位置（以地面运输时间计）先近后远；按照宾馆价格由低到高。

8. 为费用自理的旅客提供服务

对膳宿费用自理的旅客，可根据情况提供必要的餐饮和住宿介绍服务。

关于航班延误或取消后的膳宿服务的具体规定，目前并无统一规定，上述规定只代表部分航空公司的做法，具体操作中应参考各航空公司相关规定，但提供免费膳宿的原则在各航空公司间基本是一致的。

（四）航班取消或延误证明服务

航班延误或取消通常会给商务旅客带来工作上的种种不便，有时需要相关证明材料用以表明事实。大多数航空公司都可以为旅客提供航班延误或取消证明，同时也为雇主或相关机构、人员提供航班延误或取消证明是否真实的验证服务。这些服务通常都可以在航空公司官网自行输入证件号、票号后下载获取。

旅客获取航班延误或取消证明应注意以下几个方面：

（1）承运人一般提供自航班承运日起一年内实际承运的航班延误 / 取消证明，根据提示输入相关信息后，系统会生成一份带编号的延误 / 取消证明供下载，此编号可用于该证明的验证；

（2）只有出港或进港延误超过 15 分钟的航班延误或航班取消才能提供证明；

（3）由于数据滞后等因素，一般建议航班落地 2 小时后再申请下载；在此之前，证明中可能出现“待定”字样；

（4）该证明可作为航班不正常的资讯证明使用，是否提供补偿应以承运人相关规定为准。

三、补班

航班由于天气、突发事件或航空公司飞机故障、航班计划等原因，无法按原班期时刻完成运输，造成旅客在始发地滞留，确定起飞时间后于次日（或次日以后）完成航班任务，则此航班为补班。补班的注意事项：

（1）商务运输部门要了解执行补班飞机的机型、机号、座位布局等情况。

（2）重新办理乘机手续，收回原航班的登机牌，根据原航班的登机牌、旅客联查验乘机联，交运的行李重新过磅、换发新登机牌。平衡人员根据实际情况重新计算业务载量，拍发业务载重电报时要注明本次航班飞行为补班。

（3）个别旅客因故退票或签转其他航班，由此形成的载量的变化值机人员要做到心中有数，载量尚余时可以办理非补班航班旅客的购票、乘机手续。

（4）有关补班飞行前的旅客服务工作，按航班取消的有关规定办理。

四、航班中断

航班中断指航班在到达经停站后，取消后续航段飞行，致使航程中断。

航班中断飞行后，使用承运人后续航班。如无承运人后续航班或后续航班无可利用座位，可使用其他承运人的航班。根据情况也可使用地面运输或其他运输方式。例如CA1502航班（航程SHA-PEK）因PEK天气原因，备降TSN后中断飞行，可将旅客用地面运输运至PEK。

航班中断飞行后，使用其他航班运输旅客，应分别按不同的接运航班，根据原客票（包括任何客票，例如免票）旅客联，填制“飞行中断旅客舱单”（FIM），作为运输的凭证。如中断飞行航班承运人不是承运人，“飞行中断旅客舱单”应经该承运人代表签字。

“飞行中断旅客舱单”一式三份，原始舱单随接运航班乘机联给接运承运人，一份给承运人收入结算部门（中断飞行航班承运人不是承运人时，给中断航班承运人），一份由填制中断舱单的航站留存。

对继续乘机的旅客，如需要提供膳宿服务，按承运人原因航班延误的有关规定办理。如旅客取消继续旅行，按自动终止旅行办理。如旅客要求退票，按非自愿退票的规定办理。改变航程的旅客应另行购票。

五、航班返航和备降

（一）航班返航

航班在飞行途中，由于受到天气变化、突发事件、空中交通管制、禁航或飞机故障等原因，不能继续执行航班飞行任务，飞机返回始发地降落，称为返航。

承运人地面商务运输人员要及时了解航班返航的原因，以便及时向旅客做好解释工作，并做好航班落地前的各项准备工作，准备好相应的过站登机牌。如等候时间不长，可让旅客在客舱内休息等候；如时间较长，需要旅客到候机楼休息时，应做好航班不正常的旅客服务工作，安排旅客餐饮或住宿。

航班再次执行飞行任务时，按始发站的值机工作重新组织旅客乘机，要做到新的载量与返航前的各项载量相符。如载量有变化，应重新计算。如旅客要求终止航班，按非自愿退票处理。如改乘其他航班，亦应积极办理。

返航航班造成航班延误或取消，按航班延误与取消的有关规定办理。

（二）航班备降

航班备降是指航班不能或不宜飞往飞行计划中的目的地机场或目的地机场不适合着陆，而降落在其他机场的行为。发生备降的原因有很多，主要有航路交通管制、天气状况不佳、预定着陆机场不接收、预定着陆机场天气状况低于降落标准、飞机发生故障等。每一个航班在起飞前的飞行计划中都必须至少明确一个条件合适的机场作为目的地备降机场。

选择备降机场要考虑是否符合飞机的飞行标准，例如：跑道是否满足该型飞机的起降要求，是否具有为该机型加油的设备，机场是否具备该机型的放行条件，航空公司在该机场是否有地服或代办、机场消防等级和机场净空情况等条件。

航班发生备降后航空公司提供的服务包括：

（1）航班信息服务：及时提供航班动态信息。

（2）退票服务：退还由降落站至到达站与原实付票款相同折扣率或舱位的票款，但不得超过原付票款金额，不收取退票费；如果降落站至到达站没有公布运价，则退还降落站至到达站之间中间水平价格的公共交通工具的票款。

（3）餐食及住宿服务：航班发生备降，无论何种原因，航空公司通常提供免费餐食及住宿服务。

（4）替代运输服务：以承运人和旅客双方认可的其他运输方式将旅客运送到客票上载明的目的地点而不额外收费。

六、航班不正常时机场服务质量标准

如前文所述，造成航班不正常的原因是多方面的，因此在发生航班不正常时机场方面应积极和承运人配合，共同处理好旅客服务工作。机场在航班不正常时提供的服务应达到以下标准（见表 10-1）：

表 10-1　航班不正常时机场服务质量标准

二级指标	三级指标	四级指标	五级指标	标准	标准依据	备注
航班不正常服务	基本规范			须符合民航有关运输规定	GB MH C	
	程序和预案			具有健全、规范的航班不正常处置程序、预案及流程图		
航班不正常服务	信息发布			迅速、及时、准确	GB	
				至少每隔 30 分钟向旅客广播通报一次航班不正常信息或航班动态信息		
				留存每次广播或信息通告的记录		
	航班登机口分配			宜避免延误航班旅客和其他旅客共用统一休息区	C	
	服务规范			协调承运人或其地面代理人值班人员及时到现场解决问题，并做好有关配合工作	I GB MH C	
				监控旅客休息区域内通风、照明，监控环境指标以及服务设备设施的运行情况		
				及时向相关保障单位传递航班信息		
				主动化解旅客抱怨，维持秩序		
				通过运行系统和设施设备，实时获取、监控旅客、行李和航空器的数据信息，对旅客密度大的区域通知相关单位加强重点保障		
				监控相关区域公共治安秩序并进行相应处置		
				记录不正常航班服务过程及处理结果		

案例

航班超售应当实现多方共赢

对于航班超售，社会公众和民航业界的看法有很大差异。比如，很多旅客认为超售本身就不应存在，是航空公司对旅客的欺诈。对于旅客的质疑，民航业界除了用超售是国际惯例和超售已经得到民航局的批准外，难以站在更高的角度进行回应。这种现象的存在，既影响了航班超售的继续实施，也影响了社会的和谐稳定。

众所周知，航班超售能够增加航空公司的利润，航空公司能够从航班超售中获益。但是，从制度设计角度看，航班超售对旅客和整个社会也有利，却往往被大家忽略。

先说航班超售如何对旅客有利。实际上，航班超售与误机的机票仍然有效制度，是一枚硬币的两面。从经济学角度看，如果有误机机票作废制度，航空公司不必搞航班超售，其利益仍然不受损。其原因在于，如果旅客误机后机票作废，则因旅客误机造成的损失由旅客承担，航空公司不会因这些空座受到损失。现在，由于误机后旅客的机票仍然有效，这些误机的旅客从该项制度中受益，为此，需要为航空公司提供一定的机制来弥补损失，航班超售制度恰好是与此匹配的。从一定程度上讲，正是由于航班超售制度的存在，才使得误机后机票仍然有效。由于误机的机票仍然有效，增加了旅客行为的自由度，大量的旅客因此受益，而不仅仅限于实际误机的人。

再说航班超售如何对社会有利。由于机场一般距离市区较远的特点和地面交通运输途中的不确定性，总会有一些旅客误机。在允许航班超售的制度下，航空公司会实际运载更多的旅客，提高了飞机的利用效率。飞机利用效率的提高，将降低整个航空业的成本水平。在市场竞争机制下，民航业成本水平的降低将导致行业机票价格水平的降低，这将让社会上更多的人有能力乘坐飞机旅行，也降低了全社会的航空运输费用水平，增加了社会福利。

最后说一下对实超的处理。在发生实超时，航空公司通过一定方式寻找时间成本较低的旅客，给予其适当的补偿和安排，让其自愿不乘坐发生实超的航班，消除非自愿性拒载。这些自愿不乘坐超售航班的旅客也是从中受益的。

上述论证表明，航班超售的制度设计目标是多方共赢的。但制度设计的目标并不等于制度运行的结果。从目前来看，航空公司和社会整体已经从航班超售中获益，但因航班超售而非自愿被拒载的旅客利益受损却是无疑的，航班超售并没有实现多方共赢的制度设计目标。要实现多方共赢，需要航空公司认识到因超售而拒载旅客是违约行为，在实超发生后采用与旅客进行协商补偿和安排或者高额补偿征集志愿者等方式，让部分旅客自愿不乘坐该航班，消除非自愿性拒载，如此就能实现多方共赢的目标，民航业就可以理直气壮实施航班超售。

（资料来源：郭才森．中国民航网．）

问：航班超售对各方利弊如何？请总结梳理国内主要航空公司的航班超售政策。

项目小结

1. 旅客运输不正常情况主要包括误机、漏乘、错乘、超售、无票乘机、登机牌遗失等情况。

2. 各航空公司对误机、漏乘、错乘处理的具体规定可能不完全一致，实践中还应依据特定承运人的规定处理。

3. 航班超售是把“双刃剑”，航空公司应谨慎处理。

4. 航班不正常指航班的延误、取消、补班、中断、返航、备降等情况。

5. 航班不正常的原因分为承运人原因和非承运人原因，承运人对两者的处理原则不同。

思考与练习

1. 误机、漏乘、错乘从定义上区别有何不同？

2. 登机牌遗失应该如何处理？

3. 简述航班超售的原因与影响。

4. 航班超售时优先登机或拒载的规则是怎样的？

5. 航班取消或延误后如何提供旅客膳宿服务？

6.《航班延误经济补偿指导意见》的主要内容是什么？

7. 国内航空公司通常如何进行超售补偿？

学习效果检测

扫描下方二维码，检测你的学习效果。

10

学习检测

11

课程思政

项目十一 其他地面服务

项目导读

本项目介绍了飞机配载与平衡、飞机维修过程中的地面保障服务及其机场运行保障服务。这些服务的共同特征是它们都属于民航企业的后台服务，通常不会与旅客直接接触，但是却与旅客的出行、安全密切相关。这些服务属于专业技术性较强的领域，属于广义的民航地勤范畴。了解这些知识对于做好空中乘务员的工作是一项有益的补充。

学习目标

知识目标：了解飞机配载与平衡的工作流程；了解飞机维修的定义、工作方式和飞机排故的相关知识，了解备件（航材）管理相关知识；了解机场运行的主要设施，掌握机场应急救援的相关知识。

技能目标：理解飞机配载与平衡的意义，并能运用于实际工作；了解并熟悉飞机维修及其排故的全过程；熟悉并掌握机场地面保障设备及其服务，掌握机场应急救援服务的全过程。

素质目标：弘扬展现工匠精神的职业价值取向，培养敬业、精益、专注、创新的职业道德、职业能力和职业品质。

任务一　配载与平衡

配载与平衡是航空公司一个重要的地勤服务岗位，由于它通常是在幕后默默地为航班运行提供服务，所以不为广大旅客熟知。配载平衡人员需要对飞机上的客货邮行（即，旅客、货物、邮件、行李）的装载数量和位置进行合理安排，在确保航班飞行安全的前提下为企业创造最大化的经济效益。飞行过程中乘客因某些原因聚集、混乱等可能导致飞机重心偏移失去平衡，导致飞机失控。空乘服务人员了解基本的配载与平衡知识，对于防止此类事件发生、确保飞行安全十分重要。

一、航班配载流程

任何一种交通运输工具，由于自身结构强度、客货舱容积、运行条件及运行环境等原因，都有最大业务载重量的限制。飞机最大业务载重量受飞机最大起飞重量、最大落地重量、最大无油重量、飞机基本重量、起飞油量、航段耗油量、最大业载限额等参数影响，可以通过特定的公式算取。飞机是在空中飞行的运输工具，要求具有更高的可靠性和安全性，为了确保飞机起飞、着陆和飞行的安全，严格限制飞机的装载量，不允许超载。

配载，即航班实际业载配算，是根据飞机从本站出发的可用业务载重量，配算运至前方各站的旅客、行李和货邮。飞机实际业务载重量是指飞机上实际装载的旅客、行李、货物和邮件的重量之和。飞机实际业务载重量不能超过最大业务载重量。对于单航段航班，飞机可用业务载重量等于最大业务载量，而对于多航段航班的中途站来说，从最大业务载重量中扣除过站业载，才是本站可用业载。

（一）航班配载相关部门

目前各大航空公司和机场配合配载工作的部门和具体分工虽然有所差异，

但总的来说，工作的内容是大致相同的。

1. 机务部门

机务部门提供飞机的基础数据和静态数据，如空机重量、客货舱物理布局等。

2. 航务部门

航务部门提供修正后的飞机三大全重数据以及机组和燃油重量等数据。

3. 值机部门

值机在航班关闭后，通过离港系统，提供实际乘机的旅客人数、座位和行李重量数据。

4. 仓管部门

仓管部门遵照配载的预配舱单，从仓库提出相关货物，对于集装运输的货物，协助货运人员进行组装。

5. 集控部门

集控部门提供本站出发的集装箱板信息，供航班配载使用。

6. 装卸部门

装卸部门按照配载的装机通知单规定的舱位和重量，准确地将待运货物、邮件、行李装上飞机。

（二）航班配载步骤

1. 预配

航班预配是航班起飞前一定时间内根据飞机的可用业务载重量、预计的旅客人数、预留的行李和协议邮件重量，对飞机所载运货物进行配运。

预配工作通常要求在航班离站前 2 小时完成。航班经停站的预配应注意考虑过境业载，充分利用后方站的剩余吨位。

预留的行李重量应根据不同航线的平时流量来估计。一般来讲，长途航线行李较多时，可以按 20kg/ 人或以上来估计，短途游览型航线行李较少时，可以按 10kg/ 人来估计，具体以实际工作要求为准。

航空邮件运输是邮政部门与航空公司以运输合同（或协议）方式合作组织的信件、包裹等小件物品的航空运输。协议邮件重量是航空公司参照邮件的一般运量，在每次班机上预留一定吨位，用以载运邮件。在预留吨位重量以内的邮件，应保证当班飞机清运，超出预留吨位的邮件，应优于普通货物尽量当班清运。

预配工作中，配载人员将制作预配舱单和装机通知单。同时为了减少平衡后续的工作，在预配时，配载人员应考虑飞机重心处于安全允许范围之内。

民航规定，在飞机起飞前 30 分钟停止办理旅客乘机手续（大型机场是提前 45 分钟），此时才能获得旅客人数和行李重量等项目的准确情况。由于飞机起飞前需要做很多工作，如果不进行预配而直接在飞机起飞前 30 分钟进行货物配运工作，将使配载工作在很匆忙的情况下进行，一方面可能不能按时完成所有工作，造成航班延误，另一方面可能造成配载错误，影响飞行安全。尤其对于每天出港航班很多的机场更是如此。另外，预配可以预先了解航班剩余业载的大致情况，有助于积极筹集客货，减少航班空载。

2. 结算

由于预配时，旅客人数、行李重量都是预估值，只有在飞机起飞前 30 分钟（或 45 分钟），即值机柜台停止办理乘机手续后，才能得知实际准确的业载情况，因此，预配货物的结果不是最终运输的结果，待运货物数量和种类需要在航班关闭后根据旅客、行李、邮件的实际载运情况在预配的基础上进行适当调整，以确保飞机不超载同时充分利用飞机业务载重量，这个过程称为结算。结算中进行落货（业内称“拉货”）或加货的处理需要对应修改货邮舱单和装机通知单。

配载人员完成结算工作后，需要和平衡人员交接货邮舱单和装机通知单，平衡人员根据飞机实际载重分布，制作电子舱单或手工载重平衡图，求出飞机的重心位置。如重心位置不符合要求，应迅速算出客货舱需要调整的重量，通知相关人员照办，并修改相关业务舱单。以上工作完成后，平衡人员应在航班起飞前的规定时间内与机组办理交接手续，在航班起飞后 5 分钟内拍发相关业务电报。

（三）航班配载基本原则

配载工作是一项安全性强、责任重、时间紧迫、联系面广的工作，因此必须遵守相应的原则规定和服务工作要求。

（1）确保配载航班的飞机重心符合飞行要求、航班不超载。

（2）遵循业载分配顺序：先配运旅客、行李，必须当班发运的政府指定货物，协议吨位内的邮件，紧急货物以及符合优先发运条件的货物，然后配运超过协议吨位的邮件和普通货物。

（3）充分利用航班吨位：尽量利用远程吨位配运远程货，近程吨位配运近程货；在必要时或没有远程货时，才能使用远程吨位配运近程货；避免用近程吨位装运远程货。

（4）预配时应留有机动吨位，宁加勿落。避免预配过剩，造成超载而临时卸货，保证航班正点起飞。

（5）了解旅客、货邮的临时增减情况和装机情况，保证配载工作符合飞机载重平衡要求。

（6）航班离站后，发现计算错误或装卸错误，及时拍发电报或电话通知有关前方站。

（7）计算实际业载重量时，行李、邮件和货物的重量以 kg 为单位，尾数不足 1kg 部分四舍五入；旅客重量按折合标准计算，专机旅客每个成人按 80kg 计算。

（8）严格核对有关重量，做到“三相符”。

重量相符：载重表、载重电报上的飞机基本重量与飞行任务书相符；载重表、载重电报上的各项重量与舱单相符；装机单、加落货物单等工作单据上的重量与舱单、载重表相符。

单据相符：装在业务文件袋内的各种运输票据与舱单相符。

装载相符：出发、到达、过站的旅客人数与舱单、载重表相符；各种物件的装卸件数、重量与舱单、载重表相符；飞机上各个货舱的实际装载重量与载重表、装机单相符。

（四）航班配载相关业务单据

1. 货运单、邮运单

地面收货室接收货邮，开具货运单、邮运单后，会将相关的目的地联，交给配载，作为随机文件之一和货邮一起运输。

2. 货运分批单

由于飞机载量或容积的限制，同一运单下同一批货可能被分到不同的航班发运，为了避免出现“有货无单”现象，配载需对分批货物填制货运分批单来代替货运单。

3. 预配舱单

预配舱单是预配阶段，配载人员制作的飞机拟装载货物、邮件的清单。如果飞机在结算阶段，不进行加拉货邮，预配舱单内容将和货邮舱单一致。

4. 货邮舱单

货邮舱单是每一架飞机所装载货物、邮件的清单，是每一航班总申报单的附件之一。在国际航班上，也是向出境国、入境国海关申报飞机上所装载货物、邮件情况的重要文件，同时也是承运人之间结算运费的依据之一。

5. 装机通知单

装机通知单也称为装载通知单，简称装机单，是配载人员填制或认可的，是装载部门进行飞机装载作业的依据。

6. 配载外场工作检查单

配载外场工作检查单是配载外场人员填写的反映装卸人员是否按装机单要求装载货邮情况的单据。

货运单、邮运单、货运分批单、货邮舱单、装机通知单是随机业务文件，在航班离站前用业务袋统一封装，与机组进行交接。

二、航班平衡工作流程

平衡是在配载的基础上，计算飞机重心，确保飞机的重量和重心均在安全许可的范围内。业务熟练的配载平衡人员可以根据不同机型的平衡要求，合理利用飞机业载，达到较高的载运比率，提高航空公司营运效益。载重表和平衡图的填制是航班平衡工作的重要内容，配载平衡人员完整的平衡工作流程如下。

（一）平衡准备工作

（1）制作载重表和平衡图时，应先根据航班计划，核对机型、飞机注册号，准备对应的载重表和平衡图一式三份，不同机型载重表和平衡图存在差异，不可混用，图 11-1 为 B737-700 机型的载重表和平衡图。

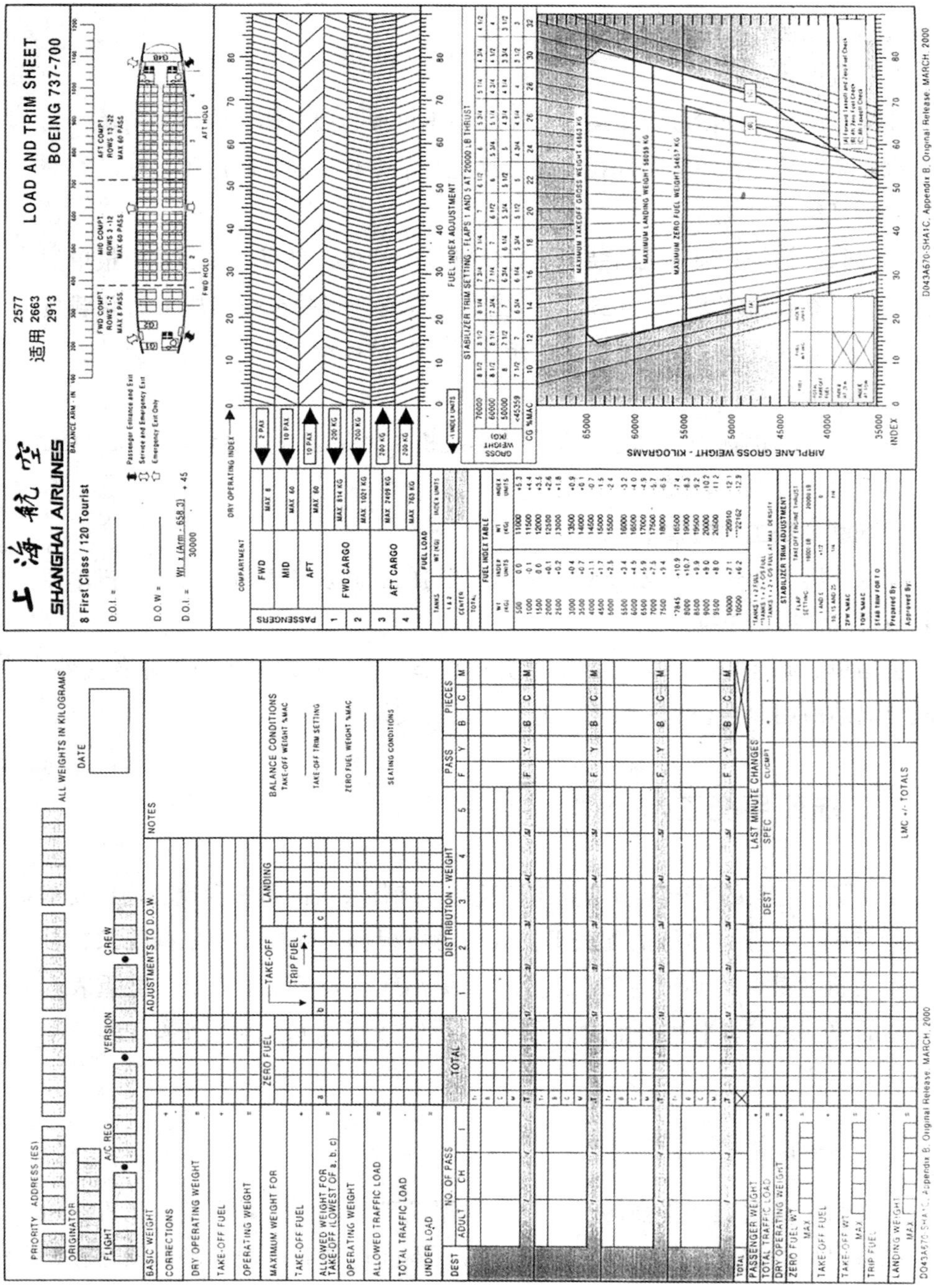

图 11-1 B737-700 载重表和平衡图

（2）从客运调度处或航务部门获得油量及机组等信息，修正基本配置。

（3）由最大起飞重量、最大着陆重量、最大无油重量及起飞油量、航段耗油，算得最大业载。

（4）收到货运装机通知单时，检查货物、邮件、行李装载计划是否合理，如不符合要求应及时通知货运配载部门修正。完整、正确的装机通知单要依据以下原则：

①保证旅客、行李所需载量；

②各舱位实际装载总量应小于各舱位的限载量；

③装机通知单应详细、清楚、完整地列明各舱装载货物的车号（集装器号）、件数、重量、性质等，遇多个目的地时应注明货物、行李、邮件的目的地。

（二）平衡操作

（1）航班起飞前 30 分钟，与值机或控制员交接人数、行李件数和重量。如旅客舱位分布不符合平衡要求，需通知航班控制员调整；如是联程航班，应从结载的人员处得到不同航段旅客座位分布信息，填入备注栏。

（2）根据不同航段，分段结算旅客人数、货物、邮件、行李的重量，在载重表中结算出实际无油、起飞、着陆重量。

（3）结算货物、邮件、行李各舱的装载重量，结算旅客实际占座，据此在平衡图中填制出飞机的无油和起飞重心，以及起飞配平，读出相关指数。

（4）对各到达站及总计数的横竖各栏进行核对检查，保证一致。

（5）对航班实际无油、起飞、着陆等重量与允许限额进行核对检查，确保剩余业载为正值。

（6）检查、核对平衡图，确保无油、起飞、着陆重心在允许的范围内。

（7）若有特殊信息需要说明，在相应栏内列明。

（8）载重表和平衡图实行双人复核制，双人复核，双人签名。

（9）载重表和平衡图制作完毕后，应在航班起飞前 5 分钟，将载重表和平衡图及业务文件袋送上飞机，交机长检查签收。载重表和平衡图一式三份，一份交机组，一份作为随机业务文件到目的地，一份平衡室留存。

（10）若送出随机文件后，旅客人数、行李、货物、邮件再有增减，在允许的范围内更改，并在最后一分钟修正栏（LMC）作相应修正（允许范围视不同机型而定）。

（三）平衡航后工作

（1）航班起飞后 5 分钟内，拍发载重电报等相关业务函电。

（2）将出港载重电报、载重表和平衡图、货运装机通知单、旅客行李交接单、过站载重平衡图等相关航班文件装订存档，在航班客货载量记录中登记出港旅客人数、行李、货物、邮件数据。

（四）飞机重心位置不符合要求的处理

航班平衡工作中发现飞机重心位置不符合平衡要求时，可以采取以下处理措施：

（1）倒舱位：从重心偏出的货舱内卸下适量货物、邮件或行李，装入另一方货舱内。

（2）卸货：当货舱满载无法倒舱位时，可从重心偏出的货舱内卸下适量的货物、邮件或行李。

（3）调换旅客座位。

（4）加压舱物或压舱油，通常适用于小飞机，如 CRJ 飞机。

11

延伸阅读

任务二　飞机维修

民用飞机的维修，是航空公司节省费用、获得利润的重要环节，是保持飞机持续适航和航空公司正常运营的基本和重要的手段，是航空工业和民航运输业发展的重要支柱。飞机维修工作的目的在于保持和恢复飞机的固有安全性和可靠性水平；当安全性、可靠性状况恶化时，能及时发现、监控并恢复到其固有水平；为固有可靠性差的项目进行设计改进提供信息，并以最低的总费用达到这些要求。随着航空运输业的发展，维修工作正在逐步发展壮大，形成一个独立的工业技术体系。

当然飞机并不是独立存在的，同它的使用密切相关。使用环境和条件的不同，对飞机的损伤很大，它既影响飞机零部件的维修周期和检查方法，也影响着飞机维修的质量和停场时间。

同时，飞机维修工作的展开离不开地面的保障工作。地面保障工作包括备件（航材）的管理；由机场或基地供水、供气、供电给飞机使用；塔台、航空气象服务等。

根据宜于维修的全寿命设计原则，飞机的检测、维护和修理等维修内容已成为飞机设计制造的重要组成部分，成为影响飞行安全的重要因素。维修与设计、制造密不可分、相互依存。飞机的维修必须按照制造方提供的标准进行，重要结构件和零部件的修理与改装，必须经飞机的制造方认可或批准，所以维修也把制造方和使用方紧密地联系在一起。因此，飞机维修是个全寿命、全系统的概念。

一、飞机维修的定义

飞机维修是为了保持和恢复系统，或产品的良好工作状态，而对其进行维护和修理的简称。它一般分为预防性维修和修复性维修两类。预防性维修指为使设备保持在规定状态所进行的全部计划性维修活动，它包括擦拭、润滑、调整、检查、更换和定时翻修等；修复性维修指设备（或其机件）发生故障后，使其恢复到规定状态所进行的全部活动，它可以包括：故障定位和隔离、分解、更换、修理、校准及检验等。近年来又出现了改进性维修，它是利用完成设备维修任务的时机，对设备进行改进或改装，以提高设备的固有可靠性、维修性和安全性水平。

二、飞机维修的工作方式

飞机制造商在对飞机进行 MSG-3 分析时，将维修工作分为六种方式，按照维修深度和维修费用大致排列为：润滑勤务、使用 / 目视检查、检查 / 功能检查、恢复、报废、综合工作。这些工作对于明显功能故障来说，主要是预防故障的发生（见图 11-2）；而对于隐蔽功能故障来说，主要是预防这些故障与其他的一个相关的或备用的功能故障结合起来形成多重故障，防止更加严重的故障发生，而不是防止故障本身的发生（见图 11-3）。由于每种不同工作的作用和适用范围各不相同，所以下面对这些工作的适用范围和作用分别做一简要介绍，并举例说明。

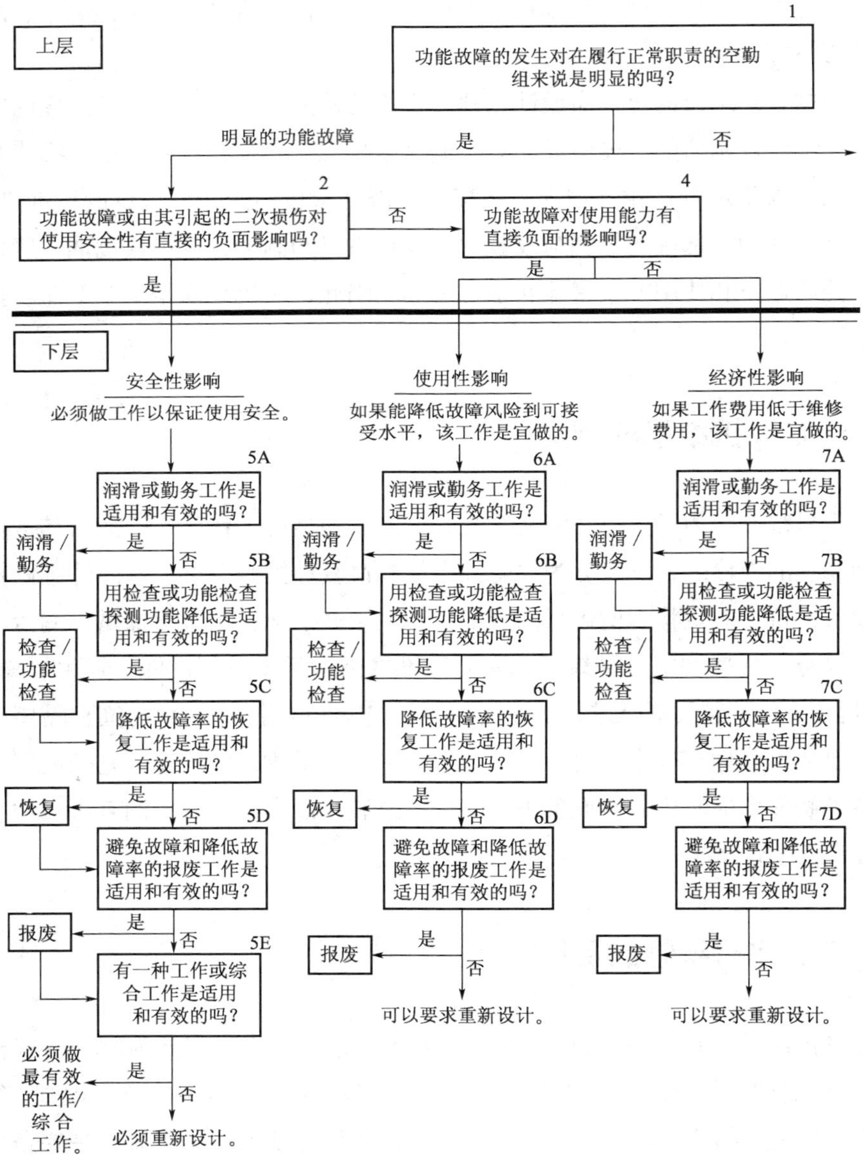

图 11-2 明显功能故障 MSG-3 逻辑决断图

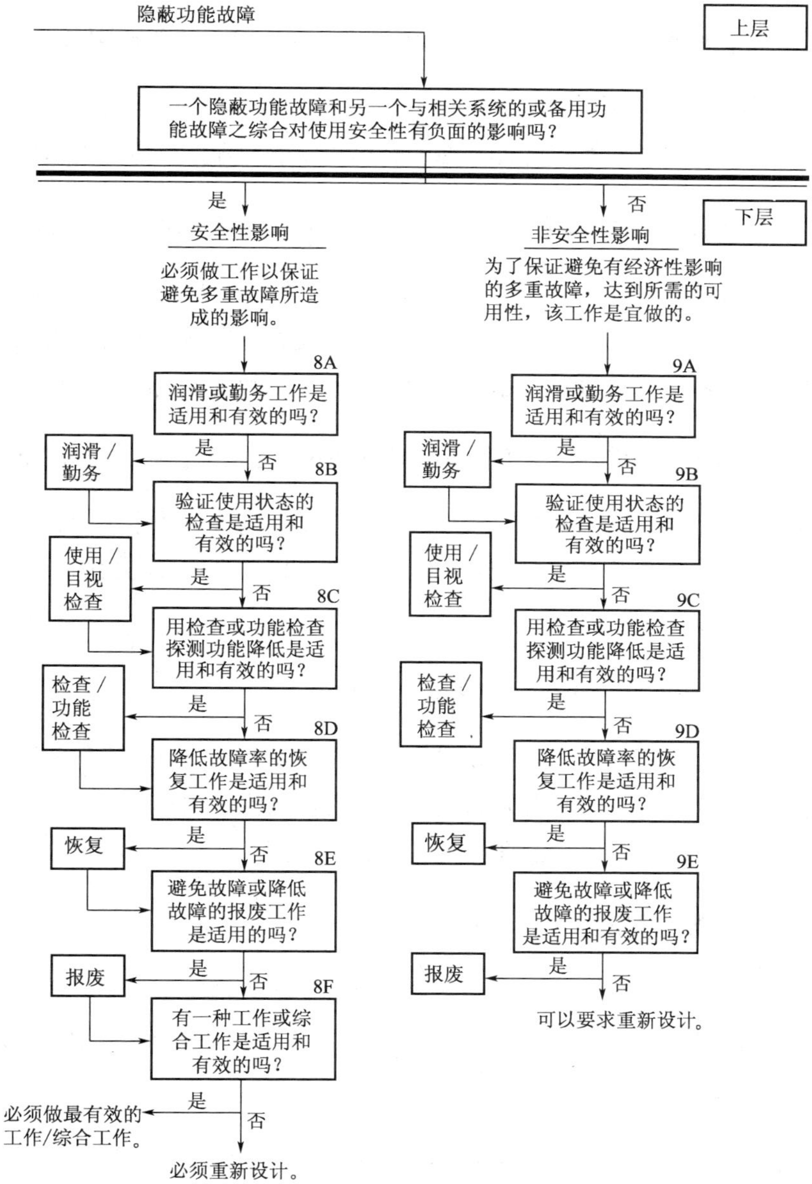

图 11–3　隐蔽功能故障 MSG-3 逻辑决断图

（一）润滑勤务工作（Lubrication/Servicing，LUB/SVC）

润滑勤务工作适用于所有故障，主要是保证飞机设计的固有设计能力。一般来说，做这样的工作可以降低功能的恶化速度或者降低故障发生的危险性。

（二）操作 / 目视检查（Operational/Visual Check，OPC/VCK）

操作 / 目视检查适用于隐蔽类功能故障。操作检查是指确定某一项目是否能完成其预定功能的工作，目视检查是指通过观察确定某一项目是否能完成其预定功能的检查，这两者都不是定量检查，而是一种发现故障的工作。

（三）检查 / 功能检查（Inspection/Function Check，IN/FNC）

功能检查适用于所有故障，主要是按照预定计划进行的定量检查，以确定产品的功能参数是否在规定的限度内，其目的是用来发现潜在故障，以预防功能故障的发生。

（四）恢复工作（Restoration，RST）

恢复工作适用于所有故障，恢复就是把一个项目恢复到规定的标准所需要的工作。一般来说，恢复工作可以是单个零件的清洗或更换，也可以是全面的翻新，所以在选定该工作时必须指明工作作用范围。

（五）报废（Discard，DIS）

报废适用于所有故障，报废是按照设计规定的寿命限制使项目退役。该工作消耗资源更大，是维修深度更深的维修工作，但是这里的寿命限制必须保证飞机运行的安全性、可靠性和经济性要求。

（六）综合工作（Combination Task，CBT）

综合工作适用于安全性。

三、航空公司的飞机维修工作

根据厂家的建议，航空公司的飞机维修部门制定适合本公司实际情况的维修工作计划。

一般而言，航空公司的一线维修部门分为两个分部。一是维修基地，进行内厂维修，维修基地是一个维修工厂，它具备大型维修工具和机器以及维修厂房，负责飞机的定期维修、大修以及拆换大型部件和改装；二是航线维修，也称为外场维修，飞机一般不进入厂房车间，在航站对运行的飞机进行维护保养和修理，这类航线维护包括航行前、航行后和过站维护。小型航空公司可以没有自己的维修基地，把高级的定检和修理工作委托给专门的维修公司或大型航空公司维修基地完成。

下面，按航空公司对飞机的维修工作进行具体分类介绍。

（一）航线维修（维护）

航线维修，也称为低级维修，工作包括：

（1）航行前维护：每天执行飞行任务前的维护工作。

（2）过站（短停）维护：每次执行完一个飞行任务后，准备再次投入下一个飞行任务前，在机场短暂停留期间进行的维护工作。过站维护主要是检查飞机外观和飞机的技术状态，调节有关参数，排除故障，添加各类工作介质（如润滑油、轮胎充气等），在符合安全标准的前提下，适当保留无法排除并对安全不构成影响的故障，确保飞机执行下一个飞行任务。

（3）航行后维护：也叫过夜检查，每天执行完飞行任务后的维护工作，一般在飞机所在基地完成，目的是排除空、地勤人员反映的运行故障、彻底排除每日飞行任务中按相关安全标准保留的故障项目，并做飞机内外的清洁工作。以上各类维护定义仅针对一般情况，依据具体飞行任务安排在各航空公司都有自己的相关规定，如飞机在基地停留超过一定时间就必须进行航行后维护，而不论当天飞行任务是否全部完成；飞机飞回基地作短暂停留期间也可能要按航行后维护标准执行维护工作。

（二）定期维修（维护）

定期维修，也称为高级维修。飞机、发动机和机载设备在经过一段时间的飞行（飞行周期）后，可能发生磨损、松动、腐蚀等现象，飞机各系统使用的工作介质，如液压油、润滑油等也可能变质和短缺，需要进行更换或添加，所以经过一段时间的飞行后，就必须进行相关的检查和修理，并对飞机各系统进行检查和测试，发现和排除存在的故障和缺陷，使飞机恢复到原有的可靠性，来完成下一个飞行周期的任务。

（三）特种维修（维护）

特种维修指由于某种特殊原因而进行的维修，有些理论也把这类维修归到航线维修或定期维修。这类维修一般包括：经过雷击、重着陆或颠簸飞行后对某些设备、飞机结构的特定部位进行的特别检查和修理；受外来物撞击、碰伤后的修理；发现飞机某部位不正常发生腐蚀后的除锈、防腐处理；按适航部门或制造厂家的要求对飞机进行加、改装工作；两次 D 检中加做的中检，或进行客舱翻新。

四、飞机排故

飞机的排故工作，是与上面所叙述的飞机维修工作结合进行的。

随着航空技术的发展，国内民航市场使用的飞机已由早期的运五飞机发展到现在的大型波音和空客飞机。飞机操纵也由简单的连杆钢锁操纵，发展到现在的计算机控制下的电传操纵。在日常维护工作有了巨大变化的同时，飞机故障也越来越复杂和难以判断。究其原因，飞机各系统的联系越来越紧密，安全系数越来越大；尤其是对于最新一代的全计算机控制下的电传操纵飞机，只要人工输入各种参数，在地面导航站的导引下，从飞机离开始发机场至到达目标机场，整个飞行过程都可以由计算机自动控制，而不用飞行员。在这种情况下，任何一个小故障都有可能引发其他多个系统工作的不正常。虽然飞机故障的原因千差万别，但是总括起来大致有两点：一是由飞机本身部件长期磨损、老化等原因引起的；二是由外部环境的变化导致部件性能的改变而引起的。

为了不影响正常的航班计划，保证航班的正点，只要不危及飞机的适航性和安全性，民航飞机的故障一般保留到航后再进行排除，所以航后的维护工作是飞机日常维护中最辛苦的，也是最重要的。当然，在飞机定检（定期维护）时，随着定检级别的深入，也会不断发现较大的或是潜在的故障，这也需要进行大量的排故工作。一般的飞机排故工作流程如图 11-4 所示。

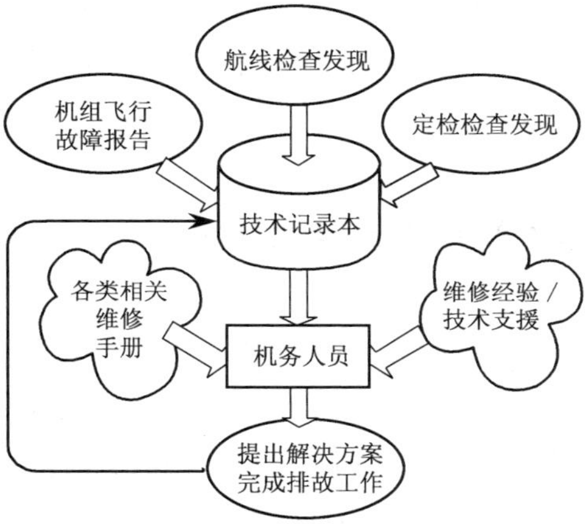

图 11-4　飞机排故一般工作流程

目前，飞机的排故工作在很大程度上依靠经验。其工作流程为：从故障信息的描述记录中提出主要信息，由经验判断故障类型，然后再依据经验采取排故方法，通常是根据相应维护手册中的排故方法一条一条地排查，当然，也可以依据丰富的经验迅速找到正确排除故障的方法。但对于缺乏经验的机务人员来说，排故是一个极为烦琐的过程，为此航空公司消耗了大量的人力成本和时间成本。从某种程度上来说，这是由于很多有经验的机务人员（机务专家）的宝贵维修经验得不到共享，丰富的资源未得到充分的利用。因此，实现排故知识共享，使飞机的排故逐步从手工化、经验化走向专家化、智能化、电子化，提高机务人员的排故工作效率、缩短维修时间，就显得非常重要和迫切。

新机型在刚投入使用的初始运营阶段，飞机维修人员对新机型的维护和修理缺乏实际经验，尤其是飞机特有的系统和结构。通常情况下，飞机的制造商会对飞机用户进行免费的机型培训，介绍机型的构型、结构、各个系统的知识，特别是与其他成熟机型的差异。众所周知，飞机维修是一项复杂、烦琐、艰辛的工作，经过培训的机务人员也只是掌握了一般的飞机基本知识，在对新机型进行维护的过程中，机务人员会自然而然地联想、借鉴、使用自身对于其他机型的维护经验，这是人类的一种惯性思维方式。对于一种机务人员从未接触过的新型飞机，尽管工作前期需要边工作边探索，但是飞机的更新是有原型机的，而且飞机发展到现在，在设计理论上已是大同小异，大部分都只是在控制方式上的差异。因此，研究如何正确地借鉴和利用以往的机型维护经验，最终使飞机的排故工作可行、顺利和高效，并提高客户技术支援能力，这是一个值得研究的领域。

五、飞机备件（航材）管理与保障

备件保障即备用航材的保障。航材是指飞机维修所需的零备件及耗材，包括发动机、起落架、襟翼、缝翼、APU 这些高价值的部件，也包括活门、封圈、螺钉螺帽等装机零件，以及滑油、油脂、油漆、清洗剂等非装机耗材。

航材在航空公司资金总额中占有很大的比重，是公司最大的成本之一。过去，在计划经济体制下，民航对航材管理的作用认识比较片面，仅把航材、设备、物资、财务等部门看作是“后勤”工作。随着市场经济体制的逐步建立和民航改革的进一步深化，过去的运行机制已不适应经济建设的需要。当前，公司要实现向经营型转变，就必须形成以成本管理为重点，及时发现生产上的浪费现象，采取措施，改进管理，合理配置资源，才能提高公司的经济效益。而航材管理是成本核算的重要因素，既要保证航班正常，又要避免浪费、降低成本、提高效益。因此，进一步研究和探讨航材管理的现状，加强航材管理，对航空公司的正常运行和经济效益的提高具有十分重要的意义。

（一）备件及其分类

备件就是备用的机件。民机备件是指为保持和恢复飞机主机、机载设备、地面保障设备设计性能所必需的零部件及修理更换用的成品替换件等。对于飞机这样庞大、复杂的综合系统，一旦出现故障，飞机维护人员就需要针对故障进行检测、更换或修理，此时就需要备件，如不能及时供应备件而出现停飞待件，将严重影响飞机的可用度，造成极大的经济损失。而且，不科学的备件储备将会形成大量的积压航材，占用巨额资金，造成资源浪费，严重影响航空公司的市场竞争力。因此，合理的备件支援是保障飞机正常商业运营的必要条件，同时也是影响飞机全寿命周期费用的重要因素之一。备件支援保障通常包括备件计划、备件采购、备件库存、备件商务等内容。备件计划在这个体系中占有重要地位，其核心内容是备件需求预测，即确定备件种类及其需求量。备件预测是确定备件库存水平的基石，影响着备件支援保障体系中其他工作的进行。

民机备件按其供应时间可分为初始备件和后续备件。飞机制造商按一定的规律向其客户推荐备件的储备量，客户根据自身的资金预算目标和保障要求，确定备件采购计划。世界民用航空运输业在经历2001年的全球经济滑坡以及恐怖事件带来的负面影响之后，一度遭遇了前所未有的压力，许多航空公司纷纷倒闭，存活下来的各航空公司也都采取了减少航线、封存飞机等降低支出的策略以渡过难关。当时，降低成本成为航空公司生存的手段，体现得淋漓尽致。2002年中国航空运输市场格局也在此形势下发生了翻天覆地的变化，降低运营成本成为中国民航联合重组之后三大战略之一。众所周知，在民用航空运营成本中，航材成本仅次于燃油成本居第二位，因而降低航材成本可以有效地降低运营成本，而且航材管理涉及飞行安全运行、库存管理、资金积压等多方面与航空企业管理密切相关的要素，因此国内外航空公司无一不把航材管理列入其公司管理的战略重点。

当前我国飞机制造公司的备件计划管理在很大程度上还是依赖历史经验进行备件需求确定，缺乏科学、高效的备件计划方法和计算机辅助系统，这既不符合国际先进飞机制造业的发展，也不能满足客户降低成本的要求。为了提高民机的使用可用性，降低运营成本，提高飞机的市场适应能力和竞争能力，帮助客户最大限度地盈利，必须对备件计划方法进行充分的研究，根据飞机使用要求、可靠性、维修性、寿命、供货周期、经济性等要求建立适当的备件计划预测模型，给出一定时间范围的备件需求量，为航空公司的备件采购提供依据，达到以合理的资金投入满足较高保证率的备件保障要求。同时，随着备件计划预测模型的应用，还可以根据工程需求不断进行调整优化，以求在备件成本和保障率之间达到平衡，减少备件积压造成的浪费，增强我国民机制造业的市场竞争力，为我国航空运输业提供较好的经营基础。

（二）航材管理

1. 航材管理的作用与地位

从航空运输企业的生产经营过程来看，航材管理处于生产循环的最基础位置，航材供应则是民航运输生产过程的首要环节。即运输生产进行前，总是预先做好航材储备和准备工作，以防止飞行过程中随时可能出现的缺件停场，而使公司蒙受重大损失。

从成本管理的角度来看，加强航材的管理对控制营运成本具有十分重要的作用。在日常的经营管理过程中航空运输企业对成本的管理主要是对流动资产的运用和控制，而飞机航材是流动资产中流动性最差的一种资产，且份额较大。如某航空公司去年的流动资产总额为 55.81 亿元，而飞机航材周转件的库存量一直保持在 10 亿元左右，即占流动资产的 1/5 左右，去年该公司消耗航材和修理器材设备等支出 5 亿多元，占运输生产成本 46.8 亿元的 12% 左右，航材成本仅次于油料成本。而航材成本与油料成本有明显区别，油料是一次耗用，航材高价周转件可修复多次使用，例如 A300-600 的刹车毂全新的价格为 2 万多美元，但达到规定的起降次数后，可送出去修补，回来后可正常使用，而费用只是原来的 30%，可节省许多资金，可见航材是成本核算的重要组成部分。

从技术管理的角度来看，航材管理比较复杂，航材品种多，数量大，随机需要涉及面广。首先，航空零部件是高科技产品，除了要掌握一般物资管理的知识外，还要了解航空零部件保存、维护的一些特殊要求。其次，要做好计划工作，管理人员必须对维护工作有一定的了解，如零部件的拆换率、保存寿命、服务通告（工程指令）、合格证件等要求。最后，航材管理不能只考虑保障供应，还要有经济的观点，防止积压浪费。例如，某公司从 1988 年年底至今有 800 多项航材从未领出，价值约 1000 多万元，这给公司的资金造成了巨大的浪费。另外从整个工作流程来看，它不仅与机务、计划、财务部门有关，还具备外贸工作的一般特点。所以航材管理工作是一项艰巨而又复杂的工作。

总之，航材管理工作与航空公司的安全生产、正点服务和经济效益这一总体目标任务有着十分密切的关系。

2. 航材管理工作的现状和存在的问题

由于长期以来航材管理工作滞后于民航的整体发展，加之民航体改后，航空公司相互竞争激烈，航材管理和供应发生了较大变化，薄弱环节更加突出。主要表现在：

（1）缺件停场现象多，影响航班正常率和飞机利用率。某航空公司 B-737 飞机日利用率 1992 年为 7.16 小时，1993 年为 6.45 小时，1994 年为 5.97 小时。除去航班安排和维修等原因外，缺件造成一部分停场。去年一年该公司因缺件造成停场架日达 37.8 天。相当于一架飞机因缺件停场一个月，其中最多的停场月份为 7 月，严重地影响了旺季运输生产的正常运行，不仅造成了生产资源的巨大浪费，而且也因影响航班正常性而在旅客心目中造成不良影响。

（2）占用航空公司的巨额流动资金，加大了企业的运营成本。2006 年年底，某航空公司的航材库存总额资金高达 11.7 亿元人民币，但实际年消耗量只有 2.8 亿元左右，占用的这部分资金周转速度极慢。企业不堪重负，在航材供应商中也产生了信誉危机。1995 年，国内几家大的航空公司普遍存在拖欠国外供应商的款项，有的拖欠款多达 3 亿元人民币。由于付款不及时，厂家采取不发货的方式予以制裁，致使航空公司缺件停场，蒙受了不少的经济损失。

（3）航材采购各自为政。由于市场机制的导向和机构改革，航材采购渠道、途径出现了多家竞争，除原来由中国航材公司独家进口，发展到三家航空集团的进出口公司取得航材进出口权外，某些航空公司的分公司又相继成立航材进出口机构进入市场，打破了原有的统一供应格局。有的分支机构甚至搞小而全，造成了一定的器材浪费。

（4）验收、核查工作薄弱。多数航材入库和出库没有进行严格的检查，这不仅给记账、核算造成困难，而且还可能出现危及安全的问题。如有些厂家发来根本不能使用的次品，由于入库把关不严，到了使用者手里才被发现，但往往时间过长，超过了索赔期。又如，有的零件存在双件号的问题，手册上有一种件号，厂家有一种件号，发货包装上未注明，收料人没经验，结果明明是同一种航材，却当作两种分别入库，结果库存量发生误差，既影响了生产又造成了浪费。

3. 加强航材管理工作，提高航空公司经济效益

（1）加强航材采购工作的管理

①抓计划搞预测是采购决策的前提

从管理的原理看，计划工作是一切经营管理、决策活动的前提，又是检验管理效益的重要依据。航材计划工作是整个航材管理的中心环节，计划工作的好坏，直接关系到成本的控制和供应水平。

树立计划的观念，确立合理的指标，要改变过去那种重采购轻计划的现象，只考虑库里“有”，而不算经济账。要防止出现“买得起马配不起鞍子”的现象，只考虑进飞机、租飞机，而对航材资金的投入缺乏计划。最好确立两个方面的指标进行约束：即年可见消耗数与年均总库存数，二者之比为30%~40%为宜，保证资金的周转速度。

配合财务部门搞好科学预测。计划是对未来经营活动的一种规划，应当对未来目标做出科学的预测，结合过去的经验做好计划。生产计划部门应根据现有的飞机架数和往年的维修数量，有计划地搞好年度订货，同维护、维修部门积极沟通信息，建立电脑联网，使第一线的工作者也能及时地掌握合同是否到，库存有多少，适航指令等信息，正确地申报合理的数量，避免了缺件和浪费的现象发生。

采用ABC管理法，对A类器材进行细致的微观计划管理。飞机航材虽然成千上万，但真正价高周转量大的并不多，可把超过10万美元的定位为A类，1万~3万美元的定位为B类，少于1万美元的定位为C类。对A类器材可根据平时的拆换率、送修周期、寿命和购置成本、储存成本、缺件成本、用量本利分析法，科学计算出经济的存储数量。对B类进行一般控制，对C类实行粗略控制。特别是对备用发动机的计划更要认真研究，要了解装机发动机状况，做到阶梯更换，防止因齐次换发，造成缺少备用发动机的被动局面，对新引进机型的首批备件订货量的确定，可采用临界方法。即由于没有经验，价贵的可先订一件，一旦出现领用时立即补充该项器材，而不能照搬生产厂家的推荐单。这方面应吸取过去的教训。

②改进采购观念和工作手段

计划是采购工作的前提，但有一个合理科学的计划并不能说明采购工作是科学、先进的，计划的实施还要体现到具体的采购工作中。

改变以年度计划统一订货的办法。这种方法在过去的条件下是必要的，但批量订货以年度来画线，间隔期太长，必然造成许多器材到货入库后有相当长时间的积压，同时也可造成航空公司流动资金的大波动，从而影响企业的正常运营。因此，可采用季度订货，临时补充订货，甚至 AOG 订货。常消耗件，可根据飞行小时、特殊维修工作等随时补充，季节因素也要考虑在内，夏天和冬天对飞机的影响完全不同，尤其是冬天，北方的气候异常寒冷，对飞机某些附件影响较大，更换率也会比较频繁，应根据经验提前订货备用。

改变只订新件的倾向，调整进货结构。长期以来，我们大多采取订新件的办法来补充库存，没有对现有的旧件（翻修件、可用件等）市场引起重视。一般一个翻新件价格只有全新件价格的 40%~50%，而其性能经过严格的测试把关，是完全能满足飞行安全要求的。如果使用这一策略，全行业每年可节约数千万元。

选择好供应商是关键。供应商的选择不仅关系到价格、交货期，也关系到产品质量和供应能力。我们通常订货都根据手册向原厂家订购，但一般原厂家都是计划生产，交货期长，最长 270 天，最短 90 天，一般 180 天。为了不影响正常飞行，只好向中间商订货，而中间商索要的价格是厂家的 2 倍，甚至几倍。现在全世界有几千个航材供应商，再加上无数的代理商，它们每时每刻都在观视着中国这个巨大又幼稚的航空市场，我们应选择那些能提供给我们优惠的价格、良好的周期、优厚的售后服务的供应商来订货，才能保证公司经济不蒙受损失。

积极开发国内市场。国内航空公司的维修基地，国内航空工业总公司的附属机构，这些年都在加强与国际间的技术、服务交流和合作，许多厂家也具有相当的维修能力，而且价格比国外便宜得多，例如，APU 国外送修需 7 万美元，而国内只需要 35 万 ~38 万元人民币，而且还免费运输。因此，送修工作应立足于本国，在取得 FAA 许可证和适航协议的前提下能送国内不送国外。这样，一方面可为航空公司节约资金，减少不必要的税项和运输时间；另一方面也支持了国内民航工业的发展。

大力加强计算机管理，提高管理水平。通过完善计算机管理，实施网络化，使航材管理纳入科学、规范、高效化管理轨道，为航空公司各成员企业内部实现统一计划、统一调拨打下基础。

③积极开展推销工作，缓解资金的紧张和浪费

由于航材库存占用巨额资金，而飞机的更新速度又在加快，使得处理和变卖多余器材的工作越来越重要。过去中国民航的航材多随飞机报废（退役）而就地报废，多数没有及时清理变卖。如安 -24、运七、三叉等，退役后留下很多器材，三叉退役报废的器材达亿元。如不及时变卖，不仅会损失大量的资金，还会占用原本就紧张的库房。

推销的方式和渠道可以是多样的，波音公司在与用户签订购机合同时，就给予用户一项权利，即，若波音公司首批推荐的零备件在到货三年后用户没有使用过就可由波音公司原价买回，但超过时限的则只能按 30% 原价买回。所以，对数额大、附件相对较新的零备件可采用此法。但也可以将多余器材在国内市场或国际市场上推销或出租。当然这一措施也要付出代价：其一是可能在该器材售出后有可能又发生缺件现象；其二是利息损失、折价损失和关税损失。因此，加强订货计划性才是解决这一问题的根本途径。

（2）提高维修能力，加强对维修工作的管理

飞机维修工作与航材供应工作是密切相关的，这不仅是因为维修单位是航材的使用者，就航空公司内部而言，维修水平及责任心的高低也直接影响到航材的储备数量。

①有计划地提高维修水平和维修能力

一方面需要努力提高航空公司本身的维修能力和自修能力，减少外送修理件数量，节约外汇和缩短周期；另一方面要提高维修质量和水平，特别是提高排故的水平。

②重视送修工作

送修工作在整个计划和航材供应工作中占有十分重要的地位，它体现了周转件的性质。周转时间过长，无形中迫使订货数量增加。因此，加强维修和跟踪十分必要。另外，有些附件虽然买来时是全新的，但往往没有达到使用时限就磨损下来，还在索赔期内，因此，要开展索赔工作为航空公司争取应得的利益。

③加强对送修工作的监控

送修管理工作既属商业行为，又有很强的技术要求。某些外商往往采用各种各样的手段多收费，如不该换的换新件，既省时间又可多收费。也有的为了

揽生意接下自己维修能力以外的任务，还有的乱记账、多收费。这些情况国内的用户往往很难发现。因此，对修理管理可采取几种办法：一是不可一家送，多家竞争。二是从合同上把好关，堵塞漏洞。三是注意质量跟踪。四是对修理费用进行复查。某公司对外方修理厂修理费用复查，检查出该厂商多收 10% 的修理费，可见修理费成本的挖潜十分可观。

④保证重点项目、减小航材压力

各航空公司的维修项目很多，从麦道、波音到空客，每年都上马许多扩修扩制项目。如果项目搞得面面俱到，必然会给航材资金带来压力。所以，要立足加强修理深度，减小宽度，保证成熟的修理项目，这样，既可保证产值又可减少航材压力。

（3）加强航材库存管理，更好地为生产服务

①严把收料关，抵制次品流入

航材入库后要经过严格检查，遇到厂家发来的货件号不对、数量不对或质量不合格，要及时退回，合理索赔，不使航空公司蒙受不应有的损失。

②掌握库存，合理组织订货

虽然每个库都有上万项航材，做到对每一项都心中有数，也不大可能，但常用件的库存量应适当掌握。一旦发现短缺，马上补充订货。另外，使用者临时补充的订货申请单，一定先查一下库存，看库存量是否满足需用量，还差多少，然后再按合理的数量采购，这样既节约了资金又避免了浪费。

③根据手册，正确、系统地分类航材

一个备件属于哪种机型，它有几个件号，这在手册上都有记载。保管者可根据手册，对备件依次进行分类，这样，使用者查询起来一目了然，可节省时间提高效率。

④建立最低库存量

根据修理经验，对每项备件都设立一个最低储备量。即只能满足使用者很短时间的库存量。一旦库存量低于最低储存量，应马上追加订货，以保证生产的正常运行。

⑤计算机管理库房

库房的备件成千上万，如果光凭人为管理，难免有疏漏，只有使用计算机管理，才能使库存管理更准确、更系统、更科学。

综上所述，加强航材管理是提高航空公司经济效益的重要环节，航材管理作为成本管理的重要组成部分在航空运输企业实现“两个转变”的进程中影响很大。

任务三　机场运行保障服务

一、机场的主要设施与地面保障服务

规模较小的航空港又称航空站，航空港由两部分组成：供飞机安全起降和滑行的向空面；为航空运输提供客运、货运和邮运服务的向陆面。现代化航空港向空面的主要设施包括：供飞机起飞和降落的跑道；空中交通管制塔台；引导飞机昼夜着陆用的目视助航设备、进场导航设备、精密仪表着陆系统；供飞机在运行繁忙时增加飞机通过量的上下行平行滑行道和快速滑行道。现代化航空港向陆面的主要设施包括：旅客候机楼、货栈、停机坪、停车场、飞机维修厂、油库、救援消防中心、航空食品公司和机场旅馆等（见图 11-5）。

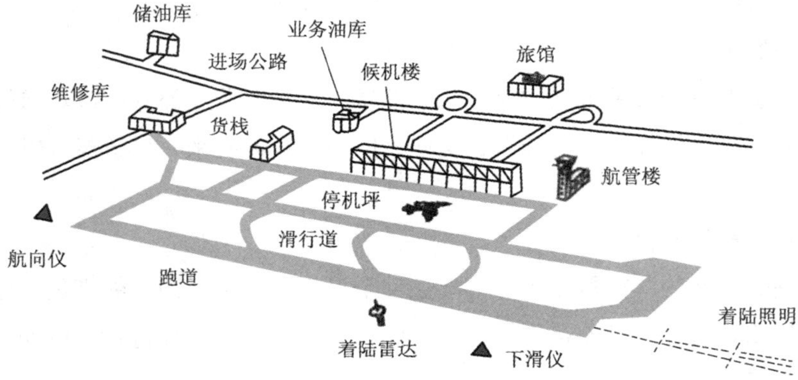

图 11-5　机场主要设施

现代化航空港的设施为飞行安全和旅客获得最大限度的便利和舒适提供了

条件。向空面采用最先进的空中交通管制和着陆系统。向陆面采用与飞机直接相连的活动登机桥（近机位用）和能升降的登机车（远机位用），使旅客登机时免受风吹、雨淋和日晒；采用电子磅秤、传送带、行李自动化分拣系统、行李转盘等处理进出港行李，缩短旅客交运和领取行李的时间；采用电脑控制的飞行动态板和闭路电视，使旅客和各种业务的工作人员及时了解进出航空港飞机的动态；采用自动步道和扶梯以减轻旅客携带行李长距离步行和上下楼梯的劳累。

（一）机场

1. 机场的位置

机场位置选择的基本条件是：

（1）地势平坦或比较平坦，周围没有妨碍飞机进场的障碍物；

（2）土壤结构适于建造具有一定承载能力的跑道、滑行道、停机坪；

（3）常年风向适于决定跑道的方向；

（4）雾、霾（主要由工业微尘造成）较少，能保证适宜的飞行能见度。此外，机场位置的选择还须考虑对城市发展、道路系统的影响，因为机场可能使交通运输量大大增加和带动工商业的发展，还会给居民带来使人烦恼的噪声等。选择机场位置往往还要考虑机场本身的发展。

2. 飞行场地

飞行场地通常包括跑道、滑行道、保险道、迫降场和停机坪等。机场一般设有一条至数条跑道，保证飞机至少能从相反的两个方向起飞和着陆。主跑道一般是沿机场所在地区的常年风向修建的。根据机场用途、机场所在地区的海拔高度和气温的不同，跑道长度一般为 1000~5000 米，宽度为 45~100 米。跑道道面分为土质、草皮、碎石、沥青、水泥等几类。水泥跑道为硬式道面，它能将所承受的飞机载荷分布在大面积上；其余为非硬式道面，抗弯曲能力差，但抗压。除轻、小型飞机可使用非硬式道面外，多数机场都采用硬式道面。道面要求平坦，地表水能自动排走，对纵、横方向最大允许坡度有专门的技术要求。跑道两端和两侧有安全地带，称端保险道和侧保险道，用以防止飞机在起飞、着陆时因中断起飞等原因而冲出跑道或提前接地，或偏离跑道造成事故。保险道经碾压修整，土质坚实，场面平整。滑行道连接跑道与停机坪，供飞机滑行或牵引之用。滑行道依使用要求分为平行于跑道的主滑行道和连接跑道与主滑行道的联络道。机场内的迫降场，设于主跑道的一侧，是经平整、碾压的土质场地，长度与跑道相同，供飞机放不下起落架或其他紧急情况下被迫着陆使用。停机坪是为停放、维护飞机和进行地面准备而铺筑的场地。滑行道、停机坪的道面要求与跑道相同。

3. 技术和生活服务区

技术和生活服务区包括为保证飞机持续和安全可靠飞行而设置的各种设施和建筑物，如飞机修理厂、机库、储油库、飞机航材仓库、气象站、航空港候机服务建筑、空中交通管制塔台以及相应的通信、导航、雷达设施等，还有为保证机场正常工作所必需的供水、供电、供气、消防、救护等设施，如图11-6所示。

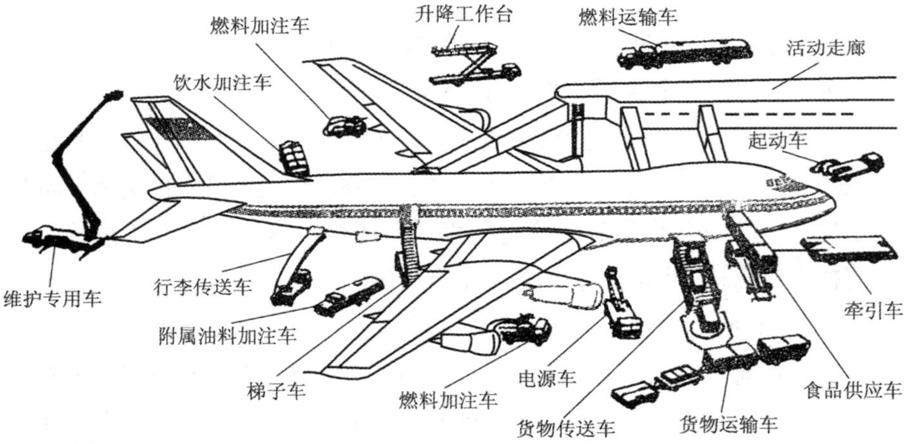

图 11-6　机场地面保障设备

4. 空中进入区

起落航线的空中进入区是沿起飞、着陆方向紧靠跑道两端的空域。为保证飞机在复杂气象条件下安全准确地进场着陆，现代民用航空广泛使用仪表着陆系统（见无线电控制着陆），军用航空广泛使用地面指挥引进系统。仪表着陆系统由航向信标、下滑信标和沿跑道中心线设置的内、中、外指点信标台三个部分组成。

（二）地面灯光设备

为保障飞机在夜间和昼间低能见度条件下起飞、着陆，飞行场地一般还设置助航灯光信号设备。灯光信号设备通常包括跑道灯、跑道端进入灯、滑行道灯、下滑灯、“T”字灯、风向指示灯、机场灯塔等不同亮度、不同颜色的灯具和控制设备。

地面灯光设备的作用是用于在夜间或雾天向飞行人员传送灯光信息，供其起飞、判定空中位置、进入机场和着陆，以保证飞行安全。灯光设备以颜色标志、灯光图案和闪烁情况组成所谓灯光语言，发送出一定的信息。常用的灯光语言已被联合国国际民航组织规定为全球通用语言。机场的地面灯光设备通常分为障碍灯、机场灯塔（机场识别灯）、跑道识别灯、风向灯光指示器、进场灯、下滑灯、跑道边界灯和滑行指示灯等。

1. 障碍灯

表示有危险、不许通过的红色障碍灯，装在飞行区域的制高点上，如山顶、塔顶、烟囱顶、高层楼房顶。高度在 50 米以下的障碍物，顶上仅装一红灯。超过 50 米的障碍物则装一串红灯，以表示其立体高度。机场附近的高架桥梁也在一连串的制高点上装以红灯，表示桥的跨度。

2. 机场灯塔

飞行员飞达目的地需要准确判明机场所在位置。机场灯塔就是飞行员从远处首先要找到的目标。它是一种亮度很强的闪烁发光设备。民航机场的灯光是白—绿—白—绿相间，每分钟闪烁 12 次。机场若靠近水域，则将绿色改为黄色。有的国家军用机场把一次白色改为快速发两次白色，成为白、白—绿—白、白—绿。白天机场灯塔闪烁不停，表示能见度和云底高都很差，需要按仪表飞行进场。

3. 跑道识别灯

飞行员必须在进入跑道前很早就看见跑道，这样才有充裕时间做好进场准备。如果机场周围房屋和建筑物很多或机场就在大城市附近，则更须提前看见跑道。跑道识别灯是装在跑道两端地面上的亮度很强、闪烁频率很高的灯光装置。大型机场可能有多条跑道，为使飞行员找到降落的跑道，这时其他跑道上的跑道识别灯全都关闭。

4. 风向灯光指示器

它实际上是风向标，夜间飞行期间一直亮着。

5. 进场灯光

在一般情况下，飞机到达机场后以机场两端的跑道识别灯连线为中心，绕场一周，然后对准跑道，渐渐降落。但当天气特别坏时，则须直接对准跑道降落。为此，在一些大型机场设置有灯光进场道。它是跑道的延伸，飞行员可以驾驶飞机沿此进场道逐步靠近地面，直至进入跑道。进场道的长度有时可达1000 米，宽度与跑道相当，全由灯光组成。先是一排排装在跑道中心线延线灯架上的白色进场灯，过了进场道约 2/3 地段后是排成棋盘状的白色进场灯，最后是一排红色的进场道尾灯，表示离跑道进口只有 20 米左右的距离。此后飞行员就飞进一排绿色的跑道端进入灯。这是一套比较复杂的灯光系统，实际上各机场所用的进场灯光并不完全相同。但总的目的都是用灯光向飞行员指示进场道的中心线、进场道的起点和跑道起点。

6. 下滑灯

下滑灯指示飞行员下滑角是否正确。跑道两侧装有两组灯光，一组是距跑道端约 250 米的近距灯；另一组是距跑道端 400 多米的远距灯。这些灯同时发出红、白两色光。当飞行员下滑角合适时，他看到的是白色的近距灯和红色的远距灯。当他的下滑角过大时他看到的灯光是白色的，而下滑角太小时看到的下滑灯是红色的。

7. 跑道灯

白色的跑道灯装在跑道两侧边界，它们告知飞行员跑道的宽度。跑道灯亮度不太大，因为这时跑道已离得很近，飞行员已能看清。跑道两端的进口则是绿色的进入灯。较好的二级机场还有比较亮的跑道中心线灯和装在中心线两边的接地灯。

8. 滑行道灯

滑行道灯类似一般的路灯。在通向跑道的进出口都有蓝色信号灯，指示飞行员从哪里进出滑行道。

（三）塔台

塔台是机场或航空港内指挥飞机滑行、起飞、着陆和实行空中交通管制的设施，又称管制塔台或指挥塔台。塔台的高度因机场规模不同而异。一些大型机场塔台的高度可达 60 米以上，居高临下，能俯视全机场。塔台通常是独立的塔形建筑物，有的则建在候机楼上。塔台的顶层一般用玻璃围成。现代的塔台为了防止天气变化时玻璃结露，采用双层气密玻璃窗，内充氮气。有的塔台为防止阳光照射和雨淋，玻璃上边沿都向外倾斜 15° 左右。顶层内设有管制雷达的荧光屏、通信设备、电视和计算机等。飞行指挥（管制）人员在顶层工作。塔台对飞机活动的指挥主要有三个方面：

（1）引导飞机起飞和管理距机场一定距离范围内的飞行活动；

（2）引导飞机进场着陆，如因某种原因暂时不能接受飞机进场着陆时，则可令飞机在某一空域内的某一高度上做等待飞行；

（3）指挥飞机在地面上的滑行。塔台与飞机之间的通信联络主要使用无线电通信设备（高频、甚高频和超高频电台）。塔台内还配有能连续或断续发射白色、绿色或红色光信号的强光信号枪，作为辅助指挥手段。

此外，塔台上还配有必要的气象观测仪器和自动磁带记录仪，为判定飞行指挥情况和分析意外情况提供重要的依据。

（四）航空气象设施及服务

航空气象包括航空气象学和航空气象勤务两个方面。航空气象学是为航空服务的一门应用气象学科。它针对航空中所提出的关于气象方面的要求进行研究。航空气象勤务则是将航空气象学的研究成果有效地运用于航空气象保障中。航空气象的主要任务是研究气象要素和天气现象对航空技术装备和飞行活动的影响，组织以预报为主的有效的气象保障，保证飞行安全和顺利完成飞行任务。航空气象还包括航空气候统计和区划，航空气象资料的整理编制、存储和检索等内容。航空与气象的关系非常密切，不仅许多航空事故与气象有关，而且气象还直接影响飞行。

1. 发展简况

20 世纪 20 年代为了满足飞行器设计的需要，美国首次编制了“标准大气”（见标准大气）。30 年代，同温层飞行成功，促进了航空气象的发展，许多气象探空站和探空火箭站建立起来。高速飞机的出现和远程乃至全球飞行（经空中加油）的成功，对航空天气预报的时效要求更高，提出获取全球范围气象情报的要求。航空气象开始采用先进技术，建立地面气象雷达站，并通过气象卫星开展全球数值天气预报业务。近几十年以来，航空运输量急剧增加，航空气象保障又进一步向自动化和系统化方向发展。有的机场已改用电视信道连续不断地提供气象情报。但是，晴空湍流、低空风切变、中心尺度天气、恶劣能见度等仍还威胁着飞行的安全，成为现代航空气象亟待解决的课题。

2. 航空气象服务机构

航空气象勤务通常由航空气象观测哨、机场气象台（站）、区域航空管制中心气象室和国家范围的航空气象中心等各级组成。根据民用和军用的不同需要，各国一般都有民航和空军两套航空气象服务机构。世界性的航空气象服务机构有国际民用航空组织的区域气象中心（如欧洲区、亚洲区等）。

3. 航空气象技术装备

主要包括航空气象观（探）测设备、气象情报传递和终端设备、各类计算机以及一些特殊装备。气象卫星和气象雷达是现代重要的航空气象设备。气象卫星能提供可见光云图、红外云图、空中风场、高空急流位置和强度、气温和水汽的垂直分布等。通过对卫星资料的分析，可获得准确的国际航线大气风暴的预报，从而使远程航行的意外事故大为减少。气象雷达包括测风、测云、测雨等多种类型，其中测雨雷达是掌握对飞行安全威胁严重的强对流天气的有效工具。

4. 航空气象情报

航空气象情报主要有各种观（探）测资料，包括空气温度、湿度、大气压力、风向、风速、云和能见度等实测数据，以及气象卫星资料和气象雷达图片等。此外还有各种天气报告和航空天气预报、各种航空危险天气警报和通报等。这些情报是实施气象保障的基本依据，其中航空天气预报是直接提供给空勤人员和航空管制部门的重要气象情报。现代航空天气预报正向客观化、定量化和短时化方向发展。

5. 航空天气预报

航空天气预报的内容主要有风、云、能见度、雷暴以及飞机积冰等，按范围分为航站（机场）天气预报、航线天气预报和航区（区域）天气预报。预报的时限随任务需要而异，通常以 0~6 小时的短时预报和 24~36 小时的短期预报为主。服务对象主要是空勤人员、飞行指挥员和空中交通管制人员。

（1）航站（机场）天气预报

它是指以机场跑道为中心的视区范围内航空天气预报。内容包括提供飞机起飞、着陆所需的气象要素和天气现象的预计情况，如地面气温、气压、风向、风速、云状、云量、云高、跑道能见度以及雷暴等。有一种航站天气预报是定时发布的，每日两次，即每天 12 时和 24 时各一次。另一种是根据飞行任务需要随时提供的。世界上已有不少机场专门开辟了机场天气预报广播业务，使航站天气预报能够不间断地发布给空勤人员。

（2）航线天气预报

它包括起降航线和空中航线两侧 25 公里范围以内的天气预报。具体包括飞行高度上的风向、风速、气温、云量、云状、云高、能见度、天气现象（雾、雷暴、降水等）和积冰等。航线预报通常在起飞前 1 小时由起飞航站气象台向机组人员提供，有效时限至预计飞行结束后 1 小时为止。航线天气预报一般只用飞行天气报告表的形式发布，但当航线很长、天气变化复杂时，还附上航线天气剖面图。

（3）航区（区域）天气预报

它是指飞行管制区航空气象业务部门发布的天气预报，一般用天气预报图的形式发布。除此之外，对于航空危险天气还及时发布通报或警报。其内容主要是预报危险天气的起止时间、强度、原因及其未来的变化等。

二、机场应急救援服务

11

视频微课

（一）机场应急救援概述

1. 机场应急救援的范围界定

机场应急救援是指对民用运输机场及其邻近区域内发生的各种紧急事件做出快速反应，采取适当措施，避免或减少人员伤亡和财产损失。机场及其邻近区域内系指机场围界以内及距机场基准位置点 8 公里范围内的区域。紧急事件是指航空器或机场固有设施发生、可能发生严重损坏及导致有关人员伤亡的情况。在这一区域内发生的紧急事件，可以按照《民用运输机场应急救援规则》执行；在这一区域外发生的紧急事件，不属于机场应急救援的范围，应该按照

《中华人民共和国搜寻救援民用航空器规定》执行。

2. 紧急事件分类和应急救援等级

机场紧急事件包括航空器紧急事件和非航空器紧急事件。

（1）航空器紧急事件。主要包括：航空器失事，航空器空中故障，航空器受到非法干扰（包括劫持、爆炸物威胁）；航空器与航空器相撞，航空器与障碍物相撞，涉及航空器的其他紧急事件。

（2）非航空器紧急事件。主要有：对机场设施的爆炸物威胁，建筑物失火，危险物品污染，自然灾害，医学紧急情况，以及不涉及航空器的其他紧急事件。

根据上述航空器紧急事件和非航空器紧急事件分类结果，航空器紧急事件的应急救援等级分为三种：

（1）紧急出动。已发生航空器坠毁、爆炸、起火、严重损坏等紧急事件，各救援单位应当按指令立即出动，以最快速度赶赴事故现场。

（2）集结待命。航空器在空中发生故障，随时有可能发生航空器坠毁、爆炸、起火、严重损坏，或者航空器受到非法干扰等紧急事件，各救援单位应当按指令在指定地点集结。

（3）原地待命。航空器空中发生故障等紧急事件，但其故障对航空器安全着陆可能造成困难，各救援单位应当做好紧急出动的准备。非航空器的紧急事件应急救援不分等级。

3. 应急救援机构

每个机场应当成立机场应急救援领导小组，并设立机场应急救援指挥中心，作为其常设的办事机构。机场应急救援领导小组是机场应急救援工作的最高决策机构，由当地人民政府、民航地区管理机构或其派出机构、机场管理机构、空中交通管理部门、有关航空器营运人员和其他驻场单位共同组成。机场应急救援指挥中心（以下简称“指挥中心”），负责日常应急救援工作的组织和协调，根据机场应急救援领导小组的授权，负责组织实施机场应急救援工作。指挥中心总指挥由机场管理机构最高领导或其授权的人担任，全面负责指挥中心的指挥工作。指挥中心对机场应急救援领导小组负责，报告工作。

（二）应急救援计划

1. 应急救援计划的含义

应急救援计划是应对机场救援范围内各种紧急事件的行动方案，是针对可能发生的重大事故及其影响和后果的严重程度事先所做的详细安排，是及时、有序、有效开展事故应急救援的行动指南。我国民航法规要求机场管理机构应当制订机场应急救援计划，并负责机场及其邻近区域内各种紧急事件应急救援的全面协调。

2. 应急救援计划的内容

机场管理机构依据本规则制订的应急救援计划应当包括下列内容：紧急事件的类型和应急救援的等级；各类紧急事件的通知程序和通知事项；各类紧急事件中所涉及的单位及其职责；残损航空器的搬移及恢复机场正常运行的程序；机场所在城市、社区应急救援的潜在人力和物力资源明细表和联系方式；机场及其邻近地区的应急救援方格网图。

3. 应急救援计划的要求

制订应急救援计划应当考虑极端的冷、热、雪、雨、风及低能见度的天气，以及机场周围的水系、道路、凹地，避免因极端的天气和特殊的地形而影响救援工作的正常进行。应急救援计划中应当明确规定应急救援互助单位的权利和义务。飞行区等级为 4D（含）以上机场的应急救援计划应当报民航局审批，其他机场的应急救援计划报所在地区的民航地区管理机构审批。应急救援计划的修改应当报原审机关备案。应急救援计划应当征求当地人民政府救灾机构的意见。

（三）消防救援

1. 消防保障等级

消防救援的主要目标是在紧急事件中拯救人员生命和扑灭火灾。国内机场的消防保障等级是依照民航行业标准《民用航空运输机场安全保卫设施建设标准》确定的，具体硬件设施的配备标准执行民航行业标准《民用航空运输机场消防站装备配备》。机场的消防保障等级按照机场起降的最大机型长度、宽度划分为 10 个等级。

2. 机场消防站

机场消防站是设立在航空器活动区适当位置，具有相应的消防设备，承担发生在机场或其紧邻地区的航空器事故或事件救援和消防服务的机构。3 级（含 3 级）以上机场应设立消防站，机场消防站车辆配备根据机场消防保障等级确定。

3. 航空器灭火

航空器发生火灾时，会给机上人员生命安全造成极大危险，扑救火灾时要冷却、破拆、排烟并举，主要灭火剂与辅助灭火剂并用，以最快速度扑灭火灾。航空器不同的部位发生火灾，其灭火的方法、所用灭火剂也不同。

4. 跑道喷施泡沫

航空器在跑道迫降时，对跑道喷施泡沫理论上可以起到减少机身和跑道摩擦引起的火花，降低航空器结构损伤，降低机身和道面摩擦系数，减少泄漏燃油起火危险等作用。但是也有研究认为喷施泡沫不能明显产生上述理论上的效果。

实践中，跑道喷施泡沫应注意以下问题：喷施的泡沫类型一般只能使用蛋白质泡沫；泡沫宽度对于 4 发喷气机应大于内侧发动机宽度，对于螺旋桨飞机应该大于外侧发动机宽度；泡沫长度根据起落架失效的位置和飞机的构型不同在 450~900 米之间；国际民航组织推荐的泡沫的厚度为 35~50 毫米。此外应特别注意正确确定喷施泡沫的起始位置和喷施泡沫的时间。

（四）医疗救护与人员安置

1. 伤员鉴别分类

伤员的鉴别分类是指根据受难者伤势进行分类排序，以决定治疗和运送的先后次序。受难者可以分为 4 类：Ⅰ级表示迅速救治，Ⅱ级表示暂缓救治，Ⅲ级表示略加救治，Ⅳ级表示已死亡。

受专业训练的救护人员到达现场后应立即着手初步分类，尽最大努力确保重伤员最先得到救治，并在稳定后优先用救护车送至医院治疗。

2. 伤员鉴别标签

伤员标签的标准化应通过颜色编码和符号使其尽可能地简单，标签有助于在分类的情况下加快对众多伤员的救治，从而加快伤员疏散至救护区域或医院。

在伤员标签中，数字和符号表示对伤员医疗级别的分类，具体含义如下：

Ⅰ级标签：表示迅速救治，使用有罗马数字Ⅰ和兔子符号的红色标签；

Ⅱ级标签：表示暂缓救治，使用有罗马数字Ⅱ和乌龟符号的黄色标签；

Ⅲ级标签：表示略加救治，使用有罗马数字Ⅲ和无须救护车符号的绿色标签；

Ⅳ级标签：表示已死亡，使用黑色标签。

在没有标签时，可以在胶带上用罗马数字来区分鉴别伤员，或者直接在伤员额头或其他皮肤暴露区域做标记，以标明伤员级别和治疗需要。

现场救护应当遵循以下原则：必须在失事现场使重伤员稳定；应避免在重伤员安定之前进行转移。

3. 受伤人员流动的控制

通常在失事地点以外的安全地方划出一块区域，用来临时安置事故现场人员。该临时区域被划分成 4 个子区域，这些子区域应该被仔细定位并易于辨认。

集合区：用于重伤员的安置，该区域的建立基于失事类型以及失事地点周围环境。在此区域，受难者从消防救援人员手中转移到医疗机构，但大多数情况下，这种转移在伤员分类鉴定区进行。

分类区：应设立在失事地点上风位置至少 90 米以外，以避免烟火伤害，根据现场需要可设立多个分类区。

医护区：根据伤员三种分类分为三个区域，即Ⅰ级迅速救治区，Ⅱ级暂缓救治区，Ⅲ级略加救治区。为便于辨认，可以分别用红色、黄色、绿色标志旗或标识牌表示。

转移区：转移区是用于登记、派送和疏散生存者的区域，设置在医护区和出路之间，通常只需设置一个转移区。

（五）残损航空器搬移

航空器发生事故后，如果残损航空器妨碍了其他航空器或机场的正常运行，那么就需要将其迅速搬至指定位置。

1. 残损航空器搬移责任与收费

残损航空器的搬移责任归航空器所有人或运营人，机场负责航空器搬移的组织工作。在航空公司不具备迅速提供搬移方案和相关后勤支持能力时，机场应负责组织搬移残损航空器，航空公司参与并给予技术支持。

残损航空器的搬移费用一般由航空公司承担，收费标准一般可以参考国际上在机务维修方面的收费标准来核算。

2. 残损航空器搬移计划

为保证残损航空器搬移工作有序、有效进行，国际民用航空公约附件14—机场部分建议，建立一个在机场活动地区或其邻近地区的残损航空器搬移计划。该计划应基于通常可能使用该机场的航空器的特性，包括以下几个方面：搬移工作所需有效的设备和人员清单，清单应包括所需重型设备或特殊装置的类型和存放地点，以及设备到达机场所需的时间等；进入机场所有地区的路线、路况；残损航空器搬移的机场方格网图；搬移工作的安全保障措施；其他机场可获得的航空器回收设备；航空器制造商提供的通常使用该机场的各种机型的航空器资料；可执行修路和其他任务的人力资源信息；航空器放油程序；后勤物资清单。

3. 搬移计划的实施

搬移残损航空器具有一定的复杂性和责任性，需要考虑到所有工作人员的安全，同时要保证航空器不受再次损坏和跑道关闭时间最短。搬移计划实施时应充分注意以下几个方面：为使航空器总重量减少到最小，应将货物移走并放干航空器油箱；为防止起火，应切断电源并关闭氧气瓶，保持航空器内部通风；对航空器拍照和录像，已损坏或分离的部分也应当拍照，还应包括反映驾驶舱内开关和控制键状态的照片；顶升及搬移过程中应当确保航空器栓系牢固，操作可靠，同时应保持和空中交通管制部门的联系，确保安全。

（六）机场的临时关闭与恢复运行

机场管理机构应当依据《民用机场使用许可规定》的有关要求，就机场、跑道、滑行道、机坪关闭或临时关闭部分跑道、滑行道、机坪制定具体管理规定，管理规定应当明确可能导致机场关闭的各种因素、导致机场关闭的因素的现场确认程序及人员、有权决定机场关闭的人员、与空中交通管制部门沟通协调及航行资料的发布程序等内容。临时关闭机场、跑道（或临时关闭部分跑道、滑行道、机坪），应尽可能减少对航空器正常运行的影响，并应当立即采取积极措施消除相应因素，在最短时间内恢复相应设施的运行。关闭的跑道、滑行道、机坪或其中一部分，无论是永久性的还是临时性的，都应当按照《民用机场飞行区技术标准》设置相应的标志标识。

上述可能导致机场临时关闭或限制运行的因素主要有：机场地面运行超负荷；发生航空器紧急事件；自然灾害；机场区域内建筑物失火；遭受非法干扰；飞行区异常；发生紧急医学事件等。

在决定采取机场关闭、限制运行或恢复运行前，机场管理机构应对事件或事故现场进行必要的检查和安全评估。通常，在引起临时关闭的因素消失或减小后，由做出关闭决定的机构下达恢复运行的决定。

案例

安装和检查不当，导致飞机失事

1999 年 2 月 24 日，XYZ 航空公司的一架 Ty-154M 飞机在执行成都至温州航班飞行时，机组发现飞机纵向操纵性能异常，于是采取了向中央油箱输油的措施，在飞机下降过程中，又让旅客向前坐，后来又让乘务员集中到前面，有的进入了驾驶舱，试图通过调整重心来改变飞机的操纵性能，结果无效，最后飞机变得无法操纵，在温州地区坠毁，机上 61 人全部遇难。与这次飞行事故有关的情况描述如下：

B-2622 系 Ty-154M 型飞机，1990 年 8 月出厂，出厂序号 846，总飞行时间为 14135 小时，7748 次起落。该机于 1995 年 4 月至 10 月在俄罗斯 4×× 号厂完成第一次大修，大修后使用 5186 小时，2808 次起落。动力装置未发现异常。

经过对事故飞机的语音记录和飞行记录器译码分析，模拟试验和损坏残留件分析，查清了事故原因。驾驶舱语音记录器信息反映，飞机俯仰系统出现了故障；飞行记录器译码分析表明，驾驶杆和升降舵的线性变化不符合设计规律；在事故调查中发现，纵向操纵系统的 λ_3 拉杆从飞机上脱开，而且 λ_3 拉杆与 135 摇臂的连接有异常现象。事故原因最大可能是在大修中安装了不符合规定的紧固件，在维修中多次检查未能发现，在正常飞行中螺母旋出，连接螺栓脱落，初期依据塔铁带的连接和拉杆与摇臂的碰撞，仍可影响飞机的姿态，最后在放起落架过程中，俯仰操纵完全失效，飞行员无法操纵，导致飞机坠毁。

现将调查中发现的与这次事故有关的飞机大修厂、航空公司维修单位以及飞机设计方的情况分述如下：

一、飞机大修情况

该机于1995年10月从俄罗斯4××号修理厂大修返回。在大修厂调查中了解到以下情况。

1. 在大修过程中，升降舵操纵系统并没有全部从飞机上拆下，但λ3拉杆与135摇臂都曾拆下检查并进行了重新安装，出厂前，修理厂按规定完成检查，均未发现异常，该厂大修的飞机，有的对操纵系统进行了照相，但该机没有照相记录。

2. 大修后的水平测量记录表明，水平安定面在–8°30′时，升降舵向下偏角规定为20°30′±1°，实际值左边为19°10′，右边为19°00″，不符合标准，但没有发现有评估记录和说明。

3. 大修现场检查发现，修理后重新装回拉杆和λ3摇臂时，螺栓和螺母是现场由安装者从零件盒中拿取的，而不是按部位配件后发给安装者，零件盒中存放有各种螺母，其中也有自锁螺母，但未见到M8螺母。

4. 1994年6月适航部门对该厂进行维修许可复审前，中国用户反映该工厂的修理质量问题多，有错装、漏装造成的使用故障报告。B-2622是审查后第一架送该厂大修的中国用户的飞机。

5. 在B-2622飞机的大修合同中，对接收组规定的机务检查项目少，时间短，接收组机务成员全部由车间人员组成，在接收检查时，未提出补充检查要求，不能有效检查飞机的修理质量。在飞机返回基地后的适航检查中，发现10多个应补充或纠正的项目，其中大多数属修理方责任。

6. ××厂在分析事故时，提供的装配图表明，λ3拉杆和135摇臂连接的螺栓长度为40mm（螺栓件号为1302HC-7-40），比设计局给出的以及实物测量的短了2mm。

与该螺栓配套的其他零件是：1303HC-7（花螺帽）；3402A-0.5-7-12（垫片）；1.6×20-002TOCT397-79（开口销）。

若装配时根据上述图纸安装了短螺栓，有可能临时安装M8自锁螺母，或者已安装的花螺母和开口销，但由于螺栓长度短埋下了隐患。

二、定期维修检查情况

1. 在事故调查中，自1995年9月大修返回至事故发生，没有发现维修单位对操纵系统进行过任何拆装工作。

2. 按照制造方的维修要求，对 Ty-154M 飞机操纵系统的检查，应按照工艺规程 02.027.08 项目（以下称工卡号）每隔 300 飞行小时进行定期检查（Φ1 型定期维修），维修单位按照自订工卡要求，每 300 飞行小时进行一次检查（Φ1 型定期工作）。该机从大修出厂至失事前共进行过 20 次检查。最后一次 Φ1 型工作后，该机飞行了 111 小时，58 次起落。

3. 该单位将 02.027.08 工卡，区分为机械和电气二种。最初的 02.027.08 工卡是按照俄文翻译统一打印后使用的，其内容如下表所示。

02.027.08 工卡的内容

项目	项号 / 工艺卡号	工作内容	工作者	检查者
8	02.027.08 027.00.00.P 027.00.00.Щ 027.00.00.H （必检） 必检	查看： ——弹力加载器、弹簧拉杆、随动拉杆、负荷器接通机构、调整片机构及其固定支架和摇臂。 ——拉杆、支架、出口密封套以及飞机操纵系统各拉杆的导向滑轮。 ——舵面传动装置 PП-56、PП-55-2A、PП-57、PП-58 及舵机 PA-56-1。 确认：零件无损伤，没有锈蚀、可拆接头保险完好，拉杆摇臂连接处无超限磨损，各搭铁带没有断丝，各舵机的舵面传动装置连接处无渗漏工作液体。		

后来，改用计算机管理，将总的要求“确认”列在了第三项工作的后面，成为该项工作的一部分，改变了对前两项工作的要求，该飞机翻修出厂后按这种工卡检查过 18 次。

最后，该公司重新编写了维修方案。主要更改有名称定为“查看舵面操纵机构”，工时定为“1 小时”；工卡中的工作区域定为“尾翼和大翼”，增加了检查 PП-55-2A 助力器拧紧螺帽力短的要求，要求工作者分三项签字，同时纠正了总要求归属第三项的差错。

上述方案中，将“可拆连接处”保险良好改为“结合处”保险良好，超过了制造方的要求。B-2622 飞机使用此工卡完成了最后二次 Φ1 型工作。

4. 飞机的维修工卡是按系统（如 02.027.08）给出的，而车间的维修工作是按部位（如发动机和尾翼、大翼和机身、技术舱和起落架等）分工的，工作结束后，仅由某小组的两个人签字，这是该维修单位长期以来的做法。如该机事故前的一次Φ1检查，尾翼是由栾某等四人完成的，而签字者却是完成大翼工作的张某和赵某。

5. 适航规章§25.607条指出："使用过程中经受转动的螺栓都不得采用自锁螺母……" Ty-154飞机的操纵系统转动部位的连接，是专门设计的Φ7螺栓和花螺帽，并用开口锁保险。该维修单位很多持有执照的维修人员不了解这些要求，有些人不知道自锁螺帽的使用范围。该单位有位老同志指出，自锁螺帽不能用在操纵系统的转动部位，"这是最一般的常识"，但是很多持照人员不具备这些常识。经进一步了解，基础执照和Ty-154飞机机型执照的培训大纲中，都没有操纵系统必须要安装花螺帽和开口锁的要求，缺少"标准工艺""拆装和检查"等方面的知识要求。

6. 在完成Φ1型的02.027.08定期维修工作时，该单位每次都分3~5个组分别进行检查，但只有一名检验员。公司又将该项目定为必检项目，工卡完成后，都要求检验员签字，但检验员不可能每次每个部位都进行检查。

1992年至1999年4月，该维修单位将检验员下放车间，除业务领导由检验科负责外，其他管理工作都由车间进行，检验系统的独立性受到干扰。

三、制造人缺陷和其他用户反映

1. Ty-154飞机的纵向操纵系统除左右升降舵分开操纵外，是单操纵线系，系统在λ3拉杆和135摇臂脱开后，飞机再也无法进行纵向操纵，不能满足运输类飞机适航规章CCAR25.671"继续安全飞行和着陆"的要求，也就是说，该系统设计的余度不足。

2. 飞机设计局提供的安装图纸表明，出厂号从010号以后的螺栓长度为40mm，而出厂号009之前的螺栓长度为42mm，大修厂按此图给出了用40mm长的螺栓连接的安装图。

经过对B2622（出厂号为846）飞机的135摇臂进行实物测量表明，该部位的螺栓长度应该为42mm，同时设计局在事故模拟试验时给出的图纸中，螺栓长度也为42mm（1302HC1-42）。

3. 实物检查表明λ3拉杆与135摇臂的连接为可调节接头，但是，设计局提供的图纸和手册中均为不可调节。

4. 完成工艺规程编号为02.027.08的工卡，要求相关人员熟悉操纵系统拆装工作施工总则（工艺卡 027.00.00A）和拆装要求（工艺卡 027.10.13A），但是在相关文件中没有提到。在工艺规程编号为 02.027.08 项目中，仅要求参考：027.00.00.P、027.00.00.Щ、027.00.00.H。

俄制飞机维修手册的工艺卡编号与国际通用的维修手册编写方法不同，不易被人们掌握。

5. 在向中国其他用户调查时，曾发现过以下操纵系统故障：

1989~1990 年，Ty-154/B2621 飞机在使用中曾发生过飞机自动向左边倾斜的故障，在排故检查中发现，左边升降舵弹簧拉杆中的花螺母脱落，造成左升降舵失效，飞机向一边倾侧。因为右边升降舵仍可操纵，因此未造成严重后果。当时，该机出厂不久，未经过翻修。×× 维修厂在发动机操纵系统检查时，曾发现有操纵卡阻现象，分解后发现，连接螺杆已被磨损近半，损伤的螺栓被维修人员保存，作为教学使用。

项目小结

1. 配载是根据飞机从本站出发的可用业务载重量，配算运至前方各站的旅客、行李和货邮。平衡是在配载的基础上，计算飞机重心，确保飞机的重量和重心均在安全许可的范围内。配载与平衡关系到飞行安全和企业营运效益。

2. 任务二介绍了飞机维修的有关知识，包括飞机维修的定义、工作方式、航空公司的维修工作、飞机排故的基础知识和飞机备件（航材）管理与保障。其中航空公司的维修工作和飞机排故的知识是教学重点，对飞机排故还编排了案例分析。

3. 任务三介绍了机场的主要设施与地面保障服务以及机场应急救援服务。机场主要设施与地面保障主要包括机场、地面灯光设备、塔台和航空气象等知识；机场应急救援服务从应急救援计划、消防救援、医疗救护与人员安置等角度展开。

4. 通过本项目的学习，学生应对飞机维修及机场地面保障服务有初步的认识。

思考与练习

1. 什么是配载？什么是平衡？配载与平衡工作有何意义？

2. 航班配载应遵循哪些基本原则？

3. 航班平衡操作的主要内容有哪些？

4. 什么是飞机的维修？

5. 飞机的维修工作方式有哪些？试分析明显功能故障 MSG-3 逻辑决断图。

6. 航空公司对飞机进行维修，具体指哪些工作？

7. 试述飞机排故的一般过程？

8. 飞机的“备件”和“航材”这两个概念如何区分？

9. 什么是飞机的备件（航材）管理？

10. 请讲述飞机备件的分类？

11. 航空公司的航材管理工作有什么作用？

12. 如何做好航空公司的航材管理工作？

13. 塔台对飞机活动的指挥都有哪些方面？

14. 什么是航空天气预报？

15. 什么是机场紧急事件？

16. 伤员鉴别标签是如何对伤员医疗级别进行分类的？

学习效果检测

扫描下方二维码，检测你的学习效果。

11

学习检测

参考文献

黄建伟，林彦，2016. 民航客运销售［M］. 北京：国防工业出版社 .
李晓津等，2005. 民航旅客运输学［M］. 北京：兵器工业出版社 .
李永，李天柱，2020. 民航机场地面服务概论［M］. 北京：中国民航出版社 .
林彦，2018. 民航配载平衡理论与实务［M］. 北京：旅游教育出版社 .
石丽娜，周慧艳，2005. 航空客运实用教程［M］. 北京：国防工业出版社 .
田静，游婷婷，2015. 机场旅客服务［M］. 北京：中国民航出版社 .
徐宝纲，黄建伟，2011. 飞行运营管理［M］. 北京：清华大学出版社 .
徐月芳，石丽娜，2004. 航空客货运输［M］. 北京：国防工业出版社 .
王娟娟，2006. 民航国内客票销售［M］. 北京：中国民航出版社 .
张辉，2015. 民航国际旅客运输［M］. 北京：中国民航出版社 .
中国航空运输协会，2006. 航空运输代理人培训系列教材 .
中国民用航空局 . 民用航空公共信息图形标志设置原则与要求（MH/T 0012-1997）.
中国民用航空局 . 民用航空公共信息标志用图形符号（MH 0005-1997）.
中国民用航空局 . 民用机场候机楼广播用语规范（MH/T 1001-95）.
中国民用航空局 . 民用机场特种车辆、专用设备配备（MH/T 5002-1996）.
中国民用航空局 . 民用机场环境卫生标准（GB16298-1996）.
中国民用航空局 . 民用运输机场服务质量（MH/T 5104-3013）.
中国民用航空局 . 公共航空运输服务质量评定（GB/T 18360-2001）.
中国民用航空局 . 公共航空运输服务质量标准（GB/T 16177-1996）.
IATA, 2015. Travel Information Manual（TIM）.
OAG, 2015. Official Airlines Guide.

图书在版编目（CIP）数据

民航地勤服务 / 黄建伟主编. -- 6版. -- 北京 ：
旅游教育出版社，2022.3（2025.9重印）
民航空中乘务专业系列教材
ISBN 978-7-5637-4374-2

Ⅰ. ①民… Ⅱ. ①黄… Ⅲ. ①民用航空一地勤人员一
商业服务一教材 Ⅳ. ①F560.9

中国版本图书馆CIP数据核字(2022)第004497号

"十四五"职业教育国家规划教材
民航空中乘务专业系列教材
民航地勤服务
（第6版）
黄建伟　主　编
郑　巍　副主编
李永平　郭　蓓　参　编

策　　划	李红丽
责任编辑	李红丽
出版单位	旅游教育出版社
地　　址	北京市朝阳区定福庄南里1号
邮　　编	100024
发行电话	（010）65778403　65728372　65767462（传真）
本社网址	www.tepcb.com
E - mail	tepfx@163.com
排版单位	北京旅教文化传播有限公司
印刷单位	天津雅泽印刷有限公司
经销单位	新华书店
开　　本	710毫米 × 1000毫米　1/16
印　　张	23.25
字　　数	313千字
版　　次	2022年3月第6版
印　　次	2025年9月第5次印刷
定　　价	45.00元

（图书如有装订差错请与发行部联系）